1781

Karte: A.Skowronski

ATLANTISCHER OZEAN

0   500km

ANTIGUA
GUADELOUPE

MARTINIQUE

BARBADOS

GRENADA

Port of Spain

TOBAGO

TRINIDAD

Wakenaam - Inseln

Mazaruni
Georgetown
New Amsterdam
Port Mourant
Paramaribo

Berbice
Coronie

Kamarang

Paruima

Brokopondo

Cayenne

FRANZ.-
GUAYANA

Lethem

BRITISCH - GUAYANA

SURINAM

Rupununi
District

BRASILIEN

Amazonas

V. S. Naipaul

AUF DER SKLAVENROUTE
MEINE REISE NACH WESTINDIEN

Aus dem Englischen von
Nikolaus Stingl

Hoffmann und Campe

Die Originalausgabe erschien zuerst 1962 unter dem Titel
The Middle Passage bei André Deutsch, London. Die vorliegende
Übersetzung folgt der Ausgabe von Penguin Books, London 1969.

Die Deutsche Bibliothek – CIP-Einheitsaufnahme
Naipaul, Vidiadhar S.:
Auf der Sklavenroute: meine Reise nach Westindien/V. S. Naipaul.
Aus dem Engl. von Nikolaus Stingl. – 1. Aufl. – Hamburg:
Hoffmann und Campe, 1999
Einheitssacht.: The middle passage ⟨dt.⟩
ISBN 3-455-11274-9

Lektorat: Dirk van Gunsteren
Schutzumschlaggestaltung: Büro Hamburg
unter Verwendung einer Illustration von Francesca Pelizzoli
Satz: Dörlemann Satz, Lemförde
Druck und Bindung: Clausen & Bosse, Leck
Printed in Germany

INHALT

Vorwort 6

1 Die Mittelpassage 9

2 Trinidad 47

3 Britisch-Guayana 108

4 Surinam 211

5 Martinique 248

6 Nach Jamaika 274

Aus dem ersten Vorwort

Im September 1960 kehrte ich mit einem von der Regierung von Trinidad und Tobago gewährten Stipendium nach Trinidad zurück. Während meines Aufenthaltes dort schlug der Premierminister, Dr. Eric Williams, vor, ich solle ein Sachbuch über die Karibik schreiben. Ich zögerte. Der Romancier gelangt zu Schlüssen, derer er sich oftmals nicht bewußt ist, und das ist auch besser so. Dennoch beschloß ich, das Risiko einzugehen. Dieses Buch verdankt seine Existenz somit dem Vorschlag von Dr. Williams und der Großzügigkeit der Regierung von Trinidad und Tobago. Es ist jedoch in keiner Hinsicht ein »offizielles« Buch. Es will nichts verkaufen.

Anmerkung zu dieser Ausgabe

In einer Besprechung eines anderen Buches von mir schrieb ein neuseeländischer Rezensent, ich beschäftigte mich mit den Problemen einer Satellitenkultur und einer Satellitenwirtschaft. Ich wünschte, diese Begriffe wären mir eingefallen, als ich an *Auf der Sklavenroute* arbeitete. Sie hätten vieles deutlicher gemacht. Das Buch hätte vielleicht mehr Form bekommen, und es wäre vielleicht weniger romantisch geraten, was die positiven Auswirkungen der Durchsetzung bestimmter politischer oder ethnischer Gruppen in einer solchen Kultur angeht.

Man schätzte sie nur wegen des Reichtums, den sie erbrachten, und die Gesellschaft dort hat nie ein sonderlich edles Gepräge angenommen. Es gab Pracht und Wohlleben, und es gab Verbrechen und Greuel, Aufstände und Massaker. Es gab Romantik, aber es war die Romantik von Piraten und Geächteten. Kultivierte Lebensart kann sich unter solchen Umständen nicht entwickeln. In Westindien hat es seit Las Casas keinen Heiligen und – es sei denn, schwärmerische Negerverehrung kann Toussaint dazu machen – auch keinen Helden mehr gegeben. Es gibt hier keine Menschen im eigentlichen Sinne des Wortes, Menschen mit eigenem Charakter und eigenem Ziel.

James Anthony Froude: *The English in the West Indies* (1887)

1

DIE MITTELPASSAGE

> Mit mir im Wagen saßen mehrere Gentlemen;
> Offiziere auf dem Weg zu ihren Regimentern;
> Pflanzer, die sich geschäftlich in der Heimat auf-
> gehalten hatten; junge Jäger mit Gewehren und
> Patronentaschen, die hofften, Alligatoren zu erle-
> gen, etc., alle wie ich unterwegs zum Postdamp-
> fer nach Westindien. Die Älteren unterhielten sich
> über Zucker und Prämien und den finanziellen
> Ruin der Inseln.
> James Anthony Froude:
> *The English in the West Indies* (1887)

Auf dem Bahnsteig des Schiffszuges in Waterloo Station
drängten sich so viele Westinder – dem Typ nach alles Einwanderer –, daß ich froh war, erster Klasse zu den Westindischen Inseln zu reisen. Es war keine teure erste Klasse.
Vierundneunzig Pfund, für die ich auf einem Dampfer der
French Line vielleicht einen Kajütenplatz bekommen hätte,
hatten mir eine Einzelkabine auf dem spanischen Einwandererschiff *Francisco Bobadilla* verschafft.

Die meisten Leute auf dem Bahnsteig und viele von den
Fahrgästen im Zug fuhren nicht bis Southampton. Aber
das Abteil, in das ich geriet, leerte sich nicht. Ein Mann mit
Nat-King-Cole-Frisur schaukelte auf dem Knie ein dickes
Baby mit Haube, das wie ein Geschenk in Schleifchen und
Rüschen eingewickelt war und dem, zugleich Knebel und
abschließender Schnörkel, ein Gummischnuller im schlaf-
fen, triefenden Mund steckte. Zwei Damen mit Filzhüten
und rosa Strümpfen saßen zusammengesunken am Fenster.
Sie trugen hauchdünne Kleider über Satinunterröcken von
feurigem Rosa. Ihr Gesichtspuder war stellenweise zerlau-
fen, und sie knüllten winzige, bestickte Taschentücher in
großen, glänzenden Händen. Sie wirkten verkrampft und

9

unglücklich. Auf dem Gepäcknetz und auf dem Boden standen Körbe mit Essen und Babyutensilien.

Der Mann mit dem Baby erzählte seinem Gegenüber von den Härten des Lebens in London.

»Das ist wie mit dieser Stork-Margarine im Fernsehen«, sagte er. »Drei von fünf Leuten können sie nicht von Butter unterscheiden. Drei von fünf Leuten ist man egal.«

Er sprach in schleppendem, lässigem Ton. Die zusammengesunkenen Frauen starrten aus dem Fenster und schwiegen. Das Baby, dickbäckig und großäugig, sabberte. Zu beiden Seiten der Eisenbahnschlucht zog London vorüber: verrußte Rückseiten von Häusern, rote Oberdecks von Bussen, grelle neue Werbeplakate, Schilder an kleinen Läden, dann Männer in weißen Overalls auf Leitern: Bilder, die schon wie Erinnerungen anmuteten: das gelobte Land, von dem wir bereits getrennt waren: der Zug nur ein Morgengeräusch unter vielen.

»Eh! Hab ich Ihnen schon das mit dem Vorarbeiter erzählt?« Seine Stimme war ungezwungen, der Zug war nicht England. »Eines Tages sagt er: ›Blackie, komm mal her.‹ Ich guck ihn an und sage: ›Gut. Ich komme.‹ Dann geh ich zu ihm hin und hau ihn *zack!* glatt durch die Fensterscheibe.« Er gestikulierte nicht. Er schaukelte das Baby auf dem Knie.

Im Babykorb sah man allerlei Englisches, eben noch alltäglich, nun Kennzeichen und Andenken des Reisenden: die Flasche Lucozade, das Babyfläschchen aus Plastik (auf den Westindischen Inseln wäre es eine kleine Rumflasche gewesen), die Dose Babypuder.

»*Zack!* Glatt durch die Fensterscheibe.«

Der Schaffner, ein hochgewachsener, älterer Mann, schob die Abteiltür auf. In diesem Zug war er der Ausländer, aber er ließ sich nichts anmerken; er hätte sich genausogut im Zug nach Brighton befinden können.

»Gott sei Dank hab ich den Schraubenschlüssel nicht in der Hand gehabt. Sonst säße ich jetzt nicht mit dem Baby auf dem Schoß hier im Zug.«

Der Schaffner prüfte und knipste und schob die Tür wieder zu.

Aus dem Nachbarabteil trat ein sehr großer, mißgestalteter Schwarzer auf den Gang. Seine dünne, sackartige Hose ließ die unverhältnismäßig langen Oberschenkel erkennen. Seine Schultern waren breit und so unnatürlich eckig, daß sie wie hochgezogen wirkten und ihm etwas Fragiles verliehen. Das leichte, graue Jackett fiel so lang und lose wie ein kurzer Mantel, das gelbe Hemd war schmutzig, der durchgescheuerte Kragen aufgeknöpft, die gelockerte Krawatte saß schief. Er stellte sich ans Fenster, öffnete die Lüftungsklappe, steckte den Kopf hindurch, drehte ihn leicht nach links und spuckte aus. Sein Gesicht war grotesk. Anscheinend war das Jochbein eingeschlagen worden. Ein Auge hatte sich verengt, die dicken Lippen hatten sich zu einer runden, wulstigen Beule geschürzt, die gewaltige Nase war verbogen. Als er langsam den Mund aufmachte um auszuspucken, verzerrte sich sein Gesicht noch stärker. Er spuckte in langsam aufeinanderfolgenden Schlieren aus; und als er den Kopf wieder zurückzog, trafen sich unsere Blicke.

Ich hatte das Gefühl, seinen Groll geweckt zu haben. Und von da an begegnete ich diesem Schwarzen mit dem zerstörten Gesicht auf Schritt und Tritt. Ich ging zur Toilette. Unsere Blicke trafen sich, zweimal. Ich suchte den Speisewagen und begegnete dem Schwarzen. Es gab keinen Speisewagen. Auf dem Rückweg sah ich den Mann erneut. Neben ihm saß, ebenfalls in grauer Jacke, ein viel kleinerer Schwarzer mit großen, leeren Augen, glanzlos wie gekochte Eier, mit langen Armen und langen Händen, die unbeholfen geballt auf seinen Knien lagen. Seine Hose war zu kurz und umspannte die Waden Zentimeter über den Socken, so daß er wie ein Junge wirkte, der aus seinen Kleidern herausgewachsen war. Sein Mund stand offen. Im selben Abteil saßen ein weiterer Schwarzer mit dem Körperbau eines Ringers und zwei junge weiße Männer, einer dick, einer dünn, beide kahlköpfig und in neuen Sportjacketts und scharf gebügelten Flanellhosen.

In meinem Abteil wurde gerade das Baby gefüttert. Seine Nase lief, sein Mund troff, es schlürfte und schmatzte und geriet häufig außer Atem.

»So, Miete wollen Sie?« sagte der Babyfütterer eben. »Ich sag Ihnen, ich zahle nicht mehr, als ich bisher gezahlt hab.‹ Er sagt: ›Blackie, ich komm jetzt und kassier meine Miete, oder ich setz dich an die Luft.‹ Ich guck ihn an und sag: ›Gut. Komm nur, *bakra*.‹ Er kommt. Ich geb ihm *wumm!* einen Tritt. Er kullert *plopp-plopp-plopp* die Treppe runter.

Letzte Woche komm ich dort vorbei. Da hat er ein großes Schild mit grüner Schrift dran: Keine Farbigen. Mit grüner Schrift. Ich sag Ihnen, Mann, das ist wie mit Stork.«

In Southampton lichteten sich die Reihen der Fahrgäste weiter. Der Mann mit der Nat-King-Cole-Frisur brachte nur seine Frau und das Baby zum Schiff, er selbst blieb zurück, um sich mit aggressiven Vermietern und Vorarbeitern und mit Keine-Farbigen-Schildern herumzuschlagen.

Man schickte uns in einen der weniger luxuriösen Warteräume des Abfertigungsgebäudes neben den Eisenbahnschuppen, in deren düsteren Winkeln wir die Einwanderer sehen konnten, die am Morgen mit der *Francisco Bobadilla* angekommen waren: eine dichte, bunte Masse, hinter Holzschranken gepfercht und so still, als befände sie sich hinter Glas. Wir standen an den Türen und sahen sie uns an. Niemand trat aus dem Warteraum der Passagiere in den Schuppen der Einwanderer. In den Blicken lagen Interesse, Mißbilligung, Mitleid und Spott, die alten Hasen taxierten die Kleidung der Neuankömmlinge, Kleidung wie die, in der sie selbst vor einiger Zeit an Land gegangen waren: dünne weiße Flanellhosen, himmelblaue Tropenanzüge, Jacketts mit breiten Schultern und langen Schößen und jene breitkrempigen Filzhüte, die auf den Westindischen Inseln unbekannt, für den westindischen Einwanderer in Großbritannien jedoch ein Muß sind. Billige Pappkoffer waren mit vollständigen Adressen beschriftet, die allesamt mit ENGLAND in großen Buchstaben endeten. Die Leute standen reglos im Düster, ringsum Bahnbeamte und geschäftige Träger in dunklen Kitteln und Bahnbeamte; es herrschte Schweigen.

In der Mitte des Warteraums stand hoch aufgerichtet und totemhaft der Schwarze mit dem zerstörten Gesicht, neben ihm der andere, der Verwachsene mit der Hochwasserhose, den langen Armen und großen Augen; von Zeit zu Zeit drehte er den Kopf. Der Ausdruck seiner Augen blieb immer gleich, sein Mund war offen und eingesunken, die großen unbeholfenen Hände hielt er locker geballt. Der dicke Engländer bot dem Mann mit dem zerstörten Gesicht eine Zigarette an und gab ihm Feuer. Die Geste hatte etwas sehr Beflissenes, und ich fragte mich, welcher Art ihre Beziehung war.

Noch waren wir fügsam, so stumm wie die Einwanderer draußen. Allmählich aber machten geflüsterte Gerüchte die Runde. Siebenhundert, tausend, zwölfhundert Einwanderer waren mit der *Francisco Bobadilla* gekommen. Zwei Züge sollten sie nach London befördern, von wo aus sie die Ziele ansteuern würden, die sie in ihrer ungeübten Schrift so stolz auf ihre Koffer gemalt hatten.

»Sie wollen doch nicht etwa mit diesen ganzen Westindern reisen«, hatte der Mann vom Reisebüro gesagt. »Sogar den Dockern ist schlecht, wenn sie auf diesen Schiffen waren.«

Die *Francisco Bobadilla* war tatsächlich in entsetzlichem Zustand. Die Crew hatte keine Zeit gehabt, nach den Einwanderern sauberzumachen. Sämtliche Anstriche waren stumpf, das Metall rostete vor sich hin. In meiner Erster-Klasse-Kabine, die so beengt war, daß ich meinen Koffer nur auf der Koje öffnen konnte, war alles voller Staub und Flusen. Die Wasserkaraffe war trübe vor Schmutz, und heißes Wasser gab es ebensowenig wie elektrisches Licht. Ich läutete nach dem Steward; viele Minuten später erschien ein Mann, der so alt und erschöpft war, daß es mir leid tat, ihn gestört zu haben. Ich erwähnte nur die Lampen und den Staub. Er widersprach, ich blieb fest; ich kam auf das heiße Wasser.

»*Luego, luego*«, sagte er.

Das Wort klang nachdrücklicher als *mañana*. Als ich einige Zeit später an seinem Kabuff vorbeikam, döste er auf seinem Stuhl vor sich hin.

Eines aber war von Vorteil. Weil es sich um die Hinfahrt handelte, gab es nur wenige Passagiere, und die meisten von denen, die an der Reling aufgereiht standen, während wir den Solent hinabglitten, waren Touristen. Als der Essensgong ertönte, verschwanden sie in ihre Kantine unter Deck. Es gab nur neun Erster-Klasse-Passagiere, und wir saßen an drei Tischen in einer Ecke des großen, schäbigen Speisesaals.

Beim Hinsetzen sagte ein älterer Farbiger, bloß um das Gespräch zu eröffnen: »Eine Menge Schwarze auf Tobago sind verdammt intelligent.«

Wir waren bereits in Westindien. Schwarz hatte eine präzise Bedeutung; ich befand mich unter Menschen, die ein feines Auge für Schattierungen von Schwarz hatten. Und der ältere Farbige – d.h. ein Mann europäisch-afrikanischer Abstammung, dessen Gesichtszüge und Hautfarbe eher europäisch waren – brauchte keine Bedenken zu haben. Am Tisch saßen keine schwarzen Männer oder Frauen. Die Frau des Farbigen, so erfuhren wir, war Spanierin. Correia war ein Portugiese aus Britisch-Guayana. Und Philip, der aus Trinidad kam, wo er »ein kleines Geschäft« hatte, hätte Weißer, Portugiese, Farbiger oder Jude sein können.

»Eine Menge Schwarzer in B.G. sind auch nicht gerade dumm«, meinte Correia.

Die Intelligenz der Schwarzen auf Trinidad, Jamaika und Barbados wurde bewertet, und dann fingen sie an, nach gemeinsamen Bekannten zu forschen. Wie sich herausstellte, hatten Correia und Philip welche, und zwar in einer

Fußballmannschaft, die in den zwanziger Jahren in Westindien auf Tournee gewesen war.

Correia war klein und kahlköpfig. Er trug eine Brille,
hatte eine scharfe Hakennase und keine Zähne mehr. Aber
er war einmal Torhüter gewesen. Seine Stimme dröhnte.

»Erinnern Sie sich an Skippy?« fragte er.

»Ich weiß nicht mehr, wann ich Skippy das letzte Mal gesehen hab«, antwortete Philip.

»Tja, wiedersehen werden Sie ihn jedenfalls nicht. Der
Blödmann hat sich eine Lungenentzündung geholt und
aus. Frankie, Bertie und Roy Williams. Alle mausetot.«

Der Kellner, ein Trauerkloß mittleren Alters, konnte kein
Englisch.

»Nun sehen Sie sich das an«, dröhnte Correia. »Und auf
diesem Kahn muß ich es vierzehn Tage aushalten. Also,
Mann, jetzt passen Sie mal auf. Ich will Tomaten. Haben
Sie das mitgekriegt? Tomaten. Ich hab's nämlich ein bißchen mit dem Magen«, erklärte er uns. »Tomaten. Haben
Sie's mitgekriegt? Ich. Wollen. Tomaten. Ich wollen Tomaten. Ich weiß nicht, wo die immer diese Leute herkriegen,
die kein Englisch können.«

Die Spanierin konnte kein Spanisch, Correia selbst
konnte kein Portugiesisch. Westinder sind englischspra-
chig und legen, mit Ausländern konfrontiert, die Sprach-
arroganz aller englischsprachigen Völker an den Tag.

Am Nachbartisch saßen ein junges Paar aus Nordirland
und eine englische Bibliothekarin. Die Bibliothekarin war
gedrückter Stimmung. Sie hatte gedacht, die *Francisco Bobadilla* sei ein Kreuzfahrtschiff, und Hin- und Rückreise gebucht. Soeben hatte sie erfahren, daß wir nach Westindien
fuhren, um weitere siebenhundert Einwanderer abzuholen.

Als ich nach unten ging, sah ich den alten Steward mit
Kehrblech und Handfeger aus meiner Kabine kommen. Er
lächelte und humpelte von dannen. Aber der Boden war
immer noch staubig, die dicken Flusen lagen immer noch
unter meinem Bett, die Karaffe war immer noch schmut-

zig, das heiße Wasser lief nicht. Ich konnte mich allerdings nicht beklagen: Die Lampen funktionierten mittlerweile.

Am anderen Morgen wurde ich in aller Frühe von Correia geweckt. Er hatte die Kabine gegenüber. Nackt bis auf die Unterhose kam er zu mir herein. Er hatte seine Brille nicht auf, das kleine Gesicht war sorgenvoll, sein Bart hatte zu sprießen begonnen, sein schütteres Haar war zerzaust, und er hielt die Arme um sich geschlungen.

»Morgen, Mann. Wie haben Sie geschlafen? Haben Sie mal 'ne Zigarette?« Er nahm sich eine von meinen und zündete sie an. »Sie sehen aus, als hätten Sie gut geschlafen, wissen Sie. Mensch, ich hab eine fürchterliche Nacht gehabt. Wollte Sie nicht schon früher wecken. Hab gedacht, Sie schlafen bestimmt noch. Aber ich kriege meinen Koffer nicht auf. Den mit dem Schlafanzug, der Seife, dem Rasierer, den Pillen und dem ganzen verfluchten Kram. Wollen Sie's mal probieren?«

Der Segeltuchkoffer war prall gefüllt; es war ein Wunder, daß Correia ihn überhaupt zubekommen hatte.

»Ich hab die verfluchten Schlüssel zigmal probiert«, sagte er, auf seiner Koje sitzend, während ich mich damit abmühte.

Wir bekamen den Koffer schließlich dadurch auf, daß Correia auf den Deckel sprang und ich den Schlüssel drehte.

»Danke, Mann, danke. Mensch, hoffentlich erkälte ich mich nicht. Sie haben nicht zufällig ein Abführmittel dabei? Mein Magen bringt mich noch um, Menschenskind. Bin heute morgen schon dreimal gegangen. Absolut nichts. Das ist dieser verdammte *mañana*-Fraß. Das erste und letzte Mal, daß Sie mich auf einem spanischen Schiff sehen.«

Und dann tappte er den ganzen Morgen vor den Toiletten auf und ab, rauchend, den Kopf wie in tiefem Nachsinnen gesenkt, die Krawatte gelockert, die Brille verrutscht, die Hände in den Taschen. Jedesmal wenn ich herunterkam, gab er mir einen Zwischenbericht.

»Es wird, es wird. Ich merke, daß es wird.«

Zur Mittagszeit war er zu allem Übel auch noch seekrank.

Ich berichtete an unserem Tisch davon.

»Mich hat er heute morgen um fünf geweckt und nach Eno's gefragt«, sagte Philip.

Der Farbige, Mr. Mackay, meinte: »Wir haben zwei Irre auf dem Schiff. Schwarze. Ich hab mich heute morgen mit ihren Wärtern unterhalten. Weiße. Die britische Regierung zahlt ihnen die Hin- und Rückreise.«

»Ich seh sie ständig hin und her laufen«, sagte Philip. »Komisch, aber Leute, die von Berufs wegen andere Leute hinter Schloß und Riegel halten, erkennt man immer gleich. Die haben einen ganz bestimmten Gang. Ist Ihnen das auch schon aufgefallen?«

»Man sieht doch, wie diese Schwarzen nach England kommen und das Land verstänkern«, sagte Mr. Mackay. »Wenn so ein Schwarzer unbedingt verrückt werden will, dann soll er gefälligst daheimbleiben und da verrückt werden.«

Sie sprachen über den Telefonstreik auf Trinidad, der nun schon einige Zeit andauerte. Laut Mr. Mackay handelte es sich bei dem Streik um einen Rassenkonflikt. Er ereiferte sich. Mit einemmal identifizierte er sich mit den Schwarzen. Er war ein alter Mann, war nie an die Spitze gekommen; immer waren Vorgesetzte aus England importiert worden.

»Der ganze Ärger kommt nur von den Portugiesen«, sagte er. »Die haben die Hände im stinkenden Salzfischfaß und sind trotzdem die ersten, die von Nigger hier und Kuli da reden.«

»Ich glaube, das Schiff hat Schlagseite«, sagte Philip. »Gehen Sie mal aufs Sonnendeck und sehen Sie nach.«

»Ich muß sagen, die Rettungsboote gefallen mir gar nicht. Wenn irgendwas passiert, saufen wir ab wie nichts. Sobald wir auf die Azoren kommen, versuche ich, Mrs. Mackay und mich gegen Unfall zu versichern. Auf den Azoren geht so was doch?«

»Aber du kannst doch die Sprache gar nicht, Daddy«, sagte Mrs. Mackay.

»Wieso, was sprechen die denn dort? Irgendeine portugiesische Mundart?«

»So was Ähnliches«, sagte Philip. »Aber dabei könnte ich Ihnen helfen.«

»Was, Sie können Portugiesisch?«

»Wir haben es zu Hause gesprochen«, sagte Philip.

Also war Philip Portugiese.

Mr. Mackay verstummte. Er starrte auf seinen Teller mit spanischem Essen und machte ein Gesicht, als sei ihm unwohl.

Philip sagte lebhaft: »Dieses Trinidad wird langsam zu einem kleinen Amerika. Die ganzen Streiks. Die ganzen Raubüberfälle. Haben Sie von dem Mann gehört, bei dem die Polizei dreiundachtzigtausend Dollar in Scheinen gefunden hat, in einer Kommodenschublade?«

Mr. Mackay redete ausführlich davon, sich auf den Azoren versichern zu lassen. Von Portugiesen und anderen schwieg er jedoch für den Rest der Reise und sprach nur noch von Schwarzen. Dabei kam er zwar nicht recht zur Entfaltung, aber in Westindien muß man sich, wie in den oberen Rängen der Gesellschaft, absolut sicher sein, wen man vor sich hat, ehe man etwas sagt: Man weiß nie, wer was ist oder – noch wichtiger – wer womit zu tun hat.

Es war warm. Die Passagiere der Touristenklasse, die, so schien es, ein, zwei Tage lang auf den Unterdecks eingesperrt gewesen waren, tauchten einzeln und zu zweit auf und sonnten sich. Die beiden Irren zeigten sich mit ihren Wärtern. Der junge Baptistenmissionar aus Nordengland, der in Westindien seinen ersten Posten antreten sollte und aus Pflichtgefühl Touristenklasse reiste, las dicke theologische Werke und machte sich Notizen. Eine etwa achtzigjährige Schwarze in unglaublich alten Kleidern wanderte mit heiterer Neugier umher. Sie hatte St. Kitts verlassen, um sich in England Arbeit zu suchen, und es ging das Gerücht, der britische Staat bezahle ihr die Rückreise.

Weil es so wenig Passagiere gab, wurden die Klassenschranken ignoriert. Ein indischer Fleischer aus Britisch-Guayana trabte morgens wie nachmittags über das Erste-Klasse-Deck. Ein hochgewachsener, gutaussehender Schwarzer, der mit niemandem sprach, spazierte ebenfalls stundenlang auf dem Deck herum und rauchte dabei eine winzige Pfeife, in der Hand ein Paperback mit dem Titel *Die zehn Gebote*, das Buch zum Film. Laut Mr. Mackay hatte der Mann in England psychische Probleme gehabt und wurde auf eigenen Wunsch – und auf Kosten des britischen Staates – zurückgeschickt.

Wir alle taten uns unter den Passagieren der Touristenklasse um und brachten Geschichten mit.

Miss Tull, die Bibliothekarin, kam ganz erschüttert zurück. Sie hatte eine Frau kennengelernt, die England verließ, weil sie dort kein Zimmer für sich und ihr Baby finden konnte. »Der Vermieter hat sie einfach hinausgeworfen, als das Baby kam«, sagte Miss Tull, »und dann hat er ein großes Schild mit grüner Schrift angebracht. Keine Farbigen. Heißt das etwa, daß sich auf der ganzen britischen Insel kein Platz für eine Frau und ihr Baby finden läßt?«

»Man hat für eine ganze Menge Platz gefunden«, meinte Mr. Mackay.

»Ich verstehe das nicht. Euch Westindern ist das anscheinend völlig gleich.«

»Das ganze Gerede von wegen Toleranz ist ja schön und gut«, sagte Mr. Mackay. »Aber ihr Engländer vergeßt oft, daß es einen Typ von Schwarzen gibt – zum Beispiel den Jamaikaner –, der ein Tier ist.«

»Aber die Frau ist gar keine Jamaikanerin«, sagte Miss Tull, womit sie die Behauptung gelten ließ.

»Oft provozieren diese Schwarzen auch die Engländer«,

sagte Mr. Mackay und machte der Diskussion damit ein Ende. Wie alle guten Westinder wollte er nichts hören, was sich gegen England richtete.

Ich selbst war einem dicken, braunhäutigen Mann aus Grenada begegnet, der dreiunddreißig Jahre alt war. Er sagte, er habe auf Grenada zehn Kinder, und zwar in verschiedenen Sprengeln und von verschiedenen Frauen. Er sei nach England gefahren, um von ihnen wegzukommen, habe sich dann aber dazu durchgerungen, zurückzukehren und sich seiner Verantwortung zu stellen. Vielleicht werde er sogar heiraten. Wen, habe er noch nicht entschieden, wahrscheinlich aber die Mutter seines letzten Kindes. Dieses Kind liebe er, die anderen seien ihm gleichgültig. Ich fragte, wieso er dann so viele habe. Ob es auf Grenada keine empfängnisverhütenden Mittel gebe? Er antwortete ziemlich entrüstet, daß er Katholik sei, und redete für den Rest der Überfahrt kein Wort mehr mit mir.

Von unseren Streifzügen in der Touristenklasse kamen wir mit Geschichten und manchmal auch mit Gefangenen zurück. Correias Gefangener war ein junger Inder namens Kripal Singh aus Britisch-Guayana, der sich bei unserer kleinen Gesellschaft so beliebt machte, daß er zum Tee eingeladen wurde.

»Nein, wie hübsch«, wiederholte Mrs. Mackay ein ums andere Mal. »Wie reizend.«

»Der Junge«, sagte Correia, »stammt aus einer der besten Familien von B.G. Haben Sie noch nie von ihnen gehört? Die Größten in der Grundnahrungsmittelbranche. Die Gebrüder Singh, Mann. Singh, Singh und Singh.«

Kripal Singh machte ein angemessen bescheidenes Gesicht, sein Verhalten gab zu erkennen, daß Correias Auskunft stimmte, er jedoch nicht prahlen wollte. Er war hochgewachsen und schlank, hatte ein feingeschnittenes Gesicht und einen mädchenhaft zarten Mund. Er rauchte mit nervöser Eleganz.

»Erzähl ihnen von deiner Familie, Kripal«, sagte Correia.

Kripal bot mit leichter Verbeugung Zigaretten an. Er war angetrunken, genau wie Correia.

»Sie bauen das Zeug nicht selbst an, müssen Sie wissen«, sagte Correia und nahm eine von Kripals Zigaretten. »Sie kaufen und verkaufen nur. Erzähl schon, Kripal.«

»Wie reizend«, sagte Mrs. Mackay.

Für den Rest der Reise schloß sich Kripal der ersten Klasse an, bei den Touristen schlief und aß er nur noch. Er konnte dort keine passenden Zechkumpane finden, und er teilte sich eine Kabine mit dem Fleischer aus Britisch-Guayana, den er nicht leiden konnte.

»Der Kerl s-sagt, er hätte in England Urlaub gemacht«, sagte Kripal, vom Anblick des über das Deck trabenden Fleischers auf das Thema gebracht. »Dabei h-hat er s-sieben Wochen lang b-bloß Stempelgeld kassiert.«

Kripal selbst war zum Studieren nach England gegangen. Dieses Studieren in England gehört zu den seltsamen Beschäftigungen der westindischen Jugend, zumal gutgestellter Inder. Es kann bis ins mittlere Mannesalter hinein andauern. Kripal hatte in England und auf dem Kontinent intensiv studiert, bis ihn sein Vater, von den Kosten beunruhigt, nach Hause beordert hatte, ins Geschäft und in die Ehe. Die Reise in der Touristenklasse war das letzte Vergnügen, das Kripal mit fremdem Geld finanzierte; sein Studium war fast zu Ende.

Eines Morgens, nicht lange nachdem wir die Azoren verlassen hatten, traf ich Correia in strahlender Laune an.

»Wie geht's, wie steht's, Mann? Sie sind mir vielleicht einer. Sie haben mir ja gar nicht gesagt, daß Sie ein gebildeter Mensch sind. Gehen wir einen trinken, na los.«

Mit mir hatte Correia einen Glücksgriff getan. Er wurde seekrank: ich hatte Marzine-Pillen. Er hatte Kopfschmerzen: ich hatte Disprin-Tabletten. Er bekam ein Hühnerauge: ich hatte Dr.-Scholl's-Hühneraugenpflaster. Wenn er trinken wollte und Kripal Singh nicht finden konnte, kam er zu mir. Mit ihm zu trinken barg gewisse Gefahren. Er trank rasch und war in Minutenschnelle betrunken. Und er hatte selten Geld bei sich: Er zog es vor, später zu bezahlen.

»Wissen Sie«, sagte er in der Bar, »heute morgen hat's mich gründlich ausgeputzt. Gleich beim ersten Versuch.« Das erklärte seine Stimmung. »Sie schreiben verdammt gut, Mensch. Jawohl, Mann. Auf der Post auf den Azoren hab ich sie beobachtet. Sie haben die Karten so verdammt schnell runtergehauen, daß ich nicht mal lesen konnte, was Sie da schreiben.«

Philip gesellte sich zu uns. Er hatte in seiner Kabine im *Kama Kalpa* gelesen. Ich dachte, er habe sich im Buch vergriffen, aber er sagte: »Großartige Sache, diese indische Philosophie.«

»Allerdings«, sagte Correia, der bereits betrunken war. »Was machen Sie als erstes, wenn Sie nach Hause kommen, Philip?«

»Als allererstes muß ich mich wohl um die Autoversicherung kümmern.«

»Und ich werd mit Epsom-Salz gründlich abführen, Mensch.«

Sowohl Correia als auch Philip hatten eine verheiratete Tochter in England. Correias Tochter war es noch nicht lange, und Philip kam soeben von der Hochzeit der seinen.

»Wissen Sie, was ein Vater empfindet, der seine Tochter verliert, Naipaul?« fragte Correia. »Wissen Sie, was er empfindet, wenn sie auf dem Bahnsteig aufschreit: ›Geh nicht, Pa.‹? Sie haben keine Ahnung, Naipaul. ›Geh nicht, Pa. Verlaß mich nicht.‹ Seine einzige Tochter.« Er schlug mit den Füßen gegen den Querstab seines Hockers und brach in Tränen aus. »Er hat keine Ahnung, Philip.«

»Nein, alter Freund. Keine Ahnung.«

»Wo wohnt Ihre Tochter, Philip? Meine wohnt am Arsch der Welt, in einem Ort namens Dudley.«

Philip gab keine Antwort. Er verließ die Bar und kam kurz darauf mit einem Album wieder, in dessen weißen Ledereinband ›Die Hochzeit unserer Tochter‹ eingeprägt war.

Philip machte sich Sorgen um seine Tochter, und als ich nun, beim Betrachten des Albums, die Proletariergesichter, -kleider und -verhältnisse erkannte, verstand ich warum. Was in Westindien begehrenswert gewesen war, erschien in England in anderem Licht.

An diesem Tag dachte offenbar jeder an seine Kinder. Die Mackays kamen von ihrem Sohn in England. Mr. Mackay war zum letzen Mal verreist; er würde seinen Sohn nie wiedersehen.

»Er nimmt alle möglichen englischen Gewohnheiten an«, sagte Mrs. Mackay voller Stolz. »Für ihn ist alles ein ›verflixtes‹ Dies und ein ›verflixtes‹ Das. Ich komme mit seinem englischen Slang und seinem englischen Akzent einfach nicht mehr mit.«

Mr. Mackay lächelte erinnerungsselig.

Die weiße Bevölkerungsgruppe Trinidads ist durchaus imstande, einen entflohenen englischen Zuchthäusler mit offenen Armen aufzunehmen und ihm geschäftlich auf die Beine zu helfen. Und da der Westinder nur die Werte Geld und Rasse kennt, ist er verloren, sobald er aus seiner Gesellschaft in eine andere mit komplizierteren Kriterien gerät.

Der Kapitän, ein Aristokrat in Aussehen und Auftreten, lud keinen Passagier an seinen Tisch ein. Er speiste mit seinen höheren Offizieren. Ob das spanischer Marineetikette oder der Etikette des Einwandererschiffes entsprach, weiß ich nicht, ich vermute aber das letztere. Vom Funker und vom Purser, den einzigen Offizieren, die sich von uns ansprechen ließen, erfuhren wir, daß das Schiff unmittelbar vor der Übernahme der westindischen Einwanderer, die wir in Southampton gesehen hatten, mehrere hundert marokkanische Pilger nach Mekka befördert hatte. Einige davon waren auf der Überfahrt gestorben und mußten über Bord geworfen werden; danach hatte man das Schiff entlausen müssen.

England entschwand, und die Passagiere bereiteten sich aktiver auf Westindien vor. Sie bildeten Gruppen nach Farbe, Rasse, Territorium, Geld. In Westindien war keine Gruppe festgefügt; man konnte allen angehören. Eine kleine Gruppe Inder ließ das auftrumpfende Gerede von London, Paris, Dublin und hochintelligenten, in England, Kanada und Amerika studierenden Kindern und diskutierte über die politische Lage auf Trinidad. Sie sprachen von Negerrassismus und ereiferten sich beim Thema Rassenmischung wiederholt bis zur Hysterie. Die Inder aus Britisch-Guayana, darunter auch ein Mann, der einen Großteil der Reise damit verbrachte, Monopoly zu spielen und den ersten Band von Radhakrishnans *Indian Philosophy* zu lesen, waren weniger leidenschaftlich. Weil ich davon überzeugt bin, daß rassische Koexistenz, wenn nicht Kooperation, für Westindien von höchster Bedeutung ist, verstörten mich die Anschauungen dieser Inder, und ich hätte sie gern näher erforscht. Aber ich mußte mich wegen der unerfreulichen Geschichte mit Mr. Hassan von der Gruppe fernhalten.

Mr. Hassan hatte mir eine Ausgabe der *Time* geliehen. Ich hatte sie Philip geliehen (im Tausch für sein *Kama Kalpa*), und als Mr. Hassan am nächsten Tag nach seiner Zeitschrift fragte, war sie nicht aufzufinden. In der Folge fragte Mr. Hassan vier-, fünf-, sechsmal am Tag nach seiner Zeitschrift. Er paßte mich an Deck ab. Er paßte mich vor und nach der Filmvorführung ab. Er paßte mich vor dem Speisesaal ab. Er paßte mich in der Bar ab. Ich spendierte ihm einen Drink nach dem anderen. Aber er ließ nicht locker. Ich versprach, ihm auf Trinidad ein Heft zu kaufen. Doch er bestand auf diesem speziellen Heft. Ich sagte ihm, es sei verschwunden. Das tat nichts zur Sache. Er wollte seine *Time*. Nach drei Tagen dieser Verfolgung stieg ich tief hinab in die Touristenklasse und fand wie durch ein Wunder jemanden, der eine Ausgabe der Zeitschrift hatte. Selbstredend tauchte genau zu diesem Zeitpunkt Mr. Hassans Ausgabe wieder auf. Mr. Hassans Hauptgesprächsthema war sein Reichtum und welcher Verfolgung er von seiten verschiedener Ministerien, Zollbeamter, Reedereien, der Verwandtschaft seiner Frau und der Lehrer seiner Kinder ausgesetzt sei. Aus tiefstem Herzen wünschte ich seinen Verfolgern mehr Ausdauer und ein langes Leben.

Und eines Tages kam es in der Bar beinahe zu einem Rassenzwischenfall. Wie es schien, hatte eine Gruppe von Passagieren der Touristenklasse, unruhig geworden durch die lange Reise und das Herannahen ihrer jeweiligen Herkunftsländer und provoziert von der relativen Leere der Erste-Klasse-Bar, beschlossen, diese zu stürmen. Unter Gesang platzte die Gruppe an diesem Abend herein. Die Leute kamen hereingelaufen und bauten sich tänzelnd vor der Theke auf. Sie verlangten lauthals etwas zu trinken. Der Barkeeper weigerte sich, sie zu bedienen. Das Gehüpfe kam jäh zum Stillstand, und die Hochstimmung war wie weggewischt. Ein paar Sekunden lang stand die Gruppe stumm vor der Theke. Einer zog sich zurück. Die anderen folgten ihm. Sie begaben sich geschlossen unter Deck und kamen dann wieder. Sie standen in der Tür und murrten. Schließlich löste sich einer aus der Gruppe, knöpfte sich das Jackett zu, ging zur Theke und sagte: »Geben Sie mir bitte ein Päckchen Zigaretten.« Der Barkeeper gab ihm die Zigaretten. Der Mann sah sie überrascht an. Er zögerte kurz. Dann ging er mit lässig schlenderndem Schritt hinaus. Im Vollgefühl ihres moralischen Sieges verfügte sich die Gruppe unter lautem Gesang in die Touristenbar.

Und die arme Miss Tull machte sich zunehmend Sorgen wegen ihrer Rückreise. Niemand konnte sie trösten. Philip schlug vor, sie solle ihre sonnige Kreuzfahrt in Trinidad abbrechen und nach England zurückfliegen.

»Ungelogen«, sagte Mr. Mackay, »als ich diese Horde Orang-Utans in Southampton vom Schiff kommen sah, wurde mir ganz anders. Wirklich ein erschreckender Anblick. Wenn sich manche Leute nicht gern Westinder nennen, kann man's ihnen nicht verdenken.«

»Angus erzählt den Leuten immer, er wäre Brasilianer«, meinte Mrs. Mackay. »Und das nimmt ihm auch jeder ab.« Angus war ihr Sohn, der englischen Slang mit englischem Akzent sprach.

Wir waren in der Nähe von St. Kitts. Ein Drink, ein Sonnenuntergang, wie man ihn sich prächtiger nicht hätte wünschen können, ringsum die Kleinen Antillen als pastellgraue Silhouetten, die Gewässer, in denen sich die Flotten Europas im siebzehnten und achtzehnten Jahrhundert ihre Fertigkeiten erworben hatten – es reichte nicht, um uns von dem kurz bevorstehenden Grauen abzulenken. An diesem Abend würden wir unsere erste Ladung Auswanderer aufnehmen. St. Kitts, die Mutterkolonie von Britisch-Westindien, die (laut einem Bewohner von 1667) »vorzüglichste und beste Erde, auf welcher jemals Engländer unter den heidnischen Kannibalen Amerikas gewohnt«, ist heute eine überbevölkerte Insel von etwa hundert Quadratkilometern, die etwas Baumwolle produziert, nur mit Mühe ihren Zukker los wird und keinen Tabak mehr anbaut, jene erste Feldfrucht der Kolonisten, die Thomas Warner als Beweis für den Erfolg seines Unternehmens im Jahre 1625 nach England mitbrachte. Das Romantische der Inselgeschichte – Warner und seine indianische Geliebte, ihr gemeinsamer Sohn »Indian« Warner – ist längst in Vergessenheit geraten. Erinnert wird man nur noch an ihre Brutalität: Man denkt an die dorthin verschleppten Sklaven, an ihre Nachkommen, die mit dem Verschwinden des Wohlstandes sich selbst überlassen worden waren, und an deren Nachkommen, die nun, da alle Habseligkeiten gepackt und alle Abschiedsworte gesagt waren, das Meer nach dem schwarzen Schornstein der *Francisco Bobadilla* absuchten, bereit zu einer zweiten Mittelpassage.

Es war Nacht, als wir weit draußen vor der Insel Anker warfen. Von St. Kitts sahen wir nichts, außer den verstreuten Lichtern der Inselhauptstadt. Wir hielten nach Tendern

Ausschau; verschiedentlich täuschten uns Lichter. Außer Autoscheinwerfern regte sich nichts.

»Eh!« sagte Mr. Mackay. »Die haben dort auch Autos?«

Ob Touristen- oder erste Klasse, wir waren alle vereint, als wir, an der Reling aufgereiht, die Lichter der Spielzeughauptstadt betrachteten, wo die Leute sich immerhin so ernst nahmen, daß sie in Autos von einem Ende zum anderen fuhren.

Mr. Mackay, der sich später in der Bar zu uns gesellte, berichtete, daß einer der Irren das Schiff verlassen habe. Eine Barkasse hatte ihn mit seinem Wärter weggebracht; der Wärter war allein zurückgekehrt. Gleich darauf tauchte er selbst in der Bar auf. Trotz der Schwere seiner Verantwortung hatte er für das tropische Klima vorgesorgt, und wir hatten beobachtet, wie er vom Beamten in grauem Flanell und weichsohligen Halbschuhen zum Kreuzfahrtpassagier in rotem Hemd und Sandalen degeneriert war.

Lärm und einige laute Rufe verrieten uns, daß die Auswanderer eingetroffen waren.

Man hatte einen Teil des Backborddecks mit Tauen abgezäunt und einen Aufgang herabgelassen. Grelle Lichter ließen das Deck gleißen, grelle Lichter spielten auf dem schwarzen Wasser. Da waren sie, in drei großen, schaukelnden Ruderbooten. Auf den Schandecks saßen Männer und hielten mit langen Riemen die Boote im Gleichgewicht. Es waren bereits Polizisten an Bord gekommen. Direkt vor den Aufgang hatte man Tische gestellt, und dort saßen der Purser und seine Assistenten und konsultierten lange, maschinegeschriebene Listen. Unten schaukelten die Boote. Wir konnten nur weiße Hemden, schwarze Gesichter, Hüte in vielen Farben, Pakete, Koffer, Körbe erkennen. Die Männer mit den Rudern riefen ab und zu etwas, und in der Dunkelheit erstarben ihre Stimmen rasch. Doch von den Bootsinsassen hörten wir keinen Laut. Manchmal wandte sich ein, zwei Sekunden lang ein Gesicht nach oben und musterte das weiße Schiff. Wir sahen Frauen und Kinder, die wie zum Kirchgang gekleidet waren. Sie wirkten alle ein wenig schlaff; sie steckten schon einige Zeit in den Kleidern. Die Lichter spielten auf ihnen, als sollten sie inspiziert werden. Dahinter herrschte Dunkelheit. Wir konnten Anzüge, neue, breitkrempige Filzhüte, Krawatten mit gelösten Knoten, glänzende Gesichter ausmachen.

»Sie hätten sie wenigstens in Barkassen bringen können«, sagte Miss Tull. »Wenigstens in Barkassen!«

Die Touristenklasse sah plappernd hinab, und es wurde jedesmal gelacht, wenn ein Ruderboot gegen den Schiffsrumpf stieß oder ein Auswanderer auf den Aufgang zu gelangen versuchte und zurückgewiesen wurde.

Kurze Zeit später begannen sie heraufzukommen. Auf dem Aufgang entstand rasch Gedränge, eine Menschenschlange vom Schiff zum Boot. Die Leute wirkten müde; ihre Kleider waren durchgeschwitzt, die Gesichter ausdruckslos und glänzend. In einem Spalier von Polizisten zeigten sie Tickets und nagelneue Pässe vor. Durch Taue von ihnen getrennt, standen wir da und sahen zu. In blauen Arbeitsanzügen beugte sich die Mannschaft über die Reling, kommentierte lautstark die Schönheit schwarzer Frauen und zeigte mit Fingern; wir hatten sie noch nie so aufgekratzt erlebt.

Auf dem Deck wurde es voll. Hier und da erkannten Passagiere einen Auswanderer.

»Was, du kommst schon wieder zurück?«

»Ich hab bloß ein bißchen Urlaub gemacht, Mann.«

»Ich glaube, ich fahr mal hin und versuch mein Glück. Hast du Ferdie oder Wallace oder einen von denen dort gesehen?«

Aber die meisten waren still. Ein oder zwei versuchten, unter den Tauen durchzuschlüpfen, ehe sie ihre Papiere vorgezeigt hatten. Die Touristenklasse trieb sie mit plötzlicher Autorität zurück. Das Deck erstickte in Plastiktüten mit Karomustern, Päckchen aus braunem Packpapier, mit

28

Kordel verschnürten Pappkartons. Die Menge schwoll an. Wir verloren den Purser und seinen Tisch aus den Augen. Die Menge drängte gegen das Tau. Ein Mann in blauem Anzug, gelöster Krawatte und Hut wurde gegen mich gedrückt. Er schob sein erschrockenes, rotäugiges Gesicht ganz dicht an meines. Mit heiserer, banger Stimme fragte er: »Mister, das ist doch das Schiff nach England?« Schweiß lief ihm übers Gesicht, das Hemd klebte ihm an der Brust. »Das stimmt doch? Es fährt direkt hin?«

Ich löste mich von der Gruppe hinterm Tau, ging hinüber zum Steuerborddeck, wo es ruhig, dunkel und still war, und betrachtete die Lichter der Insel.

»Tja!« sagte jemand laut.

Ich drehte mich um und sah einen Touristen vor mir. Wir hatten bis jetzt noch nicht miteinander gesprochen.

»Der Urlaub ist vorbei«, sagte er. »Jetzt kommen die wilden Kühe an Bord.«

Er meinte es ernst. Was war er eigentlich, dieser Tourist? Ein kleiner Angestellter vielleicht, ein Grundschullehrer. *Jetzt kommen die wilden Kühe an Bord.* In Westindien ist keine Geisteshaltung neu. Vor zweihundert Jahren – er wäre damals Sklave gewesen – hätte dieser Tourist das gleiche gesagt. »Die kreolischen Sklaven«, so ein Autor im Jahre 1805, »sahen mit Verachtung auf die frisch importierten Afrikaner herab und litten ihrerseits unter der Geringschätzung der Mulatten, die eine braunere Gesichtsfarbe hatten; dabei wurden sie allesamt vom Verkehr mit den Weißen ferngehalten.« Auf unserem Schiff waren nur die Portugiesen und die Inder Fremdkörper. Mr. Mackay und seine Schwarzen, der Tourist und die wilden Kühe: Diese Beziehungen waren schon vor Jahrhunderten fixiert worden.

Die Auswanderer liefen überall auf dem Schiff herum. Sie lugten durch die Fenster der Bar und standen in der Tür. Das Schiff war plötzlich überfüllt. Die Erste-Klasse-Bar war der einzige Zufluchtsort, und sie wurde nun von vielen Touristen aufgesucht, die mit uns von Southampton gekommen waren. Niemand erhob Einwände. Es gab jetzt nur noch zwei Klassen: Reisende und Auswanderer.

Der Barkeeper machte seiner Wut auf zwei Auswandererkinder Luft, die sich, immer noch in ihren Feiertagskleidern, in die Bar verirrt hatten. Er hob die Klappe im Tresen, scheuchte die kleinen Auswanderer zur Tür und setzte sie, blind für ihren Charme, entschlossen und mit angewidertem Gesichtsausdruck hinaus aufs Deck.

Zuweilen fuhr ein Sklavenschiff, wenn es seine Ladung holte, bis zu drei Monate lang an der westafrikanischen Küste von Ankerplatz zu Ankerplatz. Die *Francisco Bobadilla* würde nur fünf Tage brauchen. Sie würde von St. Kitts nach Grenada und von dort nach Trinidad und Barbados laufen. Die eine Reise entsprach der anderen – Höhepunkt und Sinnlosigkeit des westindischen Abenteuers. Denn Britisch-Westindien hat nichts hervorgebracht, keine Kultur wie Spanisch-Amerika, keine große Revolution wie Haiti oder die amerikanischen Kolonien. Es gab dort nur Pflanzungen, Wohlstand, Niedergang, Vernachlässigung: Die Größe der Inseln verlangte nichts anderes.

Was hat die Geschichte einer Insel wie Jamaika aufzuweisen? »Dies Eiland«, verrät uns das 1597 erschienene Buch *A true Relation of the Voyage Undertaken by Sir Anthony Shirley*, »ist eyn herlich fruchtbar Eiland & gleichsam als ein Garten oder Vorraths-Haus vor unterschiedene Theile des festen Lands. Wir haben in denen Indien keinen angenehmeren noch zuträglicheren Ort gefunden.« Von da zu Trollope im Jahre 1859: »Wenn wir könnten, würden wir Jamaika mit Freuden völlig vergessen. Aber da liegt es; ein Fleck auf der Erde, weder völlig aus dem Auge noch völlig aus dem Gedächtnis zu verlieren, mögen wir es uns noch so sehr wünschen.« Von Trollope im Jahre 1859 zum Rastafari von 1959, der Jamaika in Bausch und Bogen ablehnt und nach Afrika zurückkehren möchte, in einen Himmel namens Äthiopien: »Jamaika war einmal eine schöne Insel, aber Jahrhunderte von Verbrechen haben das Land verdorben.«

Als Kolumbus im Jahre 1483 König Johann II. von Portugal seinen Plan vortrug, schickte dieser, ohne Kolumbus etwas zu sagen, ein Schiff auf den Atlantik hinaus. Binnen Wochen nach Entdeckung der Neuen Welt im Jahre 1492 desertierte Kolumbus' Gefährte Pinzón und machte sich mit der *Pinta* davon, um in unbekannten Gewässern nach Gold zu suchen. Und schon hier, im Verrat des portugiesischen Königs, in Pinzóns Mut, seinem Verrat und seiner Gier, ist alles versammelt, was Europas Vorstoß in diesen Teil der Neuen Welt ausmacht.

Es gibt einen Mythos von der Kultiviertheit der Sklavengesellschaft, der sich von den Südstaaten Amerikas herleitet. Auf den westindischen Inseln haben die Sklaverei und die Latifundien nur Roheit hervorgebracht, Menschen, die »wie Kormorane« aßen und »wie Meerschweine« tranken, eine Gesellschaft ohne Maßstäbe, ohne edle Bestrebungen, genährt von Gier und Grausamkeit; eine Gesellschaft, über deren Mangel an Bildung sich weltoffene Administratoren noch bis Mitte des vergangenen Jahrhunderts ständig beklagten. Es war ein Mangel, der Gouverneur Vaughn von Jamaika zu dem Vorschlag bewog, eine Sammlung englischsprachiger Bücher »an den auffälligsten Plätzen [aufzustellen], wohin sich die höheren Stände, so sie lernbegierig sind, jederzeit begeben können, denn es gibt nichts Lächerlicheres als Unwissenheit bei einem Menschen von Rang und Namen«, und eine Roheit, die von einem Reisenden nach dem anderen bezeugt worden ist und einen Beobachter des siebzehnten Jahrhunderts zu folgenden Worten über Barbados veranlaßt hat: »Diese Insel ist der Misthaufen, worauf England seinen Kehricht wirft: Spitzbuben und Huren und dergleichen Gelichter, das sind die Leute, die es im allgemeinen hierher verschlägt. Ein Schurke in England wird hier kaum einen Betrüger abgeben; eine hierher gebrachte Kupplerin befleißigt sich eines züchtigen Betragens, eine Hure, so sie hübsch ist, gibt ein Weib für einen reichen Pflanzer ab.«*

Wie läßt sich die Geschichte dieser westindischen Sinnlosigkeit schreiben? Welchen Ton soll sich der Geschichtsschreiber zu eigen machen? Soll er akademisch werden wie Sir Alan Burns, der sich von Zeit zu Zeit gegen irgendeine Brutalität verwahrt und die westindische Brutalität in den Kontext der europäischen stellt? Soll er, wie Salvador de Madariaga, eine Aufeinanderfolge von Brutalitäten gegen die andere abwägen und zu dem Schluß kommen, die eine sei nicht in ihrer ganzen Abscheulichkeit dargestellt worden und das sei ungerecht gegenüber Spanien? Soll er, wie die westindischen Geschichtsschreiber, die sich erst jetzt ansatzweise ihrer Geschichte stellen können, mit eisiger Distanziertheit vorgehen und die Geschichte des Sklavenhandels so erzählen, als handle es sich dabei bloß um einen weiteren Aspekt des Merkantilismus? Die Geschichte der Inseln läßt sich niemals befriedigend erzählen. Die Brutalität ist nicht die einzige Schwierigkeit. Geschichte gestaltet sich um Errungenschaft und schöpferische Hervorbringung, und Westindien hat nichts hervorgebracht.

Am nächsten Morgen war ich ruhiger. Die Auswanderer hatten ihre Abschiedskleider abgelegt und saßen in schlichteren, weniger beengenden Kleidungsstücken in der Sonne, so daß das Deck wie die Straße eines westindischen Slums am Sonntag wirkte. Ein, zwei Frauen hatten sogar Hosen angezogen; der Stoff war neu, noch nicht gewaschen, und man konnte die Kofferfalten erkennen.

Ich kam mit einem Mann ins Gespräch, der eine Khakihose, ein blaues Hemd und weiße, ungeschnürte Leinen-

---

* Diese und viele andere Zitate in diesem Buch sind Sir Alan Burns' *History of the British West Indies* entnommen.

schuhe anhatte. Er war ein sehr großer, schwerer Mann mit klobigen Händen und langsamer, klobiger Sprechweise. Er war Bäcker. In einer guten Woche konnte er dreißig Dollar verdienen. Für Westindien war das in meinen Augen ein sehr ordentlicher Lohn, und ich wunderte mich, daß er seinen Job aufgegeben hatte, um nach England zu gehen.

»Passen Sie auf, eh«, sagte er. »Ich hab Gott gefragt, verstehen Sie? Ich bin auf beide Knie gefallen und hab Gott gefragt. Und ich mach immer das, was Gott mir sagt. Und wenn noch so viele Jamaikaner England verstänkern, ich schaff's garantiert. Morgens und abends fall ich auf die Knie und frag Gott um Rat.« Seine Augen wurden schmaler und richteten sich auf den Horizont, und er hob die riesigen Hände zu einer Geste, die sowohl an ein Flehen als auch an ein Würgen gemahnte.

Ich versuchte, das Gespräch aufs Backen zu bringen.

Er hörte nicht zu. In biblischer Sprache verbreitete er sich über seine religiösen Erfahrungen und seine Unterredungen mit Gott. Dann brach er plötzlich ab und fragte: »Kennen Sie Sloughbucks?«

»Slough, Bucks?«

»Da geh ich hin. Meinen Sie, da gibt's Bäckereien? Was meinen Sie, mit wieviel ich anfangen würde? Zwölf Pfund? Fünfzehn?«

»Keine Ahnung. Können Sie gutes Brot backen?«

»Mit der Hilfe des Herrn.«

Er machte mir Sorgen. Aber von den Auswanderern, mit denen ich sprach, hatten viele Gott um Rat gefragt, und Er hatte ihnen geraten, ihre Jobs hinzuwerfen – keiner, mit dem ich sprach, war arbeitslos gewesen – und nach Sloughbucks zu gehen. In Sloughbucks wurden hohe Löhne gezahlt. Und sobald sie deutlich gemacht hatten, daß sie keine Jamaikaner waren, brachte man ihnen Achtung entgegen. Bei Rassenunruhen wurden nur Jamaikaner verprügelt, und das geschah ihnen recht, denn sie waren ungebildet und undankbar und provozierten die Engländer.*

Der junge Baptistenmissionar hatte seinen Kragen angelegt und arbeitete schwer an diesem Morgen. Erklärte, in welcher Richtung England lag und wo London war, und entwirrte den apokalyptischen Namen Sloughbucks. Er zeichnete unzählige Pläne der Londoner U-Bahn und riet einem Mann davon ab, ein Taxi von Southampton nach Sloughbucks zu nehmen.

Aus dem auf St. Kitts erscheinenden *Labour Spokesman* (»Mit heilsamem und untadeligem Wort« – Titus II, 8), 14. September 1960:

Erhebliche Schwierigkeiten im gesamten Verlauf der diesjährigen Zuckerrohrernte nahmen vergangenen Montagmorgen ein Ende, als die Basseterre Sugar Factory ankündigte, daß die fabrikeigenen Mühlen den Betrieb eingestellt haben …

Schon im Anfangsstadium der Ernte wurde das schwindende Interesse auf seiten einiger Arbeiter deutlich, da es erstens die Möglichkeit der Auswanderung ins Vereinigte Königreich und zweitens offenkundige Schwierigkeiten gibt, junge Landarbeiter für die Zuckerindustrie zu gewinnen … Ohne ernsthafte Beeinträchtigung durch die Anzahl der nach England Ausreisenden wurden noch bis April solide Produktionsergebnisse erzielt; zu diesem Zeitpunkt wurden die

---

* In ihren Artikeln für den Londoner *Evening Standard* »I Sail with the Immigrants« gibt Anne Sharpley eine jamaikanische Ansicht wieder:
»Diese blöden kleinen Brotfrucht-Nigger‹ (er meinte die Bewohner der kleinen Inseln). ›Ich hab für die Föderation gestimmt, aber seit ich hier auf dem Schiff bin, seh ich, was das für Barfuß-Nigger sind. Als wir nein zur Föderation gesagt haben, war ich so fertig, daß ich einen Tag nichts essen konnte.
Aber jetzt haben sie mich so beleidigt – das ganze Pack von diesen kleinen Inseln, St. Kitts, Montserrat, Antigua – die sind so klein, wenn man auf einer zu rennen anfängt und richtig Tempo draufkriegt, dann landet man im Meer.
Was die in London suchen, ist ein Traum, die haben keine Ahnung, was sie da erwartet, aber wenn sie in London gefragt werden, wo sie herkommen, diese kleinen Yams- und Brotfruchtnigger, dann müssen sie Jamaika sagen, weil kein Aas diese Inseln kennt.« (»The Night the Knives Came out«, 26. Oktober 1961).

Verwalter kurzfristig von der Absicht einiger Arbeiter in Kenntnis gesetzt, ins Vereinigte Königreich ausreisen zu wollen.

Noch größer war der Aderlaß im Mai, so daß einige Betriebe deutliche Probleme hatten, die gesamte Ernte einzubringen.

Das zweite Jahr seit Bestehen des von Gewerkschaft und Verband gegründeten Produktionskomitees verlief ziemlich katastrophal, da einige Verwalter die Bedeutung der Arbeit des Komitees ignorierten und es deshalb seine Aufgaben nicht voll wahrnehmen konnte. Das erwies sich jedoch für die meisten Betriebe als nachteilig, da sowohl Verwalter als auch Arbeiter einige gegenseitige Differenzen nicht ohne weiteres überbrücken konnten. In den meisten dieser Betriebe blieb ein Großteil des Zuckerrohrs vergangenen Montag ungeerntet ...

223 Arbeiter aus Barbados wurden eingestellt ...

UNSERE QUIZFRAGE

Stimmt es, daß der verwirrte Verwalter, dem es nur um sein Monatsgehalt ging, jetzt versucht, der Gewerkschaft die Schuld dafür zu geben, daß 600 Tonnen Zuckerrohr nicht geerntet worden sind?

Vom Beispiel des Missionars ermutigt, mischte ich mich nach dem Lunch unter die Auswanderer – sie wurden schichtweise an langen Tischen abgefüttert: »*Son buena gente,* es sind anständige Leute«, sagte einer von der Mannschaft –, um herauszufinden, weshalb sie St. Kitts verlassen hatten und was sie in England zu finden hofften. Ich hatte kein offizielles Amt, keinen Priesterkragen, und erregte die Aufmerksamkeit des Anführers der Auswanderer, eines großgewachsenen, braunhäutigen jungen Mannes mit hohem Gesäß.

»Sagt ihm kein Wort«, rief er, gefolgt von einigen seiner Schäfchen, schon von weitem. »Sagt ihm kein Wort. Was will er?«

Er war ein gebildeter Mann. Er reiste erster Klasse. Er sprach sehr schnell.

»Was wollen Sie? Warum entmutigen Sie die armen Leute?«

Er ließ mich überhaupt nicht zu Wort kommen.

»Die armen Leute sind gerade an Bord gekommen, und Sie entmutigen sie?«

»Ich hab überhaupt nichts gemacht, und er kommt an und fragt mich alles mögliche. Warum ich nach England gehe und solche Sachen.« Dies von dem gottesfürchtigen Bäcker.

»Laßt euch nicht mit ihm ein«, sagte der Anführer. »Das ist ein Propagandist.«

Das war offenbar ein geläufiges Schimpfwort unter den Auswanderern.

»Was ist los, Mann?«

»Wir haben einen Propagandisten erwischt.«

»Einen Propagandisten?«

»Sie kommen aus Kenia, stimmt's?« fragte der Anführer. »Jede Wette, Sie kommen aus Kenia.«

»Er hat mich Nigger genannt«, sagte einer. (Ich hatte seine Angaben auf dem *Labour Spokesman* notiert, den ein Auswanderer mir gegeben hatte: drei Dollar neunzig pro Tag während der Erntesaison, sonst zwei Dollar zweiundachtzig. Sein Reiseziel war Sloughbucks. Er hatte Gott nicht um Rat gefragt.)

»Was ist denn? Was ist denn?«

»Ein Propagandist aus Kenia hat Boysie Nigger genannt.«

»Nigger hat er mich genannt«, sagte Boysie, nun mit einem Unterton echter Kränkung.

»Wir sind hier nicht in Kenia, verstanden?« sagte der Anführer. »Ich hab große Lust, den Jungs zu sagen, sie sollen Sie mal kurz untertauchen. Die britische Regierung hat Sie als Propagandist hergeschickt, eh? Er soll erst mal beweisen, daß er nicht aus Kenia kommt!«

Ich wurde von dem Missionar gerettet.

»Ich kenne diesen Typ von Provokateur«, sagte der Anführer, an seine Schäfchen gewandt. »Die armen Leute sind ihm egal. Daß ein Hurrikan ganz Anguilla weggeblasen hat, ist ihm egal.«

Ich kam zu dem Schluß, daß Mr. Mackay, Philip, Correia und die meisten Angehörigen der Touristenklasse eine gesündere Einstellung hatten. Sie hatten die Auswanderer völlig ignoriert und hielten sich in der Bar auf. Ich gesellte mich zu ihnen.

»Dieser kleine Baptist ist ja höllisch auf Trab«, sagte Correia. »Dem muß die Arbeit wirklich Spaß machen.«

»Er hat gesagt, er würde gern mit den Leuten nach England gehen«, sagte Philip.

»Lieber er als ich«, meinte Mr. Mackay. »So Gott will, bin ich morgen nachmittag runter von diesem Kahn, und das war's dann.«

Von dem Hurrikan Donna, der Anguilla heimgesucht und viele Todesopfer gefordert hatte, hörte ich das erste Mal vom Anführer der Auswanderer. Der *Labour Spokesman* brachte weitere Einzelheiten: die empfangenen und abgeschickten Telegramme sowie einen Bericht von den Rettungsarbeiten. Die Telegramme interessierten mich, und zwar in erster Linie wegen ihres Stils – anfangs langatmig, kam ihre Dringlichkeit erst gegen Ende, durch die Auslassung einiger Präpositionen, zum Ausdruck –, aber auch, weil sie zeigten, welche Freude westindischen Politikern ihre neuen Titel bereiteten. St. Kitts ist hundertsechsundsiebzig, Montserrat dreiundachtzig Quadratkilometer groß.

Von Ministerpräsident, Montserrat. An Ministerpräsident, St. Kitts. Aufgegeben am 9. September 1960. Bitte empfangen und übermitteln Sie den notleidenden Menschen von Anguilla das Mitgefühl der Regierung und des Volkes von Montserrat erlittene Schäden Hurrikan Donna. Ministerpräsident.

Von Ministerpräsident, St. Kitts. An Ministerpräsident, Montserrat. Aufgegeben am 10. September. Besten Dank Ihr in Telegramm vom 9ten ausgesprochenes Mitgefühl.

Und so ging es weiter, ein Austausch von Floskeln. Mr. Manley aus Jamaika war konstruktiver:

Von Manley, Premierminister von Jamaika. An Southwell, Ministerpräsident, St. Kitts. Aufgegeben am 8. September 1960. Mein tiefes Mitgefühl für die Katastrophe, die Sie erlitten haben. Bitte teilen Sie uns mit, was Sie an Hilfe brauchen. Manley.

Der Ministerpräsident von St. Kitts war entschlossen, Mr. Manley mehr Ehre zu erweisen, als dieser ihm erwiesen hatte:

Von Ministerpräsident, St. Kitts. An Exzell. Manley, Premier, Jamaika. Aufgegeben am 8. September 1960. Danke freundliches Mitgefühl. Nahrung, Kleidung, Geld nützlich. Southwell.

Ein weiteres Telegramm holte Vergessenes nach.

Von Ministerpräsident, St. Kitts-Nevis-Anguilla. An Exzell. Manley, Premier, Jamaika. Aufgegeben am 9. September 1960. Bezugnehmend mein Telegramm. Dankbar Planen falls möglich. Ministerpräsident.

Abgerundet wurde die Geschichte durch einen Artikel über die Hilfsmaßnahmen. Verfasser war Mr. John Brown, der laut einer Meldung in der gleichen Zeitung einen Vortrag zum Thema »Dialekt, Drama und die westindische Kultur« hielt, während gerade die Bootsladungen von Auswanderern im Schatten der *Francisco Bobadilla* schaukelten, und außerdem dabei war, einen Literarischen Club ins Leben zu rufen.

Weniger erbaulich war [schrieb Mr. Brown], daß kaum eine Spur von einem Gesamtorganisationsplan vorlag. Es waren Organisatoren der verschiedensten Art am Werk – wenn überhaupt, dann waren es zu viele und zu wenige, die die Arbeit machten ... Es liegt auf

der Hand, daß die Kolonie ein zentrales Planungsgremium für Hur-
rikan-Hilfsmaßnahmen braucht … und es ist unbedingt erforderlich,
daß präzise festgelegt wird, in welcher Beziehung es zu den Freiwilli-
genorganisationen – Rotes Kreuz, Jaycees etc. – steht, um einen Kom-
petenz- und Handlungswirrwarr zu verhindern.

Ich hatte so eine Ahnung, wer die »etc.« waren. Aber die Jaycees – die Mitglieder der Junior Chambers of Commerce –
waren mir neu. Auf diesem Einwandererschiff fiel es schwer,
Westindien mit gutgekleideten jungen Geschäftsleuten, gutgekleideten und hilfsbereiten jungen Ehefrauen und gut ver-
kauftem Dienst an der Allgemeinheit zu assoziieren.

Der Anführer der Auswanderer trank seinen Tee im Speisesaal der ersten Klasse. Er hatte ausgezeichnete Manieren
und ließ keinen Teil des Teerituals aus. Sein Gefolge betrachtete ihn beifällig durch die Fenster. Er konzentrierte sich
auf seinen Tee. Er saß abseits von uns und wirkte, so ohne
Gelegenheit zum Reden, ein wenig gezwungen. Aber ich
hatte das Gefühl, daß er es weit bringen und eines Tages
ebenfalls Telegramme aufgeben würde. Sobald er seinen
Tee ausgetrunken und sich geziert eine Papierserviette an
die Lippen gedrückt hatte, begab er sich wieder zu seinem
Gefolge und schwang unter ständigem Hin- und Hergehen
auf Deck neue Reden. Wir erhaschten ab und zu einen Blick
von seinem hohen, vor den Fenstern auf und ab hüpfenden
Gesäß. Dann wurden auf dem Deck die Absperrungen auf-
gestellt und sein Auslauf verkleinert. Er blieb mit seinem Gefolge in dessen Reservat.
  Einer jedoch hielt nichts von den Absperrungen. Es war
der pfeiferauchende Schwarze, der während der ganzen
Reise für sich geblieben war und *Die zehn Gebote* gelesen
hatte. Er hatte die Angewohnheit, stundenlang übers Deck
zu spazieren. Nun durchbrach er die Schranken vor dem
Speisesaal, vor der Bar. Der Barkeeper richtete die Schranke
auf; der Pfeifenraucher durchbrach sie erneut. Es kam zum

Streit. Der Pfeifenraucher brüllte im Weitergehen nach hinten über die Schulter. An der Absperrung vor dem Speisesaal wurde er vom Chefsteward empfangen. Er wurde laut; der Chefsteward gab Antwort. Wütend zerrte der Pfeifenraucher die Schranke hoch, zerriß dabei die Kordel und warf den Ständer, der sie gehalten hatte, auf den Boden; mittlerweile schrie er und war in seiner Wut kaum zu verstehen. Gruppen von Auswanderern versammelten sich, die Gesichter so ausdruckslos wie damals, als sie von den Ruderbooten aufs Schiff gekommen waren. Offiziere wurden geholt. Der Pfeifenraucher spazierte gemessen übers Deck und durchbrach Schranken, sein ruhiger Schritt gänzlich ohne Beziehung zu seinen hysterischen Worten, die auf dem ganzen Schiff zu hören waren. Als er erneut zur Speisesaalschranke kam, hatte er eine Schar verschreckter Auswanderer hinter sich. Der Anführer der Auswanderer kam aufgeregt herbeigelaufen, wie er auch auf mich zugerannt war; sein Gefolge öffnete eine Gasse für ihn, doch er blieb nur stehen, und sein Redeschwall verstummte. Der Pfeifenraucher ging allein weiter. In einem neuerlichen Zornesausbruch durchbrach er die Schranke. Auf der einen Seite der Schranke war das Deck schwarz von Auswanderern. Auf der anderen Seite bildeten Offiziere und Stewards einen kühlen weißen Kreis. Der Pfeifenraucher, in Schwarz, ging mit festem Schritt auf ihn zu.

»Er ist wahnsinnig geworden«, sagte Mr. Mackay.

Die Auswanderer begannen zu raunen.

»Keine Mißhandlungen«, rief der Purser. »Befehl des Kapitäns. Keine Mißhandlungen.«

Der Pfeifenraucher ging stetig weiter.

»Dich krieg ich noch!« sagte der Chefsteward. Die Worte hatten nichts Drohendes. Er benutzte lediglich einen amerikanischen Ausdruck.

»Schrecklich, schrecklich«, sagte Mr. Mackay beim Essen. »Daß dieses prächtige Geschöpf so eingesperrt wird.« Sein Herz machte ihm zu schaffen; der Vorfall hatte ihn verstört, und er konnte nur an einem Salatblatt knabbern. Seine Worte hatte ihm die Gewohnheit eingegeben – sie standen in keiner Beziehung zu dem Kummer in seiner Stimme. »Ich habe ein-, zweimal mit ihm geredet, wissen Sie. Er ist kein schlechter Kerl. So ein prachtvoller Schwarzer. Schrecklich, schrecklich.« Sein Mund war schmerzlich verzogen. »Er muß es in England verdammt schwer gehabt haben. Jetzt bringen sie ihn zu seiner Mutter zurück.«

»Sie haben ihm eine Spritze gegeben und ihn ins Krankenrevier gesteckt«, sagte Philip. »Ich muß sagen, damit hab ich überhaupt nicht gerechnet. Beleidigt vor allen Leuten diese spanischen Offiziere.«

»Sparen bloß an diesem elenden Fraß, wenn Sie mich fragen«, meinte Correia. »Wenn sie mir doch auch eine Spritze geben könnten. Ich tu auf diesem Kahn kein Auge zu. Das liegt am Essen. Dieses ganze Hispanol hier und Hispanol da.«

Nach dem Essen ging ich ins Krankenrevier hinunter. Die Türen standen offen. Sämtliche Betten waren leer, bis auf eines in der Ecke, auf dem der Pfeifenraucher lag, immer noch in seinen schwarzen Sergehosen und dem blauen Hemd, auf der Stirn ein Heftpflaster. Es brauchte keine Türen, um ihn hier festzuhalten.

Sehr spät an diesem Abend oder sehr früh am nächsten Morgen sollten wir in Grenada, der Gewürzinsel, weitere Auswanderer an Bord nehmen. Es war unsere letzte Nacht an Bord, und wir veranstalteten in der Bar eine kleine Party. Der Barkeeper war nicht auf uns eingerichtet, und wir hatten seine Vorräte an Brandy und spanischem Sekt rasch erschöpft. Wir weckten Purser und Stewards, konnten aber nichts mehr zu trinken bekommen. Während wir mit einem Steward redeten, sagte ein Auswanderer aus St. Kitts, wenn wir Brandy wollten, könne er uns helfen.

»Der arme Kerl soll ihn behalten«, sagte Mr. Mackay, dessen weichherzige Stimmung anhielt. »Wahrscheinlich ist das die erste und letzte Flasche Brandy, die er je kaufen wird.

Wenn ihm von der Kälte in England die Haut aufspringt, wird er um diesen Brandy noch verdammt froh sein.«

Aber der Auswanderer insistierte. Er war ein kleiner Dicker mittleren Alters mit Brille und zerkratzter Haut.

Kripal Singh und ich begleiteten ihn zu seiner Kabine, stiegen tiefer und tiefer hinab, suchten uns auf feucht gewischten, heißen Fluren einen Weg vorbei an Säuglingen, erhaschten Blicke von erstickend engen Kabinen, von Köpfen unter Laken, einer über dem anderen, von geöffneten Koffern, hörten Geräusche von reger, gedämpfter Geschäftigkeit um uns herum, sahen Männer und Frauen zu Toiletten und zurück eilen. Der Auswanderer ließ uns nicht in seine Kabine. Er öffnete ein Stück weit die Tür – vier Kojen, jede mit einem zwischen Laken hervorschauenden Kopf getupft, und viele Koffer –, schob sich hinein, schloß die Tür und kam kurz darauf mit einer Flasche heraus, deren Etikett bis auf ein Eckchen mit dem Wort »Brandy« fehlte.

Kripal Singh, den ich in diesen Dingen als Experten betrachtete, wirkte zufrieden. Er gab dem Auswanderer fünf Dollar, und dieser verschwand und schloß die Tür seiner Kabine.

Wir rannten mit der Flasche aufs Deck hinauf, wo die frische Luft uns wiederbelebte.

Philip sagte: »Das ist Rum. Nicht mal spanischer Brandy hat so eine Farbe. Das ist das Zeug, das sie Zuckerrohr-Brandy nennen.«

Wieder stiegen wir, nun alle drei, in die heißen, stickigen Unterdecks hinab. Wir klopften. Der Auswanderer machte auf. Er trug Weste und Hose, nicht aber seine Brille. Er gab uns unser Geld zurück und nahm seine Flasche, alles ohne ein Wort.

»Da sehen Sie, was ich meine, Miss Tull«, meinte Mr. Mackay. »Sehen Sie, wie diese Bestien ihre eigenen Leute behandeln? Dabei ist er noch nicht mal in England. Wenn ein paar Weiße ihn runterputzen und zur Schnecke machen, wird er was von Rassenvorurteilen plärren.«

Als ich am nächsten Morgen aufstand, legten wir gerade in frühmorgendlicher Stille von Grenada ab. Die Sonne war noch nicht heraus. Das Meer war hellgrau, der Himmel licht, die Hügel von kühlem Grün, das Wasser zu ihren Füßen schattendunkel und still. Es war wie ein Sonntagmorgen. Nach dem Frühstück stand die Sonne hoch und brannte, und die Auswanderer drängten sich im Bug des Schiffes. Röcke und Kleider flatterten in der Brise; die Leute schwatzten und zeigten mit Fingern; sie hätten sich auf einem Tagesausflug befinden können.

Mittlerweile erkannten wir Mr. Mackay als unseren Westindien-Experten an. Philip fragte ihn: »Wie steht es mit den Einwohnern von Grenada? Kommen sie mit den Leuten von St. Kitts aus?«

»Da bin ich überfragt. Leute von St. Kitts mögen die Leute von Antigua nicht. Aber mit denen von Grenada kenn ich mich nicht aus. Ich hoffe nur, sie geraten sich nicht in die Haare, ehe wir Trinidad erreichen.«

Zur Mittagszeit wechselte die Farbe des Wassers plötzlich von Tiefblau zu Olivgrün, und die neue Farbströmung war von weißem Schaum gesäumt. Wir befanden uns im Mündungsgebiet des Orinoco. Ich hatte keine Ahnung gehabt, daß es so weit nach Norden reichte, und fragte mich, ob es tatsächlich stimmte, daß man, wie von Kolumbus berichtet, Süßwasser auf der einen und Salzwasser auf der anderen Seite der weißen Linie finden konnte.

Wir näherten uns Südamerika: eine niedrige graue Hügelkette in der Ferne. Es war unmöglich festzustellen, wo Südamerika endete und Trinidad begann. Die Hügel hätten auch eine andere Insel sein können. Abgesehen von der Farbe des Wassers verriet uns nichts, daß wir uns in der Nähe eines Kontinents befanden. Die Hügel wurden höher, eine Senke wurde zur Kluft, und dann sahen wir die Meerenge. Kolumbus hat ihr den Namen gegeben: das Drachenmaul, die tückische Nordeinfahrt in den Golf von Paria. Zu unserer Rechten lag Venezuela, ein grauer Dunst.

Links lag Trinidad: eine Reihe hoher, felsiger Inselchen, unordentlich mit Grün bedeckt, und dahinter die in einem Gewitter verschwimmenden Berge der Northern Range.

Kolumbus freilich kam 1498 von Süden her, durch das von ihm so genannte Schlangenmaul, in den Golf von Paria. Die starken Strömungen, die der Orinoco beim Hineindrängen in den Golf erzeugt, hielten ihn auf und ließen beinahe sein Schiff zerschellen. Die Strömungen, so schrieb er, tosten unaufhörlich, und einmal, mitten in der Nacht, er befand sich gerade auf Deck, sah er, »wie das Meer sich gleich einem Berge, so hoch als das Schiff, von Westen gen Osten wälzte und allgemach näherkam; und auf diesem sich heranwälzenden Meere stand eine gewaltige, tosende Welle ... Bis auf den heutigen Tag kann ich die Furcht spüren, die ich damals empfand.« Als er schließlich in den Golf einfuhr, stellte er fest, daß das Wasser Süßwasser war. Ebendies veranlaßte ihn, seine sensationellste Entdeckung bekanntzugeben. Er habe, schrieb er Ferdinand und Isabella, den Zugang zum irdischen Paradies entdeckt. Kein Fluß konnte so tief oder so breit sein wie der Golf von Paria, und Kolumbus' Lektüre der Geographen und Theologen hatte ihn zu dem Schluß geführt, daß die Erde hier wie eine Frauenbrust geformt war, auf deren Brustwarze das irdische Paradies lag. Das Süßwasser im Golf von Paria floß von diesem Paradies herab, das seiner Lage wegen nicht mit dem Schiff und auf keinen Fall ohne die Erlaubnis Gottes zu erreichen war.

Wir hielten uns dicht bei Trinidad und beschrieben, während wir ringsum aus blauem Himmel den Donner rollen hörten und das Spiel der Blitze auf den Hügeln betrachteten, langsam einen weiten Bogen nach links, so daß wir sahen, wie unser Kielwasser sich rasch zu gekräuselter Glasigkeit glättete.

Die Auswanderer gestikulierten.

»Ich hoffe, die Einwanderungsbehörde hat ein Auge auf die Leute«, sagte Mr. Mackay. »Trinidad ist nämlich so was

44

wie ein zweites Paradies für sie. Wenn man sie läßt, geht die Hälfte schon hier vom Schiff.«

Wir nahmen den Lotsen an Bord. Wir nahmen die Einwanderungsbeamten an Bord.

»Sie sollen nur genau hingucken«, sagte Mr. Mackay und meinte die Auswanderer. »Wir haben hier Barkassen. Keine verdammten Ruderboote.«

Mit knatternder Flagge raste die Barkasse, die in dicken, beruhigenden weißen Buchstaben die Aufschrift POLICE trug, neben uns her. Ihre Insassen trugen makellose Uniformen.

»Es ist nämlich gar keine so schlechte kleine Insel«, sagte Mr. Mackay.

»Ich hab gehört, daß sie bei der Polizei neuerdings College-Boys nehmen«, sagte Philip.

Vom Meer aus war Port of Spain eine enttäuschende Stadt. Man sah nur Bäume vor den Hügeln der Northern Range. Der Turm des Queen's Royal College durchstach das Grün ebenso wie der blaue Klotz des Salvatori-Gebäudes. Bei der Bauxit-Verladestation von Tembladora war die Luft gelb von Bauxitstaub.

Wir legten an. Die Auswanderer versammelten sich auf Deck und drängelten sich die Gangway hinunter, um einen Blick von Trinidad zu erhaschen (und einige, laut Mr. Mackay, um hierzubleiben).

»Die von den kleinen Inseln sollen zuerst gehen«, sagte er.

»Der Prop, Mann«, flüsterte mir jemand ins Ohr. »Der alte Propagandist.«

Es war Boysie.

In dem Anzug, in dem ich an Land ging, und mit meiner Schreibmaschine (die ich nie benutzen sollte) fand ich, daß ich ganz danach aussah.

Correia war wütend. Der Schiffsagent hatte sein Flugticket für Britisch-Guayana nicht gebucht. Seine zornige Stimme dröhnte übers Schiff hinweg die Gangway hinunter, und ich hörte sie noch, als er in einem Zollschuppen verschwand, gefolgt von Kripal Singh, der nun, da seine Studentenzeit vorüber war, in seinem Anzug respektabel und unglücklich aussah und nervös rauchte. Und danach sah ich sie nicht mehr. Philip verschwand. Die Mackays verschwanden. Miss Tull verschwand; siebzehn Tage mit den Auswanderern erwarteten sie.

Der pastellene Himmel leuchtete in spektakulären Scharlach- und Goldtönen. Davor zeichneten sich schwarz die Palmen und Regenbäume ab. Die Bar war leer und wirkte so fremd wie an jenem Nachmittag in Southampton. Der Barkeeper suchte jemanden, der ihm ein kurzärmeliges Aertex-Hemd besorgen würde. Er verhandelte mit dem Irrenwärter, der, schon ganz rot im Gesicht, seine Touristenkleidung trug: rotes Hemd, Strohhut, Khakihose, Sandalen, einen Fotoapparat am Schulterriemen.

Wir fuhren aus dem Hafengelände. Der Weg war von Auswanderern verstopft, viele davon Inder, die aus Britisch-Guayana eingeflogen waren. Überall Auswanderer, und überall die Menschen, die gekommen waren, um sich von ihnen zu verabschieden. Überall Autos. Wir fuhren ganz langsam. Am Tor wurden wir angehalten, unsere Pässe kontrolliert.

Ein Polizist sagte: »Würden Sie bitte Ihre Zigarette löschen?«

Ich löschte sie.

2

TRINIDAD

Seit mehreren Geschlechtern in einem Übergangs-
lande zeltend zwischen der Väterheimat und dem
eigentlichen Ägypten, waren sie von gestaltlo-
ser Seele, ohne sichere Lehre und schwankenden
Geistes; hatten vieles vergessen, einiges halbwegs
aufgenommen, und eines rechten Mittelpunktes
ermangelnd trauten sie ihrem eigenen Gemüte
nicht, auch nicht dem Ingrimm, der darin war,
über die Fron ...

Thomas Mann: *Das Gesetz*

An die Stelle einer Abneigung gegen die latei-
nische Sprache trat ein leidenschaftliches Verlangen, sie zu beherrschen. Ebenso fand unsere
Nationaltracht Anklang, und die Toga war überall zu sehen. Und so wurden die Briten allmählich auf die Annehmlichkeiten gebracht, die das
Laster gefällig machen – Arkaden, Bäder und üppige Gastmähler. Sie nannten solche Neuheiten
»Zivilisation«, obwohl sie doch in Wirklichkeit
nur ein Element der Versklavung waren.

Tacitus: *Agricola*

Sobald die *Francisco Bobadilla* den Kai berührt hatte und die
Schiffswand gegen die Gummifender gestoßen war, über-
kam mich wieder meine ganze alte Angst vor Trinidad. Ich
wollte nicht bleiben. Ich hatte die Sicherheit des Schiffes
aufgegeben und besaß keinerlei Gewähr dafür, daß ich die
Insel je wieder verlassen würde. Ich hatte nichts vergessen: die Holzhäuser mit den halb herabgelassenen Jalousien und den Mäandern an den Giebeln, wie sie vor dem
Zeitalter des Betons in Mode waren; die Betonhäuser mit
L-förmigen Veranden und vorspringenden, nach vorn liegenden Schlafzimmern, wie sie in den Dreißigern in Mode
waren; die zweistöckigen syrischen Häuser, gemusterte Be-
tonklötze, der erste Stock eine Kopie des Erdgeschosses,

47

wie sie in den Vierzigern in Mode waren. Es gab mehr Neonlichter. Ambitionen – eine sich bewegende Hand, das Eingießen eines Getränks in ein Glas – gingen nicht mit den entsprechenden Fertigkeiten einher, und der Effekt war typisch Trinidad: kräftig, von einer etwas unfertigen Modernität. Es gab mehr Autos. Aus den Nummernschildern ersah ich, daß mittlerweile fast fünfzigtausend Fahrzeuge auf der Straße waren; als ich fortgegangen war, hatte es weniger als zwanzigtausend gegeben. Und die Stadt pulsierte von Steelbands. Ein guter Anfangssatz für einen Romancier oder einen Reiseschriftsteller, aber die Steelband galt üblicherweise als bedeutender Ausdruck westindischer Kultur, und mir war der Klang verhaßt.

Wenn man zum erstenmal in einer Stadt ankommt, und besonders wenn man nachts ankommt, haben die Menschen auf den Straßen nur für diesen Augenblick etwas Besonderes: Sie sind Adepten eines Rituals, das der Reisende nicht kennt, sie bewegen sich von einem Geheimnis zum anderen. Aber während ich nun durch Port of Spain fuhr und die an Ecken, um fackelerleuchtete Stände und Kokosnußkarren lungernden Gruppen sah, fehlte mir dieser Reiz, und mir machte nicht so sehr die Vertrautheit als vielmehr das Gefühl der Fortdauer zu schaffen. Die Jahre, die ich im Ausland verbracht hatte, traten in den Hintergrund, und ich konnte mir nicht mehr sicher sein, was meine Lebensrealität war: die ersten achtzehn Jahre auf Trinidad oder die späteren Jahre in England. Ich hatte nie auf Trinidad bleiben wollen. Schon in der vierten Klasse schrieb ich ein Gelübde auf das Vorsatzblatt meines Exemplars von Kennedys *Revised Latin Primer*, binnen fünf Jahren wegzugehen. Es wurden sechs, und noch viele Jahre später, wenn ich in England bei eingeschaltetem Heizgerät in möblierten Zimmern einschlief, weckte mich der Alptraum, ich wäre wieder im tropischen Trinidad.

Ich hatte diese Angst vor Trinidad nie genauer untersucht. Ich hatte es nicht gewollt. In meinen Romanen hatte ich sie nur ausgedrückt, und erst jetzt, im Moment des Schreibens, bin ich imstande, mich an ihre Untersuchung zu wagen. Ich wußte, daß Trinidad unbedeutend, unschöpferisch, zynisch war. An höheren Berufen gab es nur die Juristerei und die Medizin, weil für andere kein Bedarf bestand, und die erfolgreichsten Menschen waren Kommissionäre, Bankdirektoren und Händler. Macht wurde anerkannt, Würde aber wurde keinem zugestanden. Jede Person von Rang galt als unehrlich und verächtlich. Wir lebten in einer Gesellschaft, die sich keine Helden gönnte.

Es war ein Ort, wo die Geschichten niemals von Erfolg, sondern nur vom Scheitern handelten: von brillanten Menschen, von Stipendiaten, die jung gestorben, wahnsinnig geworden oder dem Suff verfallen waren, von vielversprechenden Kricketspielern, deren Auseinandersetzungen mit den Behörden ihre Karriere ruiniert hatten.

Es war außerdem ein Ort, wo »eingebildet« ein häufig gebrauchtes Schimpfwort war, Ausdruck des Ressentiments gegen jeden, der ungewöhnliche Fähigkeiten besaß. In einer Gesellschaft, die nichts produzierte, niemals ihren Wert beweisen mußte und niemals aufgefordert war, etwas zu leisten, wurden solche Fähigkeiten nicht benötigt. Und wer sie besaß, mußte auf Normalmaß zurückgestutzt oder, um den auf Trinidad gängigen Ausdruck zu gebrauchen, »eingekocht« werden. Großzügigkeit – die Bewunderung gleicher füreinander – war deshalb unbekannt; sie war eine Eigenschaft, die ich nur aus Büchern kannte und erst in England fand.

Begabung, etwas Sinnloses, hatte der Bewohner Trinidads durch Intrigantentum ersetzt, und darin war er, im Kleinen wie im Großen, ein Meister. Bewunderung kannte er durchaus: Er bewunderte Jungen, die gut in der Schule waren, denn ein solcher akademischer Erfolg, der nichts mit dem Alltagsleben zu tun hatte, hob die Selbstachtung der ganzen Gemeinschaft, ohne sie in irgendeiner Weise zu bedrohen; er bewunderte Stipendiaten, solange sie nicht eingebildet wurden; er bewunderte Rennpferde. Und er bewunderte Kricketspieler.

Auf Trinidad war Kricket schon immer mehr als ein Spiel. In einer Gesellschaft, die keine Fähigkeiten verlangte und Verdienst nicht belohnte, war Kricket die einzige Betätigung, die es einem Mann erlaubte, sein volles Format zu gewinnen und an internationalen Maßstäben gemessen zu werden. Allein auf einem Platz und den verwirrenden Intrigen entrückt, war der wahre Wert des Kricketspielers von allen zu erkennen. Seine Rasse, Bildung, Vermögen spielten keine Rolle. Wir hatten keine Wissenschaftler, Ingenieure, Forschungsreisenden, Soldaten oder Dichter. Der Kricketspieler war unsere einzige Heldengestalt. Das ist der Grund, warum Kricket in Westindien mit solchem Elan gespielt wird; und das ist auch der Grund, warum die Westinder noch für lange Zeit nicht in der Lage sein werden, als Mannschaft zu spielen. Es kam nur auf die Einzelleistung an. Ihr spendeten wir Beifall, und sofern der Kricketspieler keine Heldenqualitäten besaß, wollten wir ihn nicht sehen, er mochte noch so wertvoll sein. Und deshalb war von all jenen Geschichten vom Scheitern die vom ruinierten Kricketspieler die schrecklichste. In der Überlieferung Trinidads war er eine immer wiederkehrende Figur; auch in dem Trinidad-Theaterstück *Moon on a Rainbow Shawl* von Errol John kommt er vor.

Obwohl wir wußten, daß mit unserer Gesellschaft etwas nicht stimmte, machten wir keinen Versuch, sie zu beurteilen. Trinidad war zu unwichtig, und wir ließen uns niemals davon überzeugen, daß es nützlich wäre, die Geschichte eines Ortes nachzulesen, der, wie alle sagten, nur ein Pünktchen auf der Weltkarte war. Wir interessierten uns nur für die Welt draußen, je ferner, desto besser. Australien war wichtiger als Venezuela, das wir an klaren Tagen sehen konnten. Unsere eigene Vergangenheit war begraben, und niemandem lag daran, sie wiederaufleben zu lassen. Das gab uns ein seltsames Zeitgefühl. Das England von 1914 war das England von gestern; das Trinidad von 1914 gehörte zum finsteren Mittelalter.

Gelegentlich kam es zu Protesten einer Bevölkerungsgruppe, aber das weckte keine tiefen Gefühle, denn es stellte nur einen kleinen Teil der Wahrheit dar. Jeder war ein einzelner, der um seinen Platz im Gemeinwesen kämpfte. Doch ein Gemeinwesen gab es nicht. Wir gehörten unterschiedlichen Rassen, Religionen, Kreisen und Cliquen an und hatten uns irgendwie auf derselben kleinen Insel wiedergefunden. Abgesehen von diesem gemeinsamen Wohnort verband uns nichts. Nationalistische Gefühle gab es nicht; es konnte sie nicht geben. Tiefere antiimperialistische Gefühle gab es nicht; vielmehr verlieh uns nur unser britischer Paß, unsere Zugehörigkeit zum britischen Empire, irgendeine Identität. Proteste konnten somit nur vereinzelt, isoliert und unbeachtet bleiben.

Erst gegen Ende des Krieges hörte man allmählich Geschichten, in denen jemand bescheidenen Erfolg gehabt hatte, Geschichten von Männern, die mit Auszeichnung in der Royal Air Force gedient hatten, von Männern, die an englischen und amerikanischen Universitäten Dozenten geworden waren, von Sängern, die im Ausland Anerkennung gefunden hatten. Diese Leute waren alle geflüchtet. Zu Hause waren sie »eingebildet« gewesen, doch im Ausland hatten sie sich hervorgetan; und da sie nicht die verachtete heimische Berühmtheit erlangt hatten, akzeptierte Trinidad sie mit bereitwilliger Großzügigkeit und übertrieb ihren Wert.

Drohendes Scheitern, das Bedürfnis zu flüchten: Das war der Antrieb der Gesellschaft, die ich kannte.

Aus dem *Trinidad Guardian:*

DIE LITERATUR IST UNSER ERBE
An die Redaktion des »Guardian«

Im »Trinidad Guardian« vom 22. *Oktober lautete die Schlagzeile, unter der über den Fall der Goldpreise berichtet wurde, »Gold verliert an Glanz«, und das hat mich an die bekannte Redensart »Es ist nicht alles Gold, was glänzt« erinnert.*

Literarisch betrachtet, ist die Stelle falsch zitiert und müßte lauten: »Es ist nicht alles Gold, was gleißt.« Sie stammt aus »Der Kaufmann von Venedig«. Zwar vermitteln sowohl »glänzt« als auch »gleißt« die gleiche Vorstellung, aber »glänzt« ist, wenn ich das sagen darf, nun einmal kein Shakespeare. Das Wort, das auf uns gekommen ist, lautet »gleißt«, und es geziemt sich, es ohne Änderung oder Verfälschung weiterzugeben.

Das soll kein Vorwurf an die Adresse jener sein, die ein Wort mit dem anderen verwechselt haben.

Es ist vielmehr ein Plädoyer für die Bewahrung jener Worte und Ausdrücke, die einen Teil unseres literarischen Vermächtnisses bilden.

Norman A. Carter, St. Augustine

Niemand interessierte sich besonders für die Auswanderer auf der *Francisco Bobadilla.* Man zeigte sich eher um die Anzahl der Einwanderer nach Trinidad besorgt. Von 560 000 Einwohnern im Jahre 1946 war die Bevölkerungszahl auf 825 000 im Jahre 1960 gestiegen. Einwanderer waren aus England, Amerika, Kanada, Australien wie auch von den anderen Westindischen Inseln gekommen. Es waren zwei neue weiße Vorstädte entstanden, aber Trinidad richtete seine ganze Verärgerung gegen westindische Einwanderer, und besonders gegen die aus Grenada. Grenada ist auf Trinidad schon seit undenklichen Zeiten ein Witzwort, wie Wigan in England; und die gelegentliche Ausweisung von Menschen aus Grenada und anderen kleinen Inseln ist eines der Themen des Calypso.

Kurz vor meiner Ankunft hatte es wieder einmal eine,

wie es hieß, ungewöhnlich rigorose Polizeiaktion gegen illegale Einwanderer gegeben. Die Einstellung gegenüber Einwanderern ist überall auf der Welt die gleiche – die Geschichten über Westinder in England (»vierundzwanzig in einem Zimmer«) sind das genaue Gegenstück zu Geschichten über Menschen aus Grenada und anderen Inseln auf Trinidad –, und es herrschte große öffentliche Begeisterung, während Menschen aus Grenada sich in panischer Angst über die ganze Insel zerstreuten und untertauchten. (Viele fanden Unterschlupf bei Arbeitgebern, die sie als billige Arbeitskräfte schätzten. Im abgelegenen Bezirk Ortoire sollte ich später auf ein Nest von Leuten aus St. Vincent stoßen, die für einen örtlichen Unternehmer zwischen Mangrovenwurzeln Austern sammelten.) Der Calypso-Sänger Lord Blake sang:

> *Move, lemme get me share.*
> *They beating Grenadians down in the Square.*
> *Lemme pelt a lash, lemme get a share.*
> *They beating Grenadians down in the Square.*
> *Since they hear we have Federation*
> *All of them packing up in this island.*

Die Leute aus Grenada machten überhaupt von sich reden. Neueste Berühmtheit auf Trinidad war ein Vierundzwanzigjähriger aus Grenada, der eine vierundachtzigjährige Bewohnerin Trinidads geheiratet hatte. Ihre Fotos waren häufig in der Zeitung, Kinobesitzer versuchten das Paar für persönliche Auftritte zu gewinnen, und es ging das möglicherweise von einem Anhänger der Regierung in die Welt gesetzte Gerücht, der derzeitige Oppositionsführer habe den Mann aus Grenada gebeten, bei den nächsten Wahlen für seine Partei zu kandidieren. In einem Interview mit dem *Sunday Guardian* – mit einem Foto der Braut beim Füttern ihrer Hühner und einem des Bräutigams als Linienrichter bei einem Fußballspiel – sagte der Mann aus Grenada (und trat damit einem hartnäckigen Gerücht entgegen), er sei auf Grenada bereits Vater von vier Kindern. Er habe deren Mutter verlassen, weil sie und ihre Familie ihn in die Ehe hätten »zwingen« wollen.

Eines Morgens diskutierte man darüber in einem Taxi in Port of Spain.

»Die hat einfach zu viele Hummeln in ihrem alten Steiß, wenn ihr mich fragt«, sagte die Dicke neben mir. »Gott! Wie die wohl morgens aussieht? Ich bin noch keine fünfzig und krieg schon einen Heidenschreck, wenn ich nach dem Aufstehen in den Spiegel guck.«

»Wenn meiner mir blöd kommt«, sagte die Frau, die vorne saß, »werd ich so sauer, daß ich ihm eine runterhauen könnte. Dann dreh ich ihm bloß den Rücken zu. Und ich atme ganz tief und tu so, als ob ich ganz fest schlafe.«

»Recht so, Kind. Eine Nachbarin hat mir erzählt, daß dieser Kerl aus Grenada sowieso bloß weggehen und studieren will. Er haut ab und studiert, und sie bleibt daheim und füttert die Hühner. Habt ihr sie im *Guardian* gesehen, wie sie die Hühner füttert?«

Aus dem *Trinidad Guardian:*

MODENSCHAU

Die Leitung des Starlite Drive-In and Pollyanna, eines neuen Geschäfts für Kinderbekleidung, veranstaltete am Samstag nachmittag vor der ersten Vorstellung im Kino eine entzückende Kindermodenschau. Abgesehen von den niedlichen Kleidchen, die einfach hinreißend aussahen, waren die kleinen Mannequins, Jungen und Mädchen, darunter ein nicht ganz zweijähriger Knirps, wirklich verblüffend, vollkommen selbstbeherrscht und gelassen. Die Palette der vorgestellten Kleider begann bei Badeanzügen »Balon« des Typs Brigitte Bardot, aber bestimmt hätte auch B.B. ihren Anzug nicht besser zur Geltung bringen können, als es Christine Cozier und Renata Lopez taten, ganz zu schweigen von Master Barry Went in seinem Marlon-Brando-Bikini … Unter den höchst dankbaren Zuschauern befanden sich

Mrs. Isaac Akow mit Enkelkindern, Mr. und Mrs. A. Dickson, Mr. und Mrs. Dennis Crooks und ihre Kinder sowie Mr. und Mrs. Frank de Freitas mit Familie.

Trinidad hält sich für modern und wird von den anderen westindischen Territorien als modern anerkannt. Es verfügt über Nachtklubs, Restaurants, Bars mit Klimaanlage, Supermärkte, Erfrischungshallen, Drive-in-Kinos und eine Drive-in-Bank. Aber auf Trinidad bedeutet Modernität ein bißchen mehr. Sie bedeutet ständiges Auf-dem-Quivive-Sein, einen Veränderungswillen, eine Bereitwilligkeit, alles zu akzeptieren, was Filme, Zeitschriften und Comic strips als amerikanisch auszuweisen scheinen. Schönheitsköniginnen und Modenschauen sind modern. Modernität mag auch in einem Namen wie Lois – auf Trinidad Loys gesprochen – gelegen haben, der in den Vierzigern dank Lois Lane, der Heldin des amerikanischen Comic strips *Superman*, auf die Insel gekommen ist. Schlichter Rundfunk ist nicht modern, Werbesendungen dagegen schon: Als ich ein kleiner Junge war, galt man als primitiv, wenn man das neueste Werbegedudel nicht kannte.

Modern zu sein heißt, einheimische Produkte zu ignorieren und nur solche zu benutzen, für die in amerikanischen Zeitschriften Reklame gemacht wird. Den ausgezeichneten Kaffee, der auf Trinidad angebaut wird, trinken nur die ganz Armen und ein paar hier ansässige Engländer der Mittelschicht. Alle anderen trinken Nescafé, Maxwell House oder Chase and Sanborn, die zwar teurer, aber erstrebenswert sind, weil in den Zeitschriften dafür Werbung gemacht wird. Die eleganten und bequemen Morris-Stühle, die von einheimischen Handwerkern aus einheimischen Hölzern gefertigt werden, sind nicht modern und deshalb aus allen Häusern, außer denen der Armen, verschwunden. Importierte Stahlrohrmöbel, Plastikstrohstühle aus Hongkong und zierliche schmiedeeiserne Stühle haben ihren Platz eingenommen.

In einem Artikel im *Caribbean Quarterly*, einer Zeitschrift des University College of the West Indies, untersucht Dr. Alfred P. Thorne die ökonomischen Auswirkungen dieser »augenfälligen psychologischen Eigenart«. »Eine Vielzahl von Inselbewohnern der Mittel- und Oberschicht«, schreibt er, »vermeiden den regelmäßigen Verzehr zahlreicher einheimischer Wurzelgemüse oder Grundnahrungsmittel und ziehen Importware von entsprechendem Nährwert (die gewöhnlich mehr kostet) vor.« Er empfiehlt, führende Politiker und die neue Elite sollten mit gutem Beispiel vorangehen, denn das sei wirksamer als »heftige Verwünschungen und eindringliche Ermahnungen«.

Gibt es einen vernünftigen Grund dafür, warum Süßkartoffeln und dergleichen wegen mangelnden Prestiges nicht auf dem Speisezettel der mittleren und oberen Einkommensschichten stehen sollten? Essen denn elegante englische Barone und Earls, ja sogar allergnädigste Prinzessinnen, nicht genauso gern »irische« Kartoffeln wie englische Hafenarbeiter? Nicht einmal die von den »Cockneys« vorgenommene Umbenennung der bescheidenen Knollen in »spuds« hat den aristokratischen Verbraucher irregemacht.

Es ist ein altes westindisches Problem. Trollope beklagte sich schon 1859 auf Jamaika darüber:

Aber es ist überall auf der Insel festzustellen, daß die Leute englische Speisen mögen und ihre eigenen Erzeugnisse verschmähen oder zu verschmähen vorgeben. So wird einem Ochsenschwanzsuppe gereicht, wenn Schildkrötensuppe viel billiger wäre. Roastbeef und Beefsteaks gehören fast zu jeder Mahlzeit. Es werden ungeheure Mengen Bier konsumiert. Wenn sich Yams, Avocadobirnen, die Früchte der Kohlpalme, Kochbananen und zwanzig andere köstliche Gemüse ernten ließen, werden die Leute darauf bestehen, schlechte Kartoffeln zu essen; und der Appetit auf englische Pickles ist eine regelrechte Leidenschaft.

Charles Kingsley, der zehn Jahre später einen Winter auf Trinidad verbrachte, erzählt in *At Last* die Geschichte eines Deutschen, der, weil Trinidad Zucker, Vanille und Kakao produzierte, beschloß, auf der Insel Schokolade herzustellen. Er verwirklichte sein Vorhaben, und dies zu einem Viertel des Preises der Importware. »Aber die hellhäutigen Kreolen kauften sie partout nicht. Sie konnte nicht gut sein. Es konnte keine richtige Schokolade sein, sofern sie nicht auf dem Wege nach und von Paris, jenem Mittelpunkt der Mode, zweimal den Atlantik überquert hatte.« Touristen auf Jamaika beklagen sich unter anderem darüber, daß man kein jamaikanisches Essen bekommen kann. Und einmal bat ich in einem kleinen Intellektuellenklub in Port of Spain um Guavengelee: Es gab nur Reineclaudenmarmelade.

Modernität auf Trinidad erweist sich somit als extreme Beeindruckbarkeit von Menschen, die ihrer selbst unsicher und, weil sie keinen eigenen Geschmack oder Stil besitzen, auf Anleitung erpicht sind. In England und Amerika gibt es Zeitschriften für solche Gruppen; auf Trinidad wird Anleitung mittlerweile von Werbeagenturen geliefert, die nicht nur aus diesem Grunde, sondern auch, weil die Werbeagentur per se etwas Modernes ist, von den Menschen willkommen geheißen wurden.

Es gab einmal eine Zeit, da hatte Trinidad keine Agenturen, und das Nonplusultra der Werbung waren Slogans wie Limacols »Die Frische einer Brise in einer Flasche« und Mr. Fernandes' »Wenn Sie keinen Rum trinken, ist das Ihre Sache – wenn Sie Rum trinken, ist das unsere Sache«. Ansonsten kamen wir mit den Angebotslisten des jeweiligen Ladens und den üblichen Zahnpastageschichten über Mundgeruch aus. Das hat sich mittlerweile geändert. Es heißt, ein Land lasse sich anhand seiner Werbeanzeigen beurteilen, und ein Blick auf die Werbung in Trinidad ist aufschlußreich. Ein Mann mit schwarzer Augenklappe wirbt nicht etwa für Hathaway-Hemden, sondern für ein alkoholisches Getränk. Bermudez-Kekse werden als »Familie feiner

Kräcker« mit dem »Mopsy«-Keks für »die im Herzen Jungge-
bliebenen« bezeichnet, was ebenso verwirrend ist wie der
Slogan für Trinidad Grapefruit Juice: »Das Lächeln echten
Wohlbefindens – in einer Dose.« »Crix« (aus der Bermudez-
Familie) ist »wie eine richtige Mahlzeit«. Man untersucht
den Text auf den entscheidenden Punkt, der offenbar darin
besteht, die Bewohner Trinidads davon zu überzeugen,
daß Bermudez-Kekse in Wirklichkeit »Kräcker« sind, etwas
Amerikanisches, das Amerikaner in Filmen und Comic
strips essen. Old Oak Rum wurde mittels eines Geschmacks-
tests vorgestellt. (Er dauerte vielleicht nur zehn Sekunden,
aber möglicherweise verwechsle ich ihn auch mit anderen
Tests.) Bei diesem Test standen eine Reihe lachender, gutgekleideter, sorgfältig nach Rasse ausgewählter Bewohner Trinidads an einer Theke. Keiner war aufdringlich schwarz. Ein
wirklich Schwarzer fand als Tankwart in der »I'm going
well, I'm going Shell«-Anzeige Verwendung; normalerweise
kommen schwarze Gesichter nur in Anzeigen für Artikel
wie Fahrräder oder Starkbier vor.

Das ist das Werk auswärtiger Werbeagenturen, und Trinidad ist dankbar und bescheiden. Während anderswo der
ganze Begriff der modernen Werbung unter Beschuß gerät,
bietet Trinidad eine Zufluchtsstätte: Es wird offiziell anerkannt, daß die Bewohner Trinidads nicht die Fähigkeit besitzen, Werbeagenturen zu betreiben. Und vielleicht hätten ja auch die Werbesendungen im Radio ohne Hilfe von
außen nicht so leicht Fuß fassen können. Um Viertel nach
sieben morgens meldete sich in jenen Anfangstagen Doug
Hatton mit seinen *Shopping Highlights,* einer Sendung mit
Musik und »Information«. Manchmal rief er Leute an und
fragte sie, ob sie den Titel der »Nummer« wüßten, die er gerade spielte; wenn ja, bekamen sie einen Preis, den irgendeine Firma stiftete, die bereit war, zur öffentlichen Belustigung beizutragen. Um acht beendete Hatton seine Sendung,
um ein paar Inlandsnachrichten, ein paar weiteren Informationen und den Todesanzeigen Platz zu machen. Aber um

halb neun war Hattons Kollege Hal Morrow mit *Morrow's Merry-Go-Round*, einer Musik- und Informationssendung, an der Reihe. Sie dauerte bis neun, und dann gab es den ganzen Tag lang nichts mehr von Hatton und Morrow, bis sie sich am Abend etwa mit einem Quiz, einer Talentshow, Schallplatten und weiteren Informationen zurückmeldeten. Sie traten ein wenig vorzeitig in den Ruhestand, Hatton und Morrow, aber Trinidad hat niemals aufgehört, sie zu ehren: Es waren einfache Menschen, von deren Arbeit die übrige Welt nie erfahren wird, und sie kehrten großstädtischem Erfolg und Ansehen den Rücken und widmeten ihre Energien dem Dienst an einem Kolonialvolk.

So hat Trinidad, obwohl häufig von den Begabungen verlassen, die es hervorbringt, immer das Glück gehabt, Menschen mit Unternehmungsgeist anzuziehen.

»Ich bin zweitklassig«, verriet ein erfolgreicher amerikanischer Geschäftsmann einem Engländer, der mir davon erzählte. »Aber das hier ist ein drittklassiger Ort, und mir geht es gut. Warum soll ich von hier weggehen?«

Bei dieser Vorliebe für Amerika gilt alles Englische als altmodisch und provinziell. Einer der angenehmeren Aspekte der Modernität Trinidads besteht darin, daß man gut essen und dabei aus einer Vielzahl verschiedener Nationalküchen wählen kann. Ich fand mich eines Tages in einem englischen Restaurant wieder. Trollopes Bemerkungen über die Kartoffel haben nach wie vor Gültigkeit, und das Restaurant – die Namen sämtlicher Speisen endeten auf »und Pommes frites« – zog depressive Mitglieder der Auslandsgemeinde und einige Angehörige der englisch gesinnten Elite von Trinidad an. Die Kellner trugen Anzug und Krawatte. Meiner Freudlosigkeit entsprach die des Kellners, bis ich fragte, was es als Nachtisch gebe. Er machte ein verlegenes Gesicht, und als er endlich »Brot-und-Butter-Pudding« sagte, mußte er sich ein Lachen verbeißen, womit er jede Verantwortung für eine solche Absurdität von sich wies.

Trinidad also vermittelt den Eindruck einer florierenden, forschen, ja rasanten kleinen Insel. Unterstützt von einer Reihe von Bränden, sind die wichtigsten Straßen der Innenstadt von Port of Spain neu gestaltet worden, und das Salvatori-Gebäude steht für alles Moderne. Anderswo sind die von Steinmauern umgebenen Häuser mit den glatten Fassaden geblieben: Wohnhäuser, die man zu Läden umfunktioniert hat, um die Bedürfnisse einer wachsenden Stadt zu befriedigen. In den verstopften Straßen kommt der Verkehr nur im Kriechtempo voran, das Parken ist ein Problem. Die Qualität der markenfreien Artikel in den Läden ist niedrig, die Preise sind gesalzen; die Handelsspanne liegt bei fünfzig bis hundert, im Falle einiger Waren – wie etwa bei japanischen Geräten und Apparaturen – sogar bei dreihundert Prozent: Die Bewohner Trinidads kaufen nichts, was in ihren Augen billig ist. Im Dezember 1959, die Beamten hatten wieder einmal eine Gehaltserhöhung bekommen, gab es in ganz Port of Spain keinen Kühlschrank mehr zu kaufen. In Wettbüros kann man auf die englischen Rennen vom Tage setzen. Und auf Trinidad selbst werden zahlreiche Rennen veranstaltet; als ich ein kleiner Junge gewesen war, gab es nur drei pro Jahr. Pferderennen, eine der wenigen Unterhaltungsmöglichkeiten auf der Insel, sind seit jeher beliebt, und nun, da mehr Geld in Umlauf ist, hat sich auch das Glücksspiel allgemein verbreitet. Es gilt als achtbar, es ist beinahe eine Industrie, und folglich befinden sich, wie man mir sagte, nicht wenige Beamte in der Hand von Geldverleihern.

Wir fuhren zum Rennen und verließen Port of Spain über die Wrightson Road, die Schnellstraße, die zwischen der Stadt und dem zurückgewonnenen Areal von Docksite, dem früheren amerikanischen Militärstützpunkt, verläuft. Wir kamen an dem immer noch im Bau befindlichen Technical College vorbei – der Baubeginn erfolgte ein paar Jahre später als in Britisch-Guayana, aber es war ein Wechsel auf die Zukunft; wir kamen an der modernistischen Zentrale der Seamen and Waterfront Workers Trade Union, der Gewerkschaft der Seeleute und Hafenarbeiter, und an der neuen Zentrale der Feuerwehr vorbei. Dann fuhren wir den Beetham Highway entlang, die neue Straße, die man auf trockengelegtem Sumpfland gebaut hatte, um die Eastern Main Road zu entlasten. Rechts von uns lag die städtische Müllhalde, rauchverhangen von brennendem Abfall. Links lag Shanty Town, das sich direkt vor der Stadt bis zu den Hügeln hinauf erstreckte: Es war von eigentümlicher Schönheit, jede Hütte mit ihrem eckigen schwarzen Schatten auf dem rötlichen Abhang, so daß man Lust bekam, die Szenerie auf eine grobe, feuchte Leinwand zu skizzieren. Corbeaux patrouillierten am Highway. Auf Trinidad sind diese schwarzen Geier niemals fern; an den Stränden hocken sie auf den anmutigen Wedeln der Kokospalmen; und wenn, wie wir es erlebten, auf dem Highway einer der unzähligen herrenlosen Hunde der Stadt überfahren wird, dann stoßen die Corbeaux herab und picken das Fleisch von dem ausgezehrten Kadaver, wobei sie von Zeit zu Zeit schwerfällig wegflattern, um nicht ihrerseits überfahren zu werden. Scharlachrote Ibisse flogen mit schlaksiger Anmut über die Mangroven zu unserer Rechten. Und in regelmäßigen Abständen forderten Verkehrszeichen in englischem Stil die Fahrer dringend auf, sich links zu halten, sofern sie nicht überholen wollten.

Während der Fahrt hörten wir Musik von den beiden Rundfunksendern. Mit ihren Songs, Werbespots, ständigen Wetterberichten (als könnte es jeden Moment auf spektakuläre Weise umschlagen) und Nachrichten »jede Stunde zur vollen Stunde« suggerierten sie, daß wir uns in einer aufregenden, luxuriösen Metropole befanden, die sich auf ein riesiges, reiches Hinterland stützen konnte. Bald tauchte dieses Hinterland auf: hie und da ein Pferdekarren, kleine Häuser, in kleinen Gemüsegärten arbeitende Menschen. Wir mit unserem Autoradio auf dem Highway befanden uns in einer Welt, sie dagegen in einer anderen.

Ein entgegenkommendes Auto blinkte mit den Scheinwerfern.

»Polizei«, sagte mein Freund. »Radarfalle.«

Jedes Auto, das uns entgegenkam, gab das Warnsignal. Und tatsächlich passierten wir kurz darauf einen tieftraurigen Polizisten in auffälligem Zivil, der auf dem Seitenstreifen saß und etwas in seiner Hand betrachtete.

Leute vom Land, hauptsächlich farbenfroh gekleidete Inder, waren zu Fuß zur Rennbahn unterwegs. Wir bogen von der Hauptstraße ab und stellten fest, daß der Weg, soweit das Auge reichte, von Autos blockiert war, neuen Autos in vielerlei Farben, die in der Sonne glänzten. Das ähnelte in nichts dem Trinidad, das ich kannte.

Als Charles Kingsley 1870 auf die Rennbahn von Port of Spain ging, traf er dort auf ein verendendes Pferd, das von einer Gruppe Farbiger umringt war, denen er »vergeblich« riet, dem Pferd eine Decke überzulegen, »denn das arme Geschöpf war von einem Hitzschlag niedergestreckt worden«. Kingsley ging nicht zum Rennen, um dort zu wetten – es war das erste Mal seit dreißig Jahren, daß er sich auf einem Turf befand –, und von Pferdewetten spricht er nicht. Er spricht von einem heruntergekommenen französischen Karussell (»ein gewaltiges Narrenwerk«), von Menschen, die im Gras sitzen (»lebende Blumenbeete«), und dem »allerabscheulichsten« Geruch von frischem Rum. Er war zum Rennen gegangen, sagt er, »um sich *en mufti* unter die Leute zu mischen«. Ihre rassische Vielfalt fesselte ihn ungemein, und der zu dem betreffenden Kapitel gehörende Stich zeigt eine Gruppe von Bewohnern Trinidads – Schwarze, Inder und Chinesen – beim Rennen. Der schwarze Mann und der schwarze Junge tragen Strohhüte, weite, kragenlose Hemden und dreiviertellange Hosen, eine tropische Verkürzung der europäischen Gewandung des achtzehnten Jahrhunderts, die als Volkstracht in Nachtklubs wiederbelebt wurde. Eine schwarze Frau trägt einen Turban und viele kräftig gestärkte Röcke, wie sie Anthony Trollope, als er Ende 1858 auf der Insel St. Thomas von Bord des Westindien-Dampfers ging, bei der Blumenverkäuferin auf dem Kai sah; diese

Röcke »verliehen ihrer aufrechten Gestalt«, schrieb er, »jenen Eindruck von leicht zu verdichtender Massigkeit, an dem – *Punch* mag sich noch so sehr ins Zeug legen – unsere Augen mittlerweile solchen Gefallen finden«. Die indischen Männer sind mit Turban, indischer Jacke und *dhoti* bekleidet und stützen sich auf den Quarterstaff, einen langen, dicken Stab, der sich als Waffe verwenden läßt; die Inderin trägt den langen Rock der Vereinigten Provinzen und den *orhni*. Die Chinesen haben chinesische Bauernkleidung an; der Mann hat einen Zopf und trägt einen aufgespannten Schirm.

Heute wird man auf einer Rennbahn auf Trinidad keine von hilflos plappernden Menschen umringten, verendenden Pferde finden. Desgleichen keine Zöpfe, keine Calypso-Volkstrachten und selten Turbane. Die Kleidung ist einheitlich, ein landsmannschaftlicher Geschmack offenbart sich nur bei den Farben. Die drei Gruppen auf dem Stich bei Kingsley sind in drei voneinander isolierten Kulturen verankert. Mittlerweile haben sich diese Kulturen durch Annäherung verändert. Eine, die chinesische, ist nahezu verschwunden; und die Maßstäbe aller entsprechen weitgehend den Maßstäben jener, die auf dem Stich fehlen: denen der Europäer.

Vor dem Royal Victoria Institute in Port of Spain steht, immer noch in gutem Zustand, ein in Beton eingelassener Anker, bei dem es sich, laut Schild, möglicherweise um den Anker handelt, den Kolumbus bei seiner stürmischen Einfahrt in den Golf von Paria verlor. Soviel, könnte man sagen, zur Geschichte Trinidads über einen Zeitraum von beinahe dreihundert Jahren nach seiner Entdeckung. Die Spanier waren eher an den gewinnträchtigen Gebieten Südamerikas interessiert, und die Insel wurde niemals ernsthaft besiedelt. Die heutige Fülle indianischer Namen zeugt davon, daß eine Kolonisierung erst später stattgefunden hat: Tacarigua, Tunapuna, Guayaguayare, Mayaro, Arima, Naparima. Auf Trinidad findet man weder ein Scarborough und Plymouth wie auf

Tobago noch ein Hampstead und Highgate wie in Jamaika, noch ein Windsor Forest und Hampton Court wie in der Küstenregion von Britisch-Guayana.

1595 hielt sich die Aufregung in Grenzen. Der spanische Gouverneur Berrio benutzte die Insel als Ausgangsbasis für seine Suche nach El Dorado. Raleigh kam; verwendete den Asphalt aus dem Pitch Lake zum Kalfatern seiner Schiffe und erklärte ihn für besser als den Asphalt aus Norwegen. Er kostete die kleinen Austern, die in steinernen Büscheln an den Wurzeln der Mangroven wuchsen, und fand Geschmack daran, und »weil ich, hätte ich eine spanische Garnison in meinem Rücken geduldet, die auf das nämliche Unternehmen aus war, als ein gewaltiger Esel dagestanden hätte«, plünderte er die kleine spanische Siedlung und nahm Berrio als Lotsen den Orinoco hinauf mit.

Erst 1783, die Insel hatte eine Bevölkerung von 700 Weißen, Negern und Farbigen sowie 2000 Indianern, begann eine Einwanderung in größerem Maßstab. Die Einwanderer kamen von den französischen Inseln Westindiens. Es waren Royalisten, die vor der Revolution und dem Sklavenaufstand auf Haiti flohen. Die Insel wurde nur dem Namen nach spanisch und bewahrte auch nach der britischen Eroberung im Jahre 1797 ihren französischen Charakter, den Trollope 1859 so entschieden mißbilligte.

Da Trinidad eine englische Kolonie ist, hegt man zunächst die Vorstellung, die Menschen sprächen dort Englisch, und verfällt, wenn diese Vorstellung bezüglich des Englischen zuschanden wird, als nächstes darauf, daß sie eigentlich Spanisch sprechen müßten, da doch die Insel einen spanischen Namen trägt. Tatsächlich aber sprechen sie alle Französisch ... Weil es sich um eine eroberte Kolonie handelt, gewährt man der Inselbevölkerung kein großes Mitspracherecht bei ihrer Verwaltung. Aber man sieht doch deutlich genug, daß sie, weil in Sprache und Gewohnheiten französisch und ihrer Religion nach katholisch, ein noch schlimmeres Durcheinander anrichten würden als die Jamaikaner auf Jamaika.

Trotz Spaniens Sündenregister in der Neuen Welt war das spanische Sklavengesetz das am wenigsten inhumane. Ohne Zweifel wurde es gerade aus diesem Grund selten befolgt. Die Insel wurde noch einige Zeit nach der britischen Eroberung nach spanischem Recht verwaltet, und der erste britische Gouverneur, Picton, hielt sich penibel an das spanische Gesetz. (Er bediente sich sogar, wie vom Gesetz erlaubt, in gewissem Umfang der Folter, und das ruinierte seinen Ruf in England.) Nach spanischem Gesetz war es für einen Sklaven einfacher, sich seine Freiheit zu kaufen, und so gab es im Jahre 1882 auf Trinidad 14 000 freie Farbige. Die Plantagen waren klein: 1796 waren 14 600 Hektar, aufgeteilt auf 450 Plantagen, kultiviert. Latifundien konnten sich niemals herausbilden. Und 1834 wurde die Sklaverei abgeschafft. Anders als auf den übrigen westindischen Inseln verfestigte sich die Gesellschaft auf Trinidad nicht um die Institution der Sklaverei; es gab keine Erinnerung an brutal unterdrückte Aufstände.

Nach der Abschaffung der Sklaverei trat englisches Recht an die Stelle des spanischen. Damit galten die Grundrechte des einzelnen, und weil die Insel als eroberte Kronkolonie direkt von London aus verwaltet wurde, wo die Regierung unter dem ständigen Druck der Antisklavereigesellschaften stand, ließ sich die Gruppe der Pflanzer unter Kontrolle halten. Es fällt schwer, heutzutage auf Trinidad etwas zu finden, was an die Sklaverei erinnert; in Britisch-Guayana, Surinam, Martinique, Jamaika kann man der Vergangenheit nicht aus dem Weg gehen. 1870 befand Kingsley, daß der Neger auf Trinidad besser lebe als der Arbeiter in England. Froude, der 1887 »immerzu das grenzenlose Glück der schwarzen Rasse« sah, konnte nur mahnen, daß »die Mächte, welche dem Menschen eine allzu vollkommene Glückseligkeit neiden, dereinst vielleicht auch Wege finden, dem westindischen Neger Kummer zu bringen«.

Die Einwanderung setzte sich das ganze Jahrhundert hindurch fort. Schon 1806 hatte man Versuche gemacht, chinesische Arbeiter zu holen – höchstwahrscheinlich sah die Regierung die Aufhebung der Sklaverei voraus und wollte den Anteil der Schwarzen an der Gesamtbevölkerung nicht erhöhen. Aus Le Havre wurden französische, aus Madeira portugiesische Arbeitskräfte eingeführt. Nach der Abschaffung der Sklaverei weigerten sich die Schwarzen, weiter auf den Plantagen zu arbeiten, und man begegnete dem daraus resultierenden Arbeitskräftemangel mit der Einfuhr von Kontraktarbeitern aus Madeira, China und Indien. Die Inder erwiesen sich als die geeignetsten, und so setzte sich die Einwanderung aus Indien mit wenigen Unterbrechungen bis 1917 fort. Alles in allem kamen 134000 Inder nach Trinidad, die meisten stammten aus den Provinzen Bihar, Agra und Oudh.*

Trinidad also war und ist eine materialistische, fortwährend wachsende und sich verändernde Einwanderergesellschaft, die sich niemals zu irgendeinem Muster fügte und stets die Atmosphäre des Unfertigen beibehielt, einzigartig in Westindien, insofern es ihr an einer Geschichte fortdauernder Brutalität, ja überhaupt an einer Geschichte fehlt; dabei aber keine expandierende, sondern eine koloniale Gesellschaft, autokratisch, wenn auch mit aufgeklärter Milde regiert und zusätzlich durch ihre geringe Größe und ihre Abgelegenheit gehandicapt. Dies alles verband sich zu ihrem besonderen Charakter, ihrer Überschwenglichkeit und Verantwortungslosigkeit. Und mehr noch: zu einer Toleranz, die mehr ist als Toleranz, nämlich eine Gleichgültigkeit der Tugend wie dem Laster gegenüber. Das Land des Calypso ist keine Phrase eines Werbetexters. Es ist eine Seite der Wahrheit, und eben diese Ausgelassenheit – so unerklärlich dem Touristen, der die Hütten von Shanty Town und die an dem modernen Highway patrouillierenden Corbeaux sieht, und unerklärlich auch mir, der ich die Insel als Land des

* Die hier zitierten Fakten zur Einwanderung sind *The West Indies in the Making*, von vier Autoren, London 1960, entnommen.

66

Scheiterns in Erinnerung hatte –, diese Ausgelassenheit fiel mich nun, bei meiner Rückkehr, an.

Aus dem *Trinidad Guardian:*

Bestimmt haben sich die Anwohner der Fisher Avenue, St. Ann's, am Samstag abend gefragt, wer um alles in der Welt ihre neuen Nachbarn sind, als ein Tonband mit den Klängen der Musik von Choy Aming den vorstädtischen Frieden erschütterte. Sie hatten keine Ahnung, daß vier fidele Junggesellen – regelrechte Lebemänner –, nämlich Jimmy Spiers, Nick Proudfoot, David Renwick und Peter Galesloot, eingezogen waren und ihr Einstandsfest feierten. Dem Scotch und diversen anderen Spirituosen sprachen Malcolm Martin, Eddie de Freitas, Pat Diaz, Maureen Poon Tip, Joan Rawle, Gillian Geoffroy, Joan Spiers und andere zu. Sie hätten am nächsten Morgen mal den Fußboden sehen sollen.

Port of Spain ist die lauteste Stadt der Welt. Dennoch ist das Reden verboten. »Überlaß das Schwätzen den Schwätzern« stand auf den Schildern im alten London Theatre meiner Kindheit. Und mittlerweile besorgen die Radios und Drahtfunkempfänger das Reden, Singen, Dudeln, die Steelbands besorgen das Dröhnen und Scheppern, dazu kommen die Bands, ob live oder vom Tonband, sowie die Grammophone und Schallplattenspieler. In Restaurants dienen die Bands dazu, die Leute von dem Zwang zu befreien, miteinander zu reden. Benommen, mit pochenden Schläfen mampft und kaut man und konzentriert sich auf das Arbeiten seiner Kiefermuskeln. Sobald in einer Privatwohnung jemand zu reden anfängt, wird das Radio eingeschaltet. Es muß laut sein, laut. Sind mehr als drei anwesend, wird getanzt. Schwitzen, schwitzen, tanzen, tanzen, schwitzen. Laut, laut, lauter. Ist das Radio nicht leistungsstark genug, wird die nächstbeste Steelband hereingebeten. Hüpfen, hüpfen, schwitzen, schwitzen, hüpfen. In jedem Haus läuft ein Radio oder Drahtfunkempfänger. Auf der Straße führen die Leute

Gespräche über eine Entfernung von zwanzig Metern und mehr; und selbst wenn sie dicht vor einem stehen, haben ihre Stimmen etwas durchdringend Vibrierendes, wie von einer Stimmgabel. Das fällt einem erst auf, wenn man Trinidad verlassen hat: Die Stimmen in Britisch-Guayana klingen unnatürlich leise, und so wird man sich am ersten Tag jedesmal, wenn einen jemand anredet, verschwörerisch vorbeugen, denn was da geflüstert wird, glaubt man, sei höchst geheim. Bis dahin aber heißt es tanzen, tanzen, das Geschlurre überbrüllen. Schweigt man, so steigert sich der Lärm ringsum zum Tosen. Man kann gar nicht laut genug brüllen. Die eigenen Worte scheinen hinter einem hervorzukommen. Man ist erst eine Stunde da, fühlt sich aber so erschöpft, als hätte man den ganzen Tag in einer italienischen Motorroller-Hölle zugebracht. Es platzt einem schier der Kopf. Es ist erst elf; die Party kommt gerade erst in Schwung. Es ist unhöflich, aber man muß gehen.

Man fährt die neue Lady Young Road hinauf, und der verebbende Lärm läßt sie kühler erscheinen. Man kommt oben an und blickt auf die glitzernde Stadt hinunter, Bernstein und explodierendes Blau auf Schwarz, im Hintergrund die Schiffe im Hafen, die orangefarbenen Flammen, die von den Ölplattformen weit draußen im Golf von Paria aufzüngeln. Einen Moment lang ist es still. Dann beginnt man überm Zirpen der Grillen, das zunächst gar nicht aufgefallen war, die Stadt zu hören: die Hunde, die Steelbands. Man wartet, bis die Radiosender für die Nacht Schluß gemacht haben – die Drahtfunkempfänger hingegen, die für eine pauschale Leihgebühr zu bekommen sind, werden niemals abgeschaltet: In Erwartung des morgendlichen Quantums Lärm bleiben sie in Betrieb, und dann fährt man wieder die Serpentinen in die Stadt hinab und ertrinkt im Getöse. Die ganze Nacht hindurch lösen sich die tausend unentwirrbar verknäuelten, kläffenden Hundemeuten mit ihrem Gebell ab, mal lauter, mal leiser werdend, von Straße zu Straße und wieder zurück, von einem

Ende der Stadt zum anderen. Und man fragt sich, wie man das achtzehn Jahre lang ausgehalten hat und ob es schon immer so war.

Als ich ein kleiner Junge gewesen war, pflegten die Einwohner von Port of Spain sich Sonntag nachmittags feinzumachen und durch den Savannah zu spazieren. Wer ein Auto hatte, fuhr langsam damit herum. Es handelte sich um ein rituelles Defilieren, über das sich die jeweilige Position der Teilnehmer bestimmte. Es war außerdem ein schöner Spaziergang. Im Süden lagen die Prachtgebäude der Wohlhabenden und das Queen's Park Hotel, für uns der Inbegriff von Luxus und Modernität. Im Norden befanden sich der Botanische Garten und das Gelände des Government House. Und im Westen lag die Maraval Road.

Die Maraval Road gehört zu den architektonischen Weltwundern. Sie ist eine lange Straße mit wenig Häusern, einst die Straße der Schwerreichen. Sie beginnt im Norden mit einem schottischen Prunkschloß. Es folgt Whitehall, ein sonderbares Gebäude im maurisch-korsischen Stil; ehe man Amtsräume darin unterbrachte – der Name Whitehall allerdings war zuerst da –, waren die Wände mit Gobelins behängt, auf denen Schäfer und Schäferinnen dargestellt waren, und das Haus verfügte über Kaminattrappen mit Pappmachéscheiten. Nach Whitehall kommt ein Palast mit viel schmiedeeisernem Dekor; er hat ein stark orientalisches Flair, soll aber einem französischen Château nachempfunden sein. Dann folgt ein monumentales spanisches Kolonialanwesen in Ocker und Rostrot. Und die Straße endet mit dem blauroten, im italienisierenden Stil öffentlicher Bauten gehaltenen Queen's Royal College, dessen Uhr wie Big Ben schlägt.

Das war der Geschmack des alten Trinidad: individuell, anarchisch, nicht aus den örtlichen Gegebenheiten hervorgehend – trotz der Kamine braucht jedes Büro in Whitehall zwei bis drei Ventilatoren –, sondern aus Erinnerungen gebildet. Es gab keine verbindlichen Maßstäbe. In der Etikette wie in der Architektur blieb alles den Launen des einzelnen überlassen. Die Einwanderergesellschaft kannte, da die Erinnerungen verblaßten, kein Geschmacksleitbild. Während man aufstieg, entwickelte man seine eigenen Maßstäbe, und es waren normalerweise die der Modernität.

Es gab kein Geschmacksleitbild, weil es keinen Geschmack gab. Auf Trinidad gehörte Bildung nicht zu den Dingen, die man für Geld kaufen konnte, sondern war etwas, wovon Geld einen befreite. Bildung war ausschließlich etwas für die Armen. Der weiße Junge verließ früh die Schule und »zählte an den Fingern ab«, wie man auf Trinidad gern sagt; das aber war Ausdruck seiner Privilegiertheit. Er kam bei einer Bank, beim Telegrafenamt oder einer großen Firma unter. Bankangestellter oder Vertreter zu werden war deshalb das höchste Ziel vieler Menschen auf Trinidad. Die Weißen, die exzentrisch genug waren, nach Bildung zu streben, verließen fast immer die Insel. Die weiße Bevölkerungsgruppe war niemals eine Oberklasse in dem Sinne, daß sie in Sprache, Geschmack oder geistigen Fähigkeiten überlegen gewesen wäre; beneidet wurde sie nur um ihr Geld und ihre Vergnügungsmöglichkeiten. Kingsley bemerkte, bei aller Zuneigung für seine weißen Gastgeber auf Trinidad: »Praktisch bedeutet französische Kultur, jedenfalls in der Neuen Welt, kaum mehr als Balletteusen, Billardtische und dünne Stiefel, englische kaum mehr als Pferderennen und Kricket.« Siebzig Jahre später wiederholte und erweiterte James Pope-Hennessy die Beobachtung: »Gebildete Menschen afrikanischer Herkunft erörterten mit ihm Themen, über die er in seiner Heimat zu reden gewohnt war: Bücher, Musik oder Religion. Engländer dagegen sprachen hauptsächlich von Tennisergebnissen, dem Country Club, Whisky, gesellschaftlichem Rang oder Öl.« Bildung war ausschließlich etwas für die Armen, und die Armen waren ausnahmslos schwarz.

Mit der Öffnung der Kolonialgesellschaft gerät die weiße

Bevölkerungsgruppe ins Hintertreffen, und die Einstellung zur Bildung hat sich gewandelt. Sie wird inzwischen nicht mehr als diskreditierend, sondern als vielleicht sogar nützlich angesehen, und die Weißen haben beschlossen, sich ihr auszusetzen. Man hat ein neues Internat eingerichtet, das von seiner Zielsetzung her ziemlich weiß erscheint. Bei meinem Besuch dort gab der Direktor, der aus England herangeschafft worden war, um dieses letzte Gefecht zu kommandieren, unrealistische Ansichten zur Charakterbildung von sich. Unrealistisch, weil zu spät: Der Geschmack der Gesellschaft hat sich verfestigt.

Dieser Geschmack ist nicht etwa aus einer Verbindung der Kulturen hervorgegangen, wie sie von den Gebäuden in der Maraval Road und den Figuren in dem Stich bei Kingsley repräsentiert werden. Vielmehr wurden diese Kulturen unter dem Druck sämtlicher Überzeugungsmechanismen – zweitklassiger Zeitungen, Radioprogramme und Filme – allesamt aufgegeben.

Man hätte vielleicht erwarten können, daß der Journalismus ein Forum für die Begabungen liefern würde, die anderswo keinen Ausdruck finden konnten. Aber einheimische Begabungen wurden, genau wie Einheimische von Rang, automatisch herabgewürdigt. Experten – die englischen Hattons und Morrows – wurden stets von außerhalb geholt, und der Journalismus auf Trinidad blieb unterbewertet und unterbezahlt und galt nie soviel wie das Verkaufen von Autos. Die Zeitungen stützten sich in starkem Maße auf raumfüllende, von anderswo übernommene amerikanische und englische Kolumnen, Comic strips, den Filmklatsch von Louella Parsons und Schönheitstips zur Bewahrung einer zarten Pfirsichhaut.

Immer wieder kommt man auf die erniedrigende Grundgegebenheit der Kolonialgesellschaft zurück: Sie verlangte niemals Leistungsfähigkeit, sie verlangte niemals Qualität, und beides wurde, weil niemals verlangt, zu etwas Unerwünschtem.

Das Radio kam später, und es hatte noch schlimmere Folgen. Amerika schickte Hatton und Morrow. England den Drahtfunk. Eine ganze Generation wuchs in dem Glauben auf, daß Rundfunksendungen, moderne Rundfunksendungen, aus von Werbeslogans gefolgten Songs und fortwährend von Reklame unterbrochenen, fünf bis fünfzehn Minuten langen Seifenopern bestanden, so daß bei einer fünf Minuten langen Morgenserie wie *The Shadow ... of ... Delilah!*, bei der, wie ich feststellte, ganz Trinidad mitfieberte, nach meiner Schätzung zwei Minuten von Werbung beansprucht wurden. Dieser Typ von kommerziellem Rundfunk mit seinem marktschreierischen Frohsinn hatte seine Werte so erfolgreich durchgesetzt, daß allenthalben Begeisterung aufkam, als Trinidad sich mit nur einem solchen Programm nicht mehr zufriedengab und sich ein zweites zulegte.

Zeitungen und Rundfunk waren freilich nur Wegbereiter des Kinos, dessen Einfluß unabsehbar ist. Das Publikum auf Trinidad beteiligt sich aktiv am Geschehen auf der Leinwand. »Wo kommen Sie her?« wird Lauren Bacall in *Haben und Nichthaben* gefragt. »Port of Spain, Trinidad«, antwortet sie, und das Publikum brüllt entzückt: »Du lügst, du lügst!« Das Publikum also brüllt fortwährend Ratschläge und Kommentare; es ächzt bei jedem Schlag einer Prügelei; es tobt vor Freude, wenn der einst verschmähte Held als reicher Mann in untadeliger Kleidung (das ist wichtig) zurückkehrt, um sich an seinem früheren Peiniger zu rächen; es wird hämisch, wenn der Held am Ende die »böse« Hollywood-Heroine (vom Typus *Todsünde*) zurückweist und vielleicht ohrfeigt. Kurzum, es reagiert auf jedes Stereotyp des amerikanischen Kinos.

Vom Programm der Erstaufführungskinos abgesehen, laufen fast nur alte amerikanische Filme. Favoriten werden immer wieder gezeigt: *Casablanca* mit Humphrey Bogart, *Bis die Wolken vorüberzieh'n*, Filme mit Errol Flynn, John Wayne, James Cagney, Edward G. Robinson und Richard Widmark,

Edelwestern wie *Herr des Wilden Westens* und *Jesse James* und jeder Film, in dem Bogart mitspielt. Filme sind für ihre Prügeleien berühmt. Für *Freibeuterin* wird damit geworben, daß der Film die längste je gezeigte Prügelei (zwischen Randolph Scott und John Wayne, glaube ich) enthalte. Als einer der wenigen britischen Filme fand *The Brothers* Anklang; er hatte eine schöne Prügelei zu bieten und profitierte nicht wenig von der Szene, in der Maxwell Reed sich anschickt, Patricia Roc mit einem Stück Tau zu schlagen (»Dich muß man schlagen«), denn die Demütigung von Frauen ist für das Publikum auf Trinidad wichtig. Und es gibt Serien – *Der gelbe Kreis, Batman, Spycatcher* –, die in ihren Herkunftsländern in Kinderprogrammen laufen, auf Trinidad aber zu den Hauptstützen der Erwachsenenunterhaltung zählen. Sie werden nicht in einzelnen Folgen, sondern auf einmal gezeigt. Man wirbt mit ihrer Länge – häufig wird die Anzahl der Spulen genannt –, und der Nachzügler fragt: »Wie viele Spulen sind schon durch?« Als ich dort war, wurde *The Shadow*, eine Serie aus den Vierzigern, wiederbelebt; die neue Generation wurde aufgefordert, »mitzufiebern, wie es schon Ihr Vater tat«.

Bei seinen Stars sucht das Publikum auf Trinidad nach einer bestimmten Art von Stil. John Garfield besaß diesen Stil, ebenso Bogart. Als Bogart, ohne sich umzudrehen, ganz gelassen eine ihn betätschelnde Lauren Bacall zurechtwies: »Hören Sie auf, mir im Nacken zu sitzen«, nahm Trinidad ihn als einen der ihren auf. »Das ist ein Mann!« schrie das Publikum. Bewunderndes »Ja-ja-*ja*!«-Gekreisch begrüßte Garfields Äußerung in *Weg aus dem Nichts*: »Was ich jetzt mache? Das, was ich immer mache. Abhauen.« »Von jetzt an mache ich es wie John Garfield in *Weg aus dem Nichts*«, sagte einmal ein Häftling vor Gericht und brachte es damit auf die Tielseite der Abendzeitung. Dan Duryea wurde nach seiner Rolle in *Scarlet Street* zum Publikumsliebling. Richard Widmark, der in *Straße ohne Namen* einen Apfel aß und Leute niederschoß, hatte Stil;

sein eiskaltes, trockenes Lachen war ebenfalls ein gewin-
nender Zug. Für den Zuschauer auf Trinidad besitzt ein
Schauspieler Stil, wenn er deutlich erkennbar bestimmte
Sehnsüchte des Publikums erfüllt: die Virilität Bogarts,
die Ein-Mann-auf-der-Flucht-Romantik Garfields, das Zu-
hälterhafte und Bedrohliche Duryeas, der eiskalte Sadis-
mus Widmarks.

Nach dreißig Jahren aktiver Beteiligung an dieser Art
von Kino kann der Zuschauer auf Trinidad, ob er nun im
Parkett, auf einem Sperrsitz oder auf dem Balkon sitzt, nur
noch auf das Hollywood-Rezept reagieren. Was über dieses Rezept hinausgeht, wird nicht verstanden, selbst wenn
es aus Amerika kommt; und was von außerhalb Amerikas
kommt, ist ohnehin nicht der Rede wert. Britische Filme
liefen, solange sie sich keinen amerikanischen Anstrich
gaben, vor leeren Häusern. Es war mein Französischlehrer,
der mich drängte, mir *Begegnung* anzusehen; im Kino waren
wir dann zu zweit, er auf dem Balkon, ich im Parkett. Da
Trinidad britisch war, waren die Kinos gezwungen, einen
bestimmten Anteil an britischen Filmen zu zeigen, und sie
genügten den Vorschriften, indem sie vier britische Filme
an einem Tag zeigten, beispielsweise *Begegnung* und *I Know
Where I'm Going* am Nachmittag und *Das große Treiben* und
Henry V am Abend.

Diese Haltung gegenüber britischen Filmen ist verständ-
lich. In London hatte mir *Unser Mann in Havanna* gut gefallen. Als ich den Film auf Trinidad noch einmal sah, war
ich weniger angetan. Ich erkannte, wie englisch und nar-
zistisch er war, wie provinziell, und wie belanglos die englischen Witze über die englische Wesensart für die Zuschauer waren. Bei sämtlichen komischen Stellen blieben
sie stumm, und sie wurden nur lebendig, wenn es drama-
tisch zuging. Während der mit Miniflaschen voll Hochpro-
zentigem gespielten Partie Dame, bei der jeder geschlagene
»Stein« ausgetrunken werden muß, gab es sogar beifälliges
Geschrei: Für den Bewohner Trinidads war das Stil.

Eine Zensurbehörde, die über die Franzosen Bescheid weiß, verbietet französische Filme. Italienische, russische, schwedische und japanische Filme sind unbekannt. Indische Filme von schlechter Hollywoodqualität sind zu sehen, Satyajit Rays bengalische Trilogie aber findet keinen Verleiher. Nigerianer, glaube ich, sind süchtig nach indischen wie nach Hollywoodfilmen. Der Westinder ist, eine aufschlußreiche Tatsache, weniger katholisch; und auf Trinidad besteht das große und begeisterte Publikum für indische Filme, abgesehen von einem gelegentlichen Exzentriker, ausschließlich aus Indern.

Wenn Neugier ein Wesensmerkmal des Kosmopoliten ist, dann ist der Kosmopolitismus, auf den sich Trinidad so viel zugute hält, ein Schwindel. Die koloniale Einwanderergesellschaft ohne eigene Maßstäbe, die in Zeitungswesen, Rundfunk und Kino jahrelang der Zweitklassigkeit ausgesetzt war, ist geistig von rigider Unaufgeschlossenheit, und Trinidads Bewohner aller Rassen und Klassen erschaffen sich nach dem Bilde des Hauptdarstellers in billigen Hollywoodfilmen neu. Das ist die eigentliche Bedeutung von Modernität auf Trinidad.

Aus dem *Trinidad Guardian:*

KINDER VERZAUBERN PUBLIKUM MIT TANZ
Von Jean Minshall

Dies ist keine Rezension von »Dance Time 1960«, dessen erste Vorstellung am Donnerstag abend in der Queen's Hall stattfand. Vielmehr ist es die einzige Möglichkeit, wie ich meine Dankbarkeit und die des zahlreich erschienenen Publikums zeigen kann – meine Dankbarkeit für einen zauberhaften Abend voll wunderbarer Unterhaltung.

Was war die herausragende Nummer? Jede einzelne – sie waren alle vollkommen.

Könnte irgend etwas niedlicher sein als das »Ballett der verzauberten Puppen«, bei dem weit über 100 Grundschüler mitwirkten –

die Feenpuppen, die flauschigen kleinen gelben Entlein, die dicken kleinen schwarzweißen Pandas, die goldbraunen Teddybären, die schneidigen Zinnsoldaten, die kleinen Franzosenpuppen und Lumpenpüppchen?

Ist etwas Entzückenderes vorstellbar als das Paar winziger, hinreißender japanischer Puppen, die wirbelnden Kreisel oder Topsy, Mopsy und Dinah mit ihren Banjos, die alle mit so offensichtlicher Freude tanzten – und deren Kostüme sämtlich so liebevoll entworfen und angefertigt waren?

Es folgte die »Hochzeit der bemalten Puppe«, und keine »Broadway Melody« Hollywoods hat sie je gekonnter inszeniert!

Die zierlichen Brautjungfern, wie sie in ihren regenbogenfarbigen, gerüschten Ballettröckchen Pirouetten drehten, Rotkäppchen und Buster Brown, dazu die Halsema-Zwillinge als Braut und Bräutigam – wie kann ich sie beschreiben, ohne mich ein ums andere Mal zu wiederholen?

Auf dem Lande war es ruhiger, außer wenn ein Lautsprecherwagen mit unmenschlich aufgedrehter Lautstärke langsam durch die Straßen fuhr, um einen indischen Film anzukündigen. Ich ging häufig aufs Land, und das nicht nur der Stille wegen. Es schien mir, als sähe ich die Landschaft zum ersten Mal. Ich hatte die Sonne und die unveränderlichen Jahreszeiten gehaßt. Ich hatte geglaubt, das Blattwerk biete keinerlei Abwechslung, und konnte nie begreifen, wieso das Wort »tropisch« für so viele etwas Romantisches hatte. Jetzt nahm mich die gemeine Kokospalme, das Klischee der Karibik, gefangen. Ich entdeckte, was auf Trinidad jedes Kind wußte: daß die sich verjüngenden chromgelben Rippen der Zweige, wenn man unter dem Baum stand und nach oben sah, den Speichen eines vollendet kreisförmigen Rades glichen. Ich hatte die Größe der Blätter und die Vielfalt ihrer Formen vergessen: das gefingerte Brotfruchtblatt, das herzförmige der Kolokasie, den gebogenen, rasiermesserförmigen Bananenwedel, den das Sonnenlicht beinahe durchsichtig wirken ließ. An einer

Kokosplanatage vorbeizufahren hieß, ein rasch wechselndes Kreuzmuster schlanker, gebogener Stämme zu sehen, gräulich-weiß im grünen Dämmer.

Die Zuckerrohrfelder hatte ich nie gemocht. Flach, baumlos und heiß, verkörperten sie alles, was mir an den Tropen und an Westindien verhaßt gewesen war. *Zuckerrohr ist bitter* lautet der Titel einer Erzählung von Samuel Selvon, und so könnte durchaus auch das Motto einer Geschichte der Karibik lauten. Es ist eine brutale Pflanze, hoch und grasähnlich, mit derben, rasiermesserscharfen Blättern. Ich wußte, sie bildete die Grundlage der Wirtschaft, aber Bäume und Schatten waren mir lieber. Nun, im unebenen Land von Zentral- und Südtrinidad, sah ich, daß auch Zuckerrohr schön sein konnte. In den Ebenen fuhr man kurz vor der Ernte zwischen Graswänden hindurch; in welligem Gelände aber konnte man einen mit hohem, blühendem Zukkerrohr bedeckten Hang hinunterblicken: stahlblaue Federn tanzten über einem Teppich, der graugrün war, weil jedes lange Blatt sich auf sich selbst zurückbog und so seine blassere Unterseite zeigte.

Die Kakaowälder waren anders. Sie glichen dunklen Märchenwäldern, schattig und kühl. Die an kurzen, dicken Stielen hängenden Kakaofrüchte wirkten wie Wachsfrüchte in strahlendem Grün, Gelb, Rot, Purpur und Lila. Einmal, auf einer Fahrt nach Tamana am späten Nachmittag, sah ich die Felder überflutet. Aus dem flachen gelben Wasser, das im Dunkeln gurgelte, erhoben sich die schwarzen Stämme der verwachsenen Bäume.

Die Rückkehr nach Port of Spain führte jedesmal an Shanty Town vorbei, an dem Mangrovensumpf, dem gelbroten Dunst der brennenden Müllhalde, den Ziegen, den erwartungsvollen Corbeaux, dies alles vor einem Sonnenuntergang, der das glasige Wasser des Golfs rötete.

Jeder muß lernen, die westindischen Tropen für sich selbst zu sehen. Die Landschaft ist niemals festgehalten worden, und ein Besuch der Trinidad Art Society Exhibition zeigt, wie wenig einem einheimische Maler weiterhelfen. Die Ausländergemeinde steuert ein paar Aquarelle bei, die Künstler Trinidads viel Lokalkolorit. »Tropische Früchte«, so der Titel eines Gemäldes, ein Titel, dem in der gemäßigten Zone eine gewisse Bedeutung zukäme. Ein anderer, durchaus überraschend, lautet »Eingeborenenhütte«. Es sind die üblichen pittoresken Eingeborenenfiguren und Eingeborenenbräuche zu sehen, der Blick ist der des Touristen, an den sich die meisten dieser Eingeborenengemälde zu wenden scheinen. Die Strandszenen sind in Farben direkt aus der Tube gemalt, ohne jedes Bemühen, die Tiefe des Himmels, das strahlende Licht, die Unwirklichkeit der tropischen Farben einzufangen; die begabteren Maler haben aufgehört, die Landschaft festzuhalten: Die Muster der Blätter sind zu verführerisch. Wie bei fast allem, so ist Trinidad auch in der Kunst mit einem Schritt von der Primitivität in die Moderne gelangt.

Vor vielen Jahren mußte Mrs. Edna Manley auf Jamaika einige einheimische Zeichnungen und Gemälde beurteilen. Nicht eines der Werke, berichtete sie, stelle ein jamaikanisches Gesicht dar. »Schlimmer noch, es gab da eine kleine Studie oder Skizze einer jamaikanischen Marktszene, und ob Sie es glauben oder nicht, unter ihren scharlachroten Kopftüchern hatten die Marktfrauen blonde Haare, rosige Gesichter und sogar blaue Augen.« Auf den ersten Blick hat es den Anschein, als hätte sich das geändert, denn auf Trinidad arbeiten mittlerweile sogar die Werbeanzeigen mit schwarzen Gesichtern. Aber der Impuls, der den jamaikanischen Künstler bewog, Menschen, die, wie er wußte, unwiderruflich schwarz waren, mit blondem Haar und rosigen Gesichtern auszustatten, besteht nach wie vor und ist allenfalls stärker geworden.

Die Anzeigen mit den schwarzen Gesichtern aber störten mich. Ich war wohl zu sehr an den Anblick Weißer gewöhnt, die dank Colgate neues Selbstvertrauen gewannen und sich mit Palmolive ihren mädchenhaften Teint bewahrten. Das Problem bestand paradoxerweise darin, daß die Anzeigen keine schwarzen, sondern nur schwärzliche Gesichter zeigten. Die Leute, die sich dem Geschmackstest für Old Oak Rum unterzogen, waren eigentlich gar nicht schwarz; ihre Gesichtszüge waren nicht erkennbar uneuropäisch, und dank der Beleuchtung waren sie kaum von Weißen zu unterscheiden. Der einzige wirklich Schwarze war der Tankwart in der Shell-Reklame. Wer also waren diese Angehörigen der Mittelschicht, an die sich solche Reklame richtete und die an einem schwarzen Bild ihrer selbst Anstoß nehmen würden?

Sie saßen in Nachtklubs herum und applaudierten am Ende jeder »Nummer«, genau wie Amerikaner in Filmen, besonders in jenen alten Musicals, in denen die Heldin im Restaurant plötzlich lossingt und ein überraschtes und verlegenes Gesicht macht, wenn der Beifall einsetzt. Sie fuhren in Autokinos. Sie veranstalteten Barbecues – ein Brauch der Kariben und ein Wort der Kariben, die beide, abgewandelt, in die Karibik zurückgekehrt waren. Ihre Wohnungen, ihr Einrichtungsstil, ihre Vergnügungen und Speisen orientierten sich an amerikanischen Zeitschriften. Es war die Welt der billigen Hollywoodfilme. Mit einem Unterschied.

Als ich auf Trinidad war, erschien dort eine neue Zeitschrift. Sie hieß *West Indian Home and Family* und bezeichnete sich als »die westindische Frauenzeitschrift ... *Ihre* Zeitschrift, hier auf Trinidad konzipiert und gedruckt«. Schon im ersten Heft »beantwortet ein qualifizierter Psychologe Fragen zu Familienproblemen«. Auf ganz Trinidad gibt es, glaube ich, zwei Psychiater, und es deutet vieles darauf hin, daß sowohl die Probleme als auch der Psychologe dieser Zeitschrift in Form einer übernommenen Kolumne aus Amerika stammen. »Träume interpretiert Stephen Norris, der schon seit mehr als zwanzig Jahren über dieses faszinierende Thema schreibt.« Diese Kolumne ist etwas schwerer einzuordnen. »Ich habe geträumt«, schreibt Mrs. J. H., »mein Mann und ich wären in Ägypten und würden uns gegen angreifende Araber wehren ...« Heldin des in Fortsetzungen veröffentlichten Liebesromans *Latin Love Song* ist Marcy Connors, eine brünette amerikanische Nachtklub-sängerin, »schlank, mit dunklen, auf ihrem Kopf sich tür-menden Locken … die Verkörperung wahrer patrizischer Schönheit«. Dies alles in einer Frauenzeitschrift, die »hier auf Trinidad konzipiert und gedruckt« wurde.

Man hat gewisse Konzessionen gemacht. Das Titelblatt zeigt eine schwarze Frau, der die Beleuchtung freilich eine eher kupferartige Farbe verleiht. In der Anzeige für Valor-Herde – *Meine Mami hat einen wunderschönen Valor* – sind zwei schwarze Kinder zu sehen, die allerdings »gute« (nicht negroide) Haare haben. Die Anzeige für Texgas (*Wie schaffst du es nur, beim Kochen so frisch auszusehen? – Warum soll ich es ihm verraten? Solche kleinen Geheimnisse verleihen vielbeschäftigten Hausfrauen eine faszinierend rätselhafte Ausstrahlung! Warum die Illusion zerstören? Wir aber wissen, daß sie mit Texgas kocht*) ist aufschlußreicher. Gewicht bekommt der Text durch eine Abbildung dessen, was man sich unter einer glücklichen westindischen Familie vorzustellen hat – Daddy lacht, das Baby auf Daddys Schulter winkt, Mami rührt und lächelt –, aber es wurde viel Mühe darauf verwendet, in Zeichnung, Farbgebung und Kleidung eine weiße amerikanische Fa-milie zu suggerieren, die leicht gebräunt ist, vielleicht von den im Werbetext für Avon-Feuchtigkeitscreme erwähnten »langen Sommerferien«, in denen »Ihre Haut von Sonne und Wind strapaziert« wird.

Als James Pope-Hennessy kurz vor dem Krieg auf Trini-dad war, fand er den Anblick von Negermädchen, die *Loch Lomond* sangen, »widerwärtig«. Und auf Trinidad gibt es seit langem eine Kampagne gegen Gedichte über Narzissen – insbesondere Narzissen: Wordsworths Gedicht scheint das einzige zu sein, das die meisten Bewohner Trinidads gele-sen haben –, weil Narzissen keine Blumen sind, die Schul-kinder auf Trinidad kennen. Ich vermag nicht einzusehen, warum irgendwer sich das Vergnügen an einem literari-schen Text oder einem Lied versagen sollte. Absurd würde es erst, wenn die Mädchen, die *Loch Lomond* singen, so täten, als wären sie Schottinnen. Auf Trinidad weiß man das; wer den Kilt tragen möchte, tut es nur in Schottland. Nichts Absurdes jedoch liegt für den Bewohner Trinidads darin, auf Trinidad so zu tun, als wäre man Amerikaner; und während für die Kampagne gegen Wordsworth viel Aufwand getrieben wurde, hat sich noch niemand gegen die Phantasie ausgesprochen, welche die Bewohner Trinidads an jedem Tag ihres Daseins ausleben.

Sie können sich niemals vollständig mit dem identifizieren, was sie in Zeitschriften lesen oder in Filmen sehen. Ihre Frustration kann sich somit nur vertiefen, denn sie verschließen sich gegen alles andere. Die Wirklichkeit unterscheidet sich stets vom Ideal; auf Trinidad aber ist diese Phantasie eine Form von Masochismus und ein ungleich größerer Selbstbetrug als jene, dank derer der Arme sich an Filmen über Reiche freut oder der englische Sänger sich einen amerikanischen Akzent zulegt. Es ist der Unterschied zwischen dem im *Trinidad Guardian* abgedruckten Rat des Emily Post Institute zur Etikette des Rendezvous (»Der Mann muß seine Verabredungspartnerin zu Hause abholen«) und dem Calypso von Sparrow:

> *Tell your sister to come down, boy.*
> *I have something here for she.*
> *Tell she is Mr. Benwood Dick,*
> *The man from Sangre Grande.*
> *She know me well. I give she already.*
> *Mm. She must remember me. Go on, go on.*
> *Tell she Mr. Benwood come.*

Der Schwarze in der Neuen Welt war bis vor kurzem nicht bereit, sich seine Vergangenheit anzusehen. Es erschien ihm ganz selbstverständlich, daß er in Westindien war, Französisch, Englisch oder Holländisch sprach, sich in europäischem Stil oder in Anlehnung daran kleidete und

mit dem Europäer auch Religion und Ernährungsgewohn-
heiten gemeinsam hatte. Reiseschriftsteller, die es nicht
besser wußten, bezeichneten ihn als »Eingeborenen«, und
er akzeptierte das: »This is my island in the sun«, singt Mr.
Harry Belafonte, »where my people have toiled since time
begun.« Afrika war vergessen. Noch erstaunlicher aber
war, daß sich schon seit den Anfängen der Sklaverei und
lange vor dem europäischen Gerangel um Afrika etwas
Schmachvolles damit verband, wo man doch eigentlich
hätte erwarten können, daß es in heimlichen Überlieferun-
gen als mythisches Land der Freiheit und Glückseligkeit
verherrlicht würde. Doch das war nur Blakes Sichtweise,
nicht die der Schwarzen in der Neuen Welt, abgesehen von
einigen wenigen wie dem rebellischen Soldaten Dagga, der
1834 auf Trinidad vorhatte, ostwärts zu marschieren, bis
er nach Afrika zurückkäme. 1860, sechsundzwanzig Jahre
nach Abschaffung der Sklaverei, schrieb Trollope:

*Was sind die kreolischen Neger – die immerhin in Afrika geboren
sind – doch für eine seltsame Rasse! Sie haben keine eigene Heimat,
doch haben sie bislang auch keine angenommen. Sie haben keine
eigene Sprache, doch angenommen haben sie bisher auch keine; denn
sie sprechen ihr gebrochenes Englisch genauso, wie ungebildete Ausländer stets eine Fremdsprache sprechen. Sie haben keine Vorstellung
von Heimat und keinen Rassenstolz. Sie haben keine eigene Religion,
und man kann schwerlich behaupten, daß sie als Volk eine Religion
angenommen hätten. Der westindische Neger weiß nichts von
Afrika, außer daß es ein Schmähwort ist. Läßt man afrikanische
Einwanderer auf demselben Besitz mit ihm arbeiten, so wird er weder
mit ihnen essen noch mit ihnen trinken oder Geselligkeit pflegen. Er
wird ungern neben ihnen arbeiten und betrachtet sich als ein dem
Neuankömmling unendlich überlegenes Geschöpf.*

Das war der größte Schaden, den die Sklaverei dem
Schwarzen zufügte. Sie lehrte ihn Selbstverachtung. Sie
gab ihm die Ideale der weißen Kultur vor und ließ ihn jedes

andere Ideal geringschätzen. Da ihm als Sklaven Christentum, Bildung und Familie vorenthalten blieben, machte er sich nach der Befreiung daran, ebendiese zu erlangen, und jeder Schritt auf dem Wege zum Weißsein vertiefte nur das Anomale seiner Lage und machte ihn wehrloser. »Er brennt darauf, zum Gelehrten zu werden«, bemerkt Trollope mit ungewohnter Gefühllosigkeit, »plagt sich mit schönen Worten ab, gibt sich um des bloßen Scheines willen der Religion hin und erfreut sich daran, zivilisierte Umgangsformen nachzuäffen.« Alles, was zur weißen Welt gehörte, mußte von Grund auf gelernt werden, und in jedem Stadium setzte sich der Schwarze der Grausamkeit jener Kultur aus, die ihn überwältigt hatte und die er zu meistern bemüht war. »Diese Leute heiraten neuerdings«, vertraute eine weiße Dame auf Jamaika Trollope an. »In ihrem Tonfall«, kommentiert er, »meinte ich eine Ahnung davon wahrzunehmen, daß diese Leute sich damit in ihren Augen ein Privileg höhergestellter Personen anmaßten.«

Doch für den Westinder hat es nie irgend etwas Anomales gegeben.

Es ist notwendig [schreibt Dr. Hugh Springer in einer neueren Ausgabe von Caribbean Quarterly], *uns soweit wie möglich nüchtern und sachlich zu sehen und zu erkennen, daß wir keine eigenständige Kultur sind, sondern Teil jenes großen Kulturzweiges, der abendländische Kultur heißt. Dort jedenfalls nimmt unsere Existenz als Nation ihren Anfang. Unsere Kultur ist in der abendländischen Kultur verwurzelt, und unsere Werte sind im wesentlichen die der christlich-hellenischen Tradition. Welches sind die Wesenszüge dieser Tradition? Sie lassen sich in drei Begriffen zusammenfassen – Tugend, Wissen und Glaube: die griechischen Ideale der Tugend und des Wissens und der christliche Glaube.*

Dies ist, mit seiner unbeabsichtigten Ironie und seiner Ignoranz der schmutzigen Geschichte jener Region, eine hübsche Ermahnungsrede für den Empire Day und nicht weiter verwunderlich, denn die Bereitschaft, zu vergessen und zu ignorieren, gehört zur westindischen Phantasie. Die Worte Trollopes und der weißen Dame auf Jamaika jedenfalls können dem Westinder eine nüchternere und sachlichere Sicht seiner Situation vermitteln.

Meine Mami hat einen schönen Valor. Wie schaffst du es nur, beim Kochen so frisch auszusehen?

Zwanzig Millionen Afrikaner haben die Mittelpassage zurückgelegt, und kaum ein afrikanischer Name hat in der Neuen Welt überdauert. Noch bis vor kurzem riefen afrikanische Eingeborene auf der Kinoleinwand in Westindien spöttisches Gelächter hervor; der schwarze Komiker wurde eher bewundert. Im Streben nach der christlich-hellenischen Tradition, die man durchaus auch als Synonym für das Weißsein sehen könnte, muß die Vergangenheit geleugnet, das eigene Selbst verachtet werden. Schwarz wird in Weiß verwandelt. Die Insassen von Konzentrationslagern, so wird berichtet, hätten nach einer gewissen Zeit geglaubt, sie wären tatsächlich schuldig. Indem der Westinder der christlich-hellenischen Tradition nachstrebte, nahm er sein Schwarzsein als Schuld hin und unterteilte die Menschheit in Weiß, gelblich Weiß, Staubfarben, Sandfarben, Tee-, Kaffee-, Kakaobraun, Hellschwarz, Dunkelschwarz. Daß die Vorurteile der Kultur, die er anstrebte, berechtigt seien, zog er niemals ernsthaft in Zweifel. In den französischen Territorien setzte er sich die französische, in den holländischen die holländische, in den englischen Territorien jedoch schlicht die weiße und moderne Lebensart zum Ziel, denn die englische war unerreichbar.

Da er in einer geborgten Kultur lebt, braucht der Westinder mehr als die meisten anderen Menschen Schriftsteller, die ihm sagen, wer er ist und wo er steht. Hier haben die westindischen Schriftsteller versagt. Die meisten haben bislang nur die Vorurteile ihrer Rasse oder Hautfarbengruppe reflektiert und bedient. So mancher Schriftsteller hat ein vielleicht nur für den Westinder erkennbares Bestreben an den Tag gelegt, darzutun, wie fern seine Gruppe dem Schwarzsein und wie nahe sie dem Weißsein ist. Ihren Gipfel erreichte diese Absurdität in einem Roman, in dem ein hellhäutiger Schwarzer (bzw. ein »gutklassiger Farbiger«, wie der Autor die Angehörigen dieser Gruppe lieber nennt) ein Plädoyer für Toleranz gegenüber Schwarzen hält. Im Kontext des Buches kommt es nicht auf das Plädoyer, sondern auf das Verhalten an: Hellhäutige Schwarze, wird unterstellt, haben die gleichen Gefühle und Vorurteile wie Weiße, und sie verhalten sich in einem bestimmten Typus von Roman auch genau wie diese. Der braune Autor also wird stets braune Helden auftreten lassen, die sich »weiß«, wenn nicht gar untadelig verhalten; sie werden ihre Position außerdem dadurch verdeutlichen, daß sie so hemmungslos wie nur möglich über andere Gruppen herziehen. Diese Sehnsucht, als anders und achtbar zu gelten, ist nichts Neues. Vor hundert Jahren stellte Trollope fest, daß »farbige Mädchen von unsicherer Klassenzugehörigkeit« Freude daran fanden, sich ihm gegenüber verächtlich über Neger zu äußern. »Ich habe das bei einer erlebt, die ich eindeutig für eine Negerin gehalten hatte und die nicht in lautem, ausfallendem Ton, sondern mit sanfter Stimme von einer untergeordneten Klasse sprach.« Mittlerweile kann sich der schwarze Schriftsteller natürlich revanchieren; er könnte, wie es ein Autor getan hat, von »englischen Soldaten« sprechen, »die nach Khaki und ihrer Rasse rochen«. Für den Eingeweihten hat ein bedeutender Aspekt der westindischen Schrifstellerei nichts mit Literatur, aber dafür viel mit dem Rassenkampf zu tun.

Der Unsichere sieht sich gern heroisch porträtiert. Ironie und Satire, die eher angebracht wären, sind verpönt, und kein Autor möchte seine Gruppe enttäuschen. Aus diesem Grunde mögen manche Westinder den lebendigen, phantasiereichen Dialekt von Trinidad nicht, der der westindischen

Literatur im Ausland viele Freunde und ebenso viele Feinde gewonnen hat. Gegen seine Benutzung vor Ort haben sie nichts; die beliebteste Kolumne auf Trinidad ist eine in der *Evening News* erscheinende Dialektkolumne, deren begabter und witziger Verfasser mit Macaw zeichnet. Aber sie haben etwas gegen die Verwendung des Dialekts in Büchern, die im Ausland gelesen werden. »Kann sein, daß die so mit Ihnen reden«, sagte eine Frau zu mir. »Mit mir reden sie jedenfalls nicht so.« Wie von seinen Werbeanzeigen, so erwartet der Leser auf Trinidad auch von seinen Romanen, daß sie einem hygienischen Zweck dienen, und das ist im wesentlichen auch der Grund für die Klagen darüber, daß angeblich so selten über die Mittelschicht geschrieben wird.

In Wirklichkeit gibt es ziemlich viel westindische Literatur über die Mittelschicht, aber die geschilderten Menschen sind tendenziell so ununterscheidbar von Weißen und so häufig tatsächlich weiß, daß die Mittelschicht sich in ihnen nicht wiedererkennt. Es ist nicht leicht, über die westindische Mittelschicht zu schreiben. Es bedürfte ganz außergewöhnlicher Gaben der Ironie, vielleicht auch der Boshaftigkeit, um zu verhindern, daß die Figuren in ein nicht weiter bemerkenswertes mittelatlantisches Weißsein abgleiten. Sie müßten wie wirkliche Menschen mit wirklichen Problemen, Verpflichtungen und Gefühlen behandelt werden – und das ist durchaus schon geschehen –, aber auch wie Menschen, deren Leben von einer Phantasie korrumpiert wird, die ihr ganz persönliches Kreuz ist. Ob sich jemals irgendwer an einer ehrlichen Untersuchung dieser Schicht versucht, ist zweifelhaft. Die dazu erforderlichen Gaben – Subtilität und Brutalität – können nur aus einer hochentwickelten Literatur erwachsen, und die wiederum kann nur entstehen, wenn die Schriftsteller sich nicht mehr bemüßigt fühlen, ihre jeweilige Gruppe nicht zu enttäuschen.

Die Verwicklung des Schwarzen in die weiße Welt ist eines der Hindernisse der westindischen Literatur, ein anderes ist die Zerstörung der Literatur der amerikanischen Schwarzen. Das Thema des amerikanischen Schwarzen ist sein Schwarzsein. Das aber reicht als Grundlage für eine ernsthafte Literatur nicht aus, und so hat man es wieder und wieder erlebt, daß ein amerikanischer Schwarzer, sobald er seine Aussage, seinen einträglichen Protest losgeworden ist, nichts mehr zu sagen hat. Von zwei, drei Ausnahmen abgesehen, hat der westindische Autor die Protestliteratur des eben beschrieben Typs bislang vermieden, aber seine Ziele waren nicht weniger propagandistisch: Er wollte Anerkennung für seine Gruppe finden.

»Die Komödie«, schreibt Graham Greene, »bedarf eines starken Grundgerüsts gesellschaftlicher Konvention, mit der der Autor sympathisiert, die er aber nicht teilt.« Nach dieser Definition ist der westindische Schriftsteller außerstande, eine Komödie zu schreiben; und wie wir gesehen haben, liegt ihm auch gar nichts daran. Mr. Greenes Äußerung läßt sich aber noch erweitern. Literatur kann nur aus einem starken Grundgerüst gesellschaftlicher Konvention erwachsen. Und die einzige Konvention, die der Westinder kennt, ist seine Verwicklung in die weiße Welt. Das nimmt seinem Werk die universale Anziehungskraft. Die Situation ist zu speziell. Der Leser ist davon ausgeschlossen; er wird aufgefordert, Zeuge zu sein – teilnehmen kann er nicht. Es ist leichter, sich in irgendein starkes Grundgerüst gesellschaftlicher Konvention, und sei es noch so fremd, einzufühlen. Es ist leichter, sich in die Stammeswelt eines afrikanischen Autors wie Camara Laye einzufühlen.

Man kann keinem Schriftsteller einen Vorwurf daraus machen, daß er seine Gesellschaft widerspiegelt. Wenn man dem westindischen Autor dennoch einen Vorwurf machen kann, dann deshalb, weil er die wenig überzeugenden Wertmaßstäbe seiner Gruppe in puncto Rasse und Hautfarbe akzeptiert und propagiert und damit die Krankheit seiner Gesellschaft nicht nur nicht diagnostiziert, sondern noch verschlimmert hat.

Nur im Calypso kommt der Bewohner Trinidads mit der Wirklichkeit in Berührung. Der Calypso ist eine rein einheimische Form. Kein außerhalb Trinidads komponierter Song ist ein Calypso. Der Calypso beschäftigt sich mit einheimischen Vorkommnissen und einheimischen Verhaltensweisen, und er tut dies in einheimischer Sprache. Der reine Calypso, der beste Calypso, ist für den Außenstehenden unverständlich. Witz und Konzetti sind von grundlegender Bedeutung. Ohne sie kann kein Song, und wäre er noch so gekonnt gesungen und musikalisch noch so gut, als Calypso gelten. Hundert törichte Reiseschriftsteller (die den »speziell« für sie gesungenen Knittelvers wiedergeben) und hundert sogenannte »Calypsosänger« in aller Welt haben die Form verfälscht, die im Ausland mittlerweile als bloßes Amalgam aus eingängiger Melodie und primitivem Reimgeklingel in gebrochenem Englisch abgetan wird. Die heutzutage anzutreffende kennerhafte Weigerung des Reiseschriftstellers, darauf hereinzufallen, ist ebenso töricht wie seine frühere Kritiklosigkeit: weder die eine noch die andere Reaktion basiert auf einer Kenntnis des echten Calypso.

An dessen Bastardisierung sind nicht zuletzt die Bewohner Trinidads selbst schuld. Wie an ihrer amerikanischen Modernität, so finden sie auch daran Vergnügen, den Idealen der Reiseprospekte zu entsprechen. Sie wissen, daß sie der Welt als das Land des Calypso und der Steelbands präsentiert werden. Sie sind fest entschlossen, die Welt auf ihre Kosten kommen zu lassen, und ihre Begabung zur Selbstkarikatur ist hochentwickelt. Die Amerikaner erwarten Eingeborenenkostüme und Eingeborenentänze: Trinidad kann mit beidem dienen.

Kaum ein Wort wird auf Trinidad häufiger benutzt als das Wort »Kultur«. Kultur gilt dabei als etwas, das mit dem Alltagsleben, mit Werbeanzeigen, Filmen und Comic strips nicht das geringste zu tun hat. Sie ist so etwas wie ein spezielles Eingeborenengericht, so etwas wie ein *callalloo*. Kultur ist ein Tanz – nicht der, den die Leute tanzen, wenn mehr als drei von ihnen zusammenkommen, sondern der, der im Eingeborenenkostüm auf einer Bühne aufgeführt wird. Kultur ist Musik – nicht die, die von bekannten Bands und heutzutage auch auf moderne Weise, nämlich vom Tonband, gespielt wird, sondern die Steelband-Musik. Kultur ist Gesang – nicht das kommerzielle Verslein, das ebensosehr wie der Calypso zum Volkslied Trinidads geworden ist, nicht die populären amerikanischen Schlager, die von morgens bis abends zu hören sind, sondern der Calypso. Kurzum, Kultur ist ein Nachtklubauftritt. Und nichts gefällt den Bewohnern Trinidads so sehr, wie wenn weiße Amerikaner in Nachtklubs ihrer Kultur applaudieren.

Aus dem *Trinidad Guardian:*

LIMBO FÜR WESTINDISCHEN FILM WAHRSCHEINLICH
von George Alleyne
Schiffsreporter des Guardian

Der italienische Regisseur Mr. Lourenco Ricciardi und Mrs. Ricciardi, die Fotografin, landeten am Dienstag auf Trinidad, um sich Talente und mögliche Drehorte für einen Film anzusehen, den die in Rom ansässige Baltea Film Company in Westindien zu drehen beabsichtigt. Schon wenige Stunden nach ihrer Ankunft begleitete Mr. Oliver Burke, der freundliche Sekretär der Fremdenverkehrsbehörde, die Besucher in den neuen Miramar Club am South Quay in Port of Spain, wo sie einer Darbietung des Limbo von Lord Chinapoo, dem einstigen »Limbokönig«, und seiner Truppe beiwohnten.

»Wunderbar«, rief Ricciardi, »ich werde mir überlegen, ob ich den Limbo in dem Film unterbringen kann. Es ist allerdings noch nichts entschieden«, sagte er gestern.

Die Ricciardis befinden sich am Ende einer Erkundungstour durch die Karibik.

Auf ihrer Reise haben sie bisher Kuba, Jamaika, St. Thomas, Puerto Rico, Martinique, St. Lucia, Grenada und Barbados besucht.

Das Gerede von Kultur ist vergleichsweise neu. Es handelt sich dabei um ein aus den Vierzigern stammendes Konzept einiger Politiker, das hauptsächlich deshalb ankam, weil es die vage, wenig verstandene Unzufriedenheit ansprach, die manche über ihr Phantasieleben zu verspüren begannen. In einer Bevölkerung, die in sich gegenseitig ausschließende, durch Rasse, Hautfarbe, Farbton, Religion und Geld definierte Cliquen zerfiel, war das Eintreten für eine einheimische Kultur die einzige Form von Nationalismus, die entstehen konnte. Unter Druck konnte jede Gruppe Trinidads sich in ihre Bestandteile auflösen; nirgends wurde das mitleiderregender demonstriert als während der Londoner Rassenunruhen von 1958. Weiße, Farbige, Portugiesen, Inder, Chinesen glaubten, daß kein Randalierer sie angreifen würde; es gab Schwarze, die glaubten, nur jamaikanische Schwarze würden angegriffen; manche Studenten und Angehörige gehobener Berufe glaubten, nur Schwarze der Unterschicht würden angegriffen. Und unter ehrbaren Westindern, ob weiß, braun oder schwarz, herrschte allgemein die Ansicht vor, daß die »Schwarzen« es nicht anders gewollt hätten und daß die Engländer »provoziert« worden seien. Zu einem Zeitpunkt, da die Westinder hätten zusammenstehen müssen, hielten sich viele abseits; Mrs. Makkays Sohn Angus – man wird sich erinnern – pflegte den Leuten zu erzählen, er sei Brasilianer.

Auf Trinidad war Nationalismus unmöglich. In der Kolonialgesellschaft war jedermann auf sich allein gestellt; jedermann mußte sich mit dem begnügen, was man ihm an Würde und Macht zubilligte; er schuldete der Insel keine und seiner Gruppe wenig Loyalität. Dies zu verstehen heißt, die Verkommenheit der Politik zu verstehen, die nach Trinidad kam, als 1946 das allgemeine Wahlrecht für Erwachsene eingeführt wurde, ohne daß darüber eine allgemeine Debatte stattgefunden hätte. Die Bevölkerung wurde von diesem Recht überrascht. Alte Gesinnungen blieben bestehen: Die Regierung war etwas weit Entferntes, Einheimische von

Rang wurden verachtet. Die neue Politik war für die Unternehmungslustigen reserviert, die die ungeheuren kommerziellen Möglichkeiten erkannt hatten. Es gab keine Parteien, nur Individuen. Die keineswegs unerwartete Korruption rief nur Belustigung, ja sogar leichten Beifall hervor: Trinidad hat seit jeher den »Gewieften« bewundert, der gleich dem »picaro« der spanischen Literatur des sechzehnten Jahrhunderts dank seines Witzes an einem Ort überlebt und triumphiert, an dem nach allgemeiner Meinung jeder höhere Rang durch Gaunerei erworben wird.

Als Kingsley im Jahre 1870 San Fernando, eine »muntere, aufstrebende kleine Stadt«, besuchte, verstörten ihn nur die Behausungen der Neger, die »zumeist aus den verschiedenartigsten und erbärmlichsten Holzteilen zusammengezimmert« waren.

Auf Befragen fand ich heraus, daß das Material in den meisten Fällen gestohlen war und daß ein Neger, wenn er ein Haus bauen wollte, hier ein Brett, dort einen Stock und woanders einen Nagel stahl, anstatt sich das Material zu kaufen ... ungeachtet des schweren Schadens, den er damit an bereits bestehenden Gebäuden anrichtete; wenn er dann eine ausreichende Menge zusammenstibitzt hatte, die er hinter dem Hause seines Nachbarn versteckte, entstand wie durch Zauberei die neue Hütte ... Der nämliche Herr, der sich darüber beklagte, erklärte mir freilich auch in aller Offenheit, daß diese Gewohnheit schlicht ein Erbe aus der schlimmen Zeit der Sklaverei sei; damals seien die Langfingereien von Sklaven anderer Pflanzungen von deren Herren stillschweigend geduldet worden, und zwar mit der Begründung, daß, wenn A's Neger B beraubten, B's Neger C beraubten, und so fort durchs ganze Alphabet; ein weiteres schlimmes Beispiel für die demoralisierende Wirkung eines an sich schon üblen Zustandes, der mit Gewißheit hundert weitere Übel nach sich zog.

Das pikarische Vergnügen an Tricks besteht weiter. Es kommt ständig vor, daß Prüfungsfragen »durchsickern«; 1960 waren schon Tage vor der Prüfung die Fragen für das

Cambridge School Certificate in Biologie auf der ganzen Insel bekannt. Die Sklaverei, die gemischte Bevölkerung, der nicht vorhandene Nationalstolz und das geschlossene Kolonialsystem haben in außergewöhnlich starkem Maße die Gesinnung der pikarischen Welt wiedererstehen lassen. Es war dies eine häßliche Welt, ein Dschungel, in dem der Held verhungerte, wenn er nicht stahl, halbtot geprügelt wurde, wenn man ihn erwischte, und seine Schläge daher möglichst zuerst anbringen mußte; eine Welt, in der die Schwachen gedemütigt wurden; eine Welt, in der sich die Mächtigen niemals zeigten und unangreifbar waren; eine Welt, die keinem Würde zugestand und jedermann zum Auftrumpfen zwang; eine unschöpferische Gesellschaft, in der Krieg der einzige Beruf war.

So muß man auf Trinidad stets auf seine Würde bedacht sein, und man muß auftrumpfen, ob man sich nun in einem Geschäft oder einer Bank befindet, ob man die Straße überquert oder ein Auto fährt. Wie man in Drugstores mit armen Kranken umspringt, ist schändlich. In einer Bank ist es besser, von einem auf der Insel ansässigen Ausländer bedient zu werden: Er mag zwar wissen, daß man ein schmales Konto hat, aber er ist höflich. Auf dem Highway blendet kein entgegenkommendes Fahrzeug ab – man muß seinerseits aufblenden und das auf den Straßen Trinidads übliche Spielchen lernen, genau auf die blendenden Lichter zuzuhalten, um seinen Gegner zum Ausweichen zu zwingen.

Gewalt und Brutalität werden überall in der pikarischen Gesellschaft akzeptiert. Vor zwanzig Jahren drängte ein äußerst populärer Calypso auf die Wiedereinführung der Prügelstrafe:

> *The old-time Cat-o'-nine!*
> *Lash them hard! And they bound to change their mind.*
> *Send them Carrera* [Gefängnisinsel] *with licks of fire,*
> *And they bound to surrender.*

1960 war der illegale Einwanderer aus Grenada, den die Polizei jagte, ein Thema des Calypso, und die Brutalität der Polizei fand Beifall:

If you see how they holding the scamps and them,
Friends, you bound to bawl.
Some of them can read and spell,
But they can't pronounce at all.
The police telling them, »Say pig, you stupid man«,
And as they say hag, is licks in the police van.

Sentimentalität und Brutalität gehen Hand in Hand. Derselbe Mann, der sich einem bei einer rührseligen Mutter-und-Sohn-Szene in einem billigen Film zuwendet und mit belegter Stimme sagt: »Eine Mutter ist schon was Feines, Mensch. Man hat schließlich nur eine«, wird vor spöttischem Gelächter brüllen, wenn er Lagerszenen aus Bergen-Belsen sieht.

Die pikarische Gesellschaft mit ihrer Vorliebe für Korruption und Gewalt und ihrer mangelnden Achtung vor dem Menschen politisch zu organisieren birgt gewisse Gefahren. Eine solche Gesellschaft kann nicht sofort Verantwortungsbewußtsein entwickeln, aber sie kann nur über Verantwortung umerzogen werden. Die Veränderung muß von oben her erfolgen. Todesstrafe und Prügelstrafe, die zu Brutalität anstacheln, müssen abgeschafft werden. Das Beamtentum braucht eine Verjüngungskur. In der Kolonialzeit vom Ausländer, der manchmal weniger befähigt und zuweilen auch korrupt war, am Fortkommen gehindert, verwendete der Beamte seine gesamten schöpferischen Energien auf kleingeistige pikarische Intrigen und reagierte seine Aggression an den Bürgern ab. Seine Aufgaben waren die einer Schreibkraft; Effizienz wurde niemals von ihm verlangt; er hatte niemals eine Entscheidung zu treffen. Ins Ministerialsystem verpflanzt und vom Rang einer Schreibkraft oder bestenfalls eines Vollzugsgehilfen in den eines Verwaltungsorgans befördert, geriet der Durchschnittsbeamte ins Schwimmen. Seine Verachtung für die Bürger besteht ebenso fort wie die Tradition der Verantwortungsscheu. Der Bürger ist gezwungen, um Gefälligkeiten zu bitten, und fürchtet und verachtet die Staatsgewalt weiterhin. Und was für die Beamtenschaft gilt, gilt auch für die meisten Geschäftsunternehmen.

Der Zwang zur Effizienz wird an dieser Gesinnung einiges ändern. Eine effiziente Beamtenschaft ist in mancher Hinsicht eine zuvorkommende Beamtenschaft. Die Verkäuferin in einem Drugstore wird, wenn man Effizienz von ihr verlangt, erkennen, daß sie gegenüber den Armen, die krank sind, nicht einfach nur eine Autoritätsposition innehat; der Polizist wird erkennen, daß er mehr ist als ein lizenzierter Schläger; und vielleicht wird sich dadurch allmählich der durch alle Schichten hindurch empfundene Zwang abmildern, Autorität durch Aggression zu demonstrieren.

Aus dem *Trinidad Guardian:*

SAM COOKE GIBT GRATISKONZERT

Im Rahmen seiner beiden Tourneeauftritte auf Trinidad am 9. und 10. November wird Sam Cooke, einer der führenden Gesangskünstler Amerikas, mit seiner Summertime Show ein kostenloses Konzert zugunsten der hiesigen Waisenhäuser geben.

Dies geht aus einem Brief der Sam Cooke Inc., New York, an Mr. Valmond (Fatman) Jones, den Sekretär des Sam Cooke Fanclub von Trinidad, hervor, der die Show finanziert.

Das Gratiskonzert findet am 11. November, einen Tag nach Mr. Cookes letztem hiesigen Auftritt in San Fernando, statt.

Aus dem *Trinidad Guardian:*

SAM COOKES »AGENT« FLIEGT NACH MARTINIQUE

Valmond »Fatman« Jones, Sekretär des Sam Cooke Fanclub, flog gestern morgen, 36 Stunden vor dem bereits ausverkauften Auftritt seines Idols im Globe Cinema, Port of Spain, überraschend nach Martinique.

Mr. Jones, der populäre Karnevalist, ist der »Impresario« von Sam Cookes angekündigtem Besuch auf Trinidad.

Laut den von Mr. Jones getroffenen Vereinbarungen soll der amerikanische Sänger heute abend im Globe Cinema, Port of Spain, und morgen im Empire Cinema, San Fernando, jeweils zweimal auftreten. Laut brieflicher Zusage sollte er bereits am Montag mit seiner sechsköpfigen Band auf dem Piarco Airport eintreffen. Bis gestern abend waren der Sänger und seine Musiker nicht aufgetaucht.

Wie verlautet, sind beide Shows im Globe – Beginn ist um 16.30 Uhr bzw. 20.30 Uhr – bereits vollständig ausverkauft. Die Karten für das Konzert in San Fernando, so wird außerdem berichtet, gingen weg »wie warme Semmeln«.

Vor seinem Abflug hatte Mr. Jones bekanntgegeben, daß Cooke nach seinen vier Auftritten ein Benefizkonzert geben würde.

Ein Publicitymanager aus Port of Spain, der mehr als 1000 Dollar in die Werbung für die Sam-Cooke-Shows auf Trinidad gesteckt hat, äußerte sich überrascht von Mr. Jones' Abreise. Er stellte alle weiteren Werbemaßnahmen für die Shows umgehend ein.

Eine gestern abend im Bretton Hall Hotel geplante Party, mit der man Mr. Cooke willkommen heißen wollte, fiel ins Wasser. Es fanden sich mehrere geladene Gäste ein, die jedoch eine Enttäuschung erlebten, als sie erfahren mußten, daß Mr. Cooke noch nicht eingetroffen war.

Vielleicht die größte Enttäuschung von allen, die in der Erwartung, Mr. Cooke zu sehen, ins Bretton Hall gekommen waren, erlebte ein amerikanischer Marineoffizier vom US-Stützpunkt bei Chaguaramas, der nach eigener Aussage »einige hundert Dollar« bei Mr. Jones hinterlegt und dafür die Zusage erhalten hatte, daß der Sänger zu einem Kurzauftritt in den Stützpunkt kommen würde.

Drei Jugendliche unterhielten sich eines Nachmittags vor einem Kokosnußkarren beim Savannah über die Affäre.

Der Inder sagte: »Ich kapiere nicht, wie man auf den Mann sauer sein kann. Ich nenne so was Grips.«

»Genau was meine Tante sagt«, meinte einer der schwarzen Jungen. »Sie fühlt sich nicht reingelegt. Sie findet, daß sie zwei Dollar für die *Schlauheit* bezahlt hat.«

Sie findet, daß sie zwei Dollar für die Schlauheit bezahlt hat. Und sofort wird jede Analyse ad absurdum geführt. Denn hier haben wir es mit einer natürlichen Lebensklugheit und Toleranz zu tun, die aus der pikarischen Gesellschaft hervorgegangen sind. Was könnte man sich Besseres wünschen? Die pikarische Gesellschaft vorschnell zu verurteilen hieße, ihre wichtigste Eigenschaft zu verkennen. Und das ist nicht ihre Fähigkeit, zu betören und zu bezaubern. Denn wenn eine solche Gesellschaft Zynismus hervorbringt, so bringt sie auch Toleranz hervor, und zwar nicht die Toleranz zwischen Kasten und Konfessionen etc. – die es auf Trinidad ohnehin nicht gibt –, sondern für etwas, das tiefer geht: Toleranz für jedes menschliche Tun und ein Gefallen an jeder Demonstration von Witz und Stil.

Auf Trinidad gibt es für nichts verbindliche Normen. Jedes Haus darf ein Stilmischmasch sein. Es gibt keine verbindliche Art, wie man sich kleidet, wie man kocht oder Gäste empfängt. Jeder kann zusammenleben, mit wem er will und wo immer er es sich leisten kann. Gesellschaftliche Ächtung hat keine Bedeutung; die Sanktionen jeder Clique kann man getrost ignorieren. In diesem Sinne, und nicht im Sinne des Reiseprospekts, ist der Bewohner Trinidads ein Kosmopolit. Er ist anpassungsfähig, er ist zynisch, und da er selbst keinen starren gesellschaftlichen Konventionen unterliegt, amüsieren ihn die Konventionen anderer. Er ist von Natur aus Anarchist, der nie imstande war, die Selbsteinschätzung der Menschen von Rang einfach zu übernehmen. Er ist von Natur aus Exzentriker, wenn Exzentrizität bedeutet, daß man, ungehindert von der Disziplin einer Klasse und der Angst, sich lächerlich zu machen, seine Persönlichkeit auslebt. Wenn der Bewohner Trinidads keine moralischen Maßstäbe hat, so ist er andererseits auch frei von dem viel schlimmeren Charakterfehler der Scheinheiligkeit und kann niemals im Namen der Frömmigkeit zu Intoleranz aufrufen. Er ist niemals zu der gesellschaftlich gebilligten Gemeinheit etwa eines Londoner Hausbesitzers imstande, der ein Wohnhaus in eine Pension umwandelt, Wuchermieten nimmt und sich Sorgen macht, seine Mieter könnten in Sünde leben. Alles, was den Bewohner Trinidads zu einem unzuverlässigen, leicht auszunutzenden Bürger macht, macht ihn zugleich zu einem aufgeweckten, zivilisierten Menschen, der sich stets von menschlichen Werten leiten läßt und als Maßstab einzig Witz und Stil kennt.

In dem Maße, wie der Bewohner Trinidads zu einem verläßlicheren und effizienteren Bürger wird, hört er auf, das zu sein, was er ist. Schon vergrößert sich die Kluft zwischen Arm und Reich – zwischen dem Beamten, dem Angehörigen eines gehobenen Berufs und dem Arbeiter. Klassenschranken sind zunehmend schwerer zu überwinden, und in einem Land, in dem niemand allzu weit zurückblicken kann, ohne auf einen Arbeiter oder einen Schurken und manchmal auch einen zum Schurken gewordenen Arbeiter zu stoßen, sprechen Angehörige der rudimentären Mittelschicht von ihren Vorfahren. Diese Schicht setzt Normen, und so hat sich die Gesellschaft verfestigt. Außerdem hat sich mit dem kommerziellen Rundfunk und den Werbeagenturen das gesamte Spektrum dessen eingestellt, womit die moderne Gesellschaft Freudlosigkeit erzeugt, den Gemeinschaftsgeist zerstört und die Menschen in ihr jeweiliges Gefängnis aus ähnlichen Ambitionen, Neigungen und Egoismen sperrt: Klassenkampf, politischer Kampf, Rassenkampf.

Wenn die Leute vom Rassenproblem auf Trinidad sprechen, meinen sie nicht das Problem zwischen Schwarzen und Weißen. Sie meinen die Rivalität zwischen Schwarzen und Indern. Die Weißen werden das leugnen: Sie bestehen darauf, daß das Grundproblem nach wie vor in der Verachtung ihrer Gruppe für die Nichtweißen liegt. Nun, da Klagen über weiße Vorurteile nur noch selten zu hören sind, ist es nichts Ungewöhnliches, daß Weiße sich vor

schwarzen Zuhörern für die Vorurteile ihrer Gruppe gei-
ßeln. Das geschieht dergestalt, daß sie über empörende
Äußerungen von Angehörigen ihrer Gruppe berichten und
sich dann von den entsprechenden Ansichten distanzieren.

Tatsache ist, daß die Macht auf Trinidad so gleichmäßig verteilt ist – Weiße in Handel und Gewerbe, Inder in
Handel und Gewerbe und in den gehobenen Berufen,
Schwarze in den gehobenen Berufen und in der Beamtenschaft –, daß Rassenhetze keine Bedeutung mehr hat.
Was der Calypsosänger Sparrow erst kürzlich vorhersagte,
ist bereits eingetroffen:

> Well, the way how things shaping up,
> All this nigger business going to stop.
> And soon in the West Indies
> It will be »Please, Mr. Nigger, please.«

Trotz der von Weißen besonders dem Außenseiter gegenüber behaupteten Beleidigungen gibt es kein allgemeines
Ressentiment gegen die einheimischen Weißen. Gegenüber
»Ausländern« freilich herrscht zunehmend Animosität; daß
sie nach wie vor Machtpositionen innehaben, stellt eine Bedrohung und Demütigung dar. Es erinnert an die Tage, da
Spitzenstellungen Ausländern vorbehalten waren, und an
Vorurteile, auf die man in England trifft. Aber diese Animosität ist nicht sehr weit verbreitet; sie beschränkt sich auf bestimmte unsichere Angehörige der Mittelschicht.

Die weitgehende Ignorierung weißer Vorurteile war unvermeidlich. Kulturell geriet der Schwarze zur weißen Welt
als ganzer in Beziehung, nicht nur zu den einheimischen
Weißen, die wenig Interesse an Bildung gezeigt hatten und
kaum einmal höhere Berufe ergriffen. Der Zerfall des Ko-
lonialsystems machte ihre Unzulänglichkeiten offensichtlich, während er zugleich die aufgestauten Ambitionen der
besser gerüsteten Nichtweißen freisetzte. Die chaotischen
gesellschaftlichen Schranken spielen ebenfalls eine Rolle.

Jede der zahlreichen Cliquen der Insel hält sich für die wahre Elite. Die Ausländer halten sich für die Elite, desgleichen die einheimischen Weißen, die Geschäftsleute, die Angehörigen gehobener Berufe, die höheren Beamten, die Politiker, die Sportler. Diese Sachlage, aufgrund derer die meisten Menschen nicht einmal wissen, wann sie von irgend etwas ausgeschlossen werden, stellt alle einigermaßen zufrieden. Am wichtigsten aber ist, daß die Animosität, die sich gegen die Weißen hätte richten können, gegen die Inder gelenkt wurde.

Der Wunsch des Schwarzen, sich durchzusetzen, ist heutzutage überall in der Karibik eine feste Größe. Auf Jamaika bringt ihn das mit Weißen, Farbigen, Chinesen, Syrern und Juden, auf Martinique mit Weißen und Farbigen und auf Trinidad mit Indern in Konflikt. Die Animosität zwischen Schwarzen und Indern ist auf den ersten Blick verwirrend. Sie teilen auf allen Ebenen die gleiche Sprache, die gleichen Ambitionen – *Meine Mami hat einen wunderschönen Valor* – und in zunehmendem Maße auch die gleichen Vergnügungen. Ihre Interessen kollidieren nicht. Der Schwarze ist Städter, der Inder Landbewohner. Der Schwarze mit einer guten Handschrift und einem Sinn für die Intrige geht in den Staatsdienst; der Inder mit den gleichen Fähigkeiten wird Geschäftsmann. Beide ergreifen einen gehobenen Beruf.

In jüngster Zeit gibt es, da Inder auch in den Staatsdienst eintreten und Schwarze von den kleinen Inseln in das Taxigewerbe drängen, eine gewisse direkte Rivalität; sie wird allerdings durch eine schon lange bestehende Arbeitsteilung ausgeglichen, die als dermaßen selbstverständlich gilt, daß sich die Bewohner Trinidads ihrer kaum bewußt sind. Kokosnußverkäufer beispielsweise sind Inder; es wäre unnatürlich, vielleicht sogar unklug, aus der Hand eines Schwarzen eine Kokosnuß entgegenzunehmen. Kein Mensch, nicht einmal ein Inder, wird einen Maurer oder Zimmermann beschäftigen, der kein Schwarzer ist. Je weiter man die gesellschaftliche Stufenleiter hinuntersteigt, desto differenzierter wird die Arbeitsteilung. Schwarze verkaufen Eis und dessen unmittelbare Nebenprodukte: geschabtes Eis, gepreßtes Eis, Schneebälle. Inder verkaufen Eisbonbons. Vor dem Krieg kehrten Inder die Straßen von Port of Spain; Schwarze leerten die Senkgruben. Jeder verachtete den anderen von Herzen. Und als während des Krieges Schwarze von den kleineren Inseln die Straßen zu kehren begannen, empfanden manche Inder das als weiteres Beispiel für einen gesellschaftlichen Abstieg der Inder, einen Verlust der Tugenden ihrer Väter.

Falls der Auswanderer auf der *Francisco Bobadilla* nicht gelogen hatte, kann ein Schwarzer auf St. Kitts mit bescheidenem Erfolg Brot backen. Aber St. Kitts ist St. Kitts. Auf Trinidad geht ein Schwarzer, der eine Bäckerei aufmacht, ein erhebliches Risiko ein, und er fordert Schwierigkeiten geradezu heraus, wenn er eine Wäscherei eröffnet. Ganz gleich, was in den Hinterzimmern vor sich geht – die Bewohner Trinidads haben gern das Gefühl, daß ihre Wäsche und ihr Brot von weißer oder chinesischer Hand besorgt werden. Desgleichen herrscht bei Schwarzen trotz aller Klagen über weiße und so gut wie weiße Bankangestellte sehr stark die Ansicht vor, daß Schwarze, selbst wenn sie vertrauenswürdig sind, einfach nicht mit Geld umgehen können. Ganz allgemein hängen in Geldangelegenheiten sowohl die Inder als auch die Schwarzen fast schon einem Aberglauben bezüglich der Unzuverlässigkeit ihrer eigenen Rasse an; es gibt kaum einen Bewohner Trinidads, der nicht schon irgendwann einmal gedacht oder gesagt hat: »Ich habe einfach kein Glück mit meiner Rasse.« Das ist ein Aspekt der vielrassigen Gesellschaft, dem die Soziologen wenig Aufmerksamkeit schenken.

Dies alles spricht für Einigkeit. Trinidad freilich steht am Rande eines Rassenkriegs. Das ist der Politik anzukreiden, aber es muß eine ursprüngliche Antipathie vorgelegen haben, die sich die Politiker zunutze machen konnten. Das

Problem wird dadurch verschärft, daß Inder und Schwarze heftig darum wetteifern, wer den anderen tiefer verachtet. Dieser spezielle Wettstreit wird von den liberal Gesinnten ausgetragen, die sich nicht das Vergnügen nehmen lassen, an ihre Gruppe zu appellieren, der anderen Gruppe gegenüber mehr Toleranz zu zeigen, und die zutiefst verärgert sind, wenn Liberale der anderen Seite behaupten, das Tolerieren sei ihre Sache. Gewetteifert wird auch darum, wer mit dem Verachten angefangen hat.

Es genügt festzuhalten, daß die Antipathie besteht. Der Schwarze empfindet, wie bereits erwähnt, eine tiefe Verachtung für alles, was nicht weiß ist; seine Werte sind die Werte des weißen Imperialismus in seiner bigottesten Form. Der Inder verachtet den Schwarzen dafür, daß er kein Inder ist; er hat zudem sämtliche weißen Vorurteile gegen den Schwarzen übernommen und betrachtet mit dem Eifer des Konvertiten jeden als Schwarzen, der den kleinsten Einschlag von schwarzem Blut hat. »Die beiden Rassen«, vermerkte Froude 1887, »sind strikter voneinander getrennt als die Weißen und die Schwarzen. Der Asiate besteht um so mehr auf seiner Überlegenheit, als er möglicherweise fürchtet, der Weiße könnte sie sonst vergessen.« Wie Affen, die auf ihre evolutionäre Stufe verweisen, wenden sich Inder und Schwarze mit ihrer Behauptung, weißer als der andere zu sein, insgeheim an das weiße Publikum, um sich bestätigen zu lassen, wie sehr sie einander verachten. Sie verachten einander unter Bezugnahme auf die Weißen, und das Ironische daran ist, daß ihr Antagonismus ausgerechnet heute seinen Gipfel erreicht hat, da weiße Vorurteile keine Rolle mehr spielen.

Kaum ein Nicht-Inder weiß viel über die Inder, außer daß sie auf dem Lande leben, den Boden bearbeiten, reich sind und gerichtliche Auseinandersetzungen und Gewalt mögen. Zweifellos hat es unter den indischen Einwanderern Kleinkriminelle und Armeeangehörige gegeben – ein, zwei Bezeichnungen niedriger Ränge der indischen Armee haben als Nachnamen überdauert –, und früher hatten bestimmte ländliche Gegenden mit ihren immer wieder vorkommenden, ungeklärten Morden eine geradezu mafiose Atmosphäre. Jedermann auf Trinidad weiß, daß man das Schicksal herausfordert, wenn man in einem indischen Dorf einen Inder überfährt und dann anhält; ob es je vorgekommen ist, daß ein Fahrer, der in einem solchen Fall angehalten hat, verprügelt wurde, ist mir nicht bekannt.* Vom Hinduismus oder dem Islam weiß man nichts. Das moslemische Hosein-Fest mit seinen Trommeldarbietungen und früher auch Stockfechtkämpfen ist das einzige indische Fest, das man kennt; manchmal schlagen dort Schwarze die Trommeln. Man kennt auch indische Hochzeiten. Das Ritual selbst interessiert wenig; bekannt ist nur, daß jeder, der dort erscheint, etwas zu essen bekommt. Selbst die einfache Unterscheidung zwischen hinduistischen und moslemischen Namen ist nicht bekannt, und der Schwarze bemüht sich noch weniger als der durchschnittliche Engländer, indische Namen korrekt auszusprechen. Das liegt teils an der Einstellung, daß es nicht lohnt, sich mit etwas abzugeben, das nicht weiß ist, teils daran, daß es schwer ist, Inder kennenzulernen, und teils daran, daß viele Inder sich in solchem Tempo der Neuzeit angepaßt haben, daß indische Bräuche mittlerweile als etwas gelten, aus dem man herauswächst. Obwohl Inder also mehr als ein Drittel der Bevölkerung ausmachen, haftet ihren Bräuchen und Zeremonien immer noch etwas Kurioses, ja Exotisches an.

* »Ein kluger, sympathischer Journalist nahm mich nach Agra mit, wo ich mir das Taj Mahal ansehen wollte. Es war eine Autofahrt von hundertneunzig Kilometern durch ausgedörrte, staubverhangene Landschaft. In jedem Dorf bremste der Fahrer auf fünfzehn Stundenkilometer ab und behielt den Daumen auf der Hupe. ›Wenn in einem dieser Orte ein Auto jemanden überfahren würde‹, sagte mein Freund, ›würden die Leute den Wagen verbrennen und die Insassen umbringen.‹« John Wain, *A Visit to India*, Encounter, Mai 1961. Die ehemalige Provinz Agra war eine der Gegenden, aus der Inder nach Trinidad kamen.

Alles, was den Inder in der Gesellschaft zum Fremden machte, verlieh ihm Kraft. Seine Fremdheit isolierte ihn vom Kampf zwischen Schwarz und Weiß. Wie kein anderer auf der Insel unterlag er Tabus; er hatte, was Reinlichkeit und Ernährung betraf, komplizierte Vorschriften zu befolgen. Seine Religion lieferte ihm andere als die weißen Wertmaßstäbe, die für das übrige Gemeinwesen galten, und bewahrte ihn vor Selbstverachtung; er verlor nie den Stolz auf seine Herkunft. Wichtiger noch als die Religion war sein Familienverband, eine beengende, autarke, in ihren eigenen Auseinandersetzungen und Eifersüchteleien aufgehende Welt. In sie vermochte der Außenstehende nur schwer einzudringen, und ebenso schwer konnte der ihr Angehörende aus ihr ausbrechen. Sie beschützte und hielt gefangen, eine statische, ihrem Verfall entgegensehende Welt.

Der Islam ist eine statische Religion. Der Hinduismus ist nicht organisiert; er hat keine festen Glaubensartikel und keine Hierarchie; er erneuert sich fortwährend selbst und ist darauf angewiesen, daß regelmäßig Lehrer und Heilige auftauchen. Auf Trinidad konnte er nur verkümmern; seine Restriktionen aber waren zählebig. Eine Heirat zwischen ungleichen Kasten bereitet erst seit kurzem keine Schwierigkeiten mehr; eine Heirat zwischen Hindu und Moslem kann nach wie vor eine Familie entzweien; eine Heirat außerhalb der Rasse ist undenkbar. Nur der städtische Inder, der Inder der Mittelschicht und der zum Christentum konvertierte Inder waren imstande, sich ohne weiteres aus den indischen Zwängen zu lösen. Der indische Christ war in jeder Hinsicht liberaler und anpassungsfähiger; aber da er auf dem mühsamen Weg zum Weißsein weit hinter dem Schwarzen lag, war er auch unsicherer.

Daß die Inder unter sich auf Dörfern lebten, ermöglichte ihnen ein komplettes Gemeinschaftsleben. Es war eine von Eifersüchteleien, Familien- und Dorffehden zerrissene, aber auch ganz eigene Welt, ein innerhalb der Kolonialgesellschaft bestehendes, niemandem verantwortliches Gemeinwesen, der Staatsgewalt unendlich weit entrückt. Loyalität schuldete man nur beschränkt: der Familie, dem Dorf. Das ist auch der Grund dafür, daß der Inder den Dorfältesten-Typus von Politiker bevorzugt, und es erklärt, warum Inder in Führungspositionen eine so jämmerliche Figur machen und so schlecht mit den Mechanismen von Partei und Politik umgehen können.

Ein bäuerlich gesinntes, aufs Geld bedachtes Gemeinwesen, in spiritueller Hinsicht statisch, weil von seinen Wurzeln abgeschnitten, mit einer Religion, die auf Riten ohne Philosophie reduziert ist, das alles eingebettet in eine materialistische Kolonialgesellschaft: diese Kombination aus historischen Zufällen und landsmannschaftlichem Naturell hat den Inder auf Trinidad zum vollendeten Kolonisten gemacht, einem noch größeren Philister, als es der Weiße ist.

Der westindische Schwarze bezieht einen Großteil seines Elans aus dem Verlangen, seine Position in der Welt zu definieren. Der Inder, der ein solches Problem nicht kennt, begnügte sich mit seinen beschränkten Loyalitäten. Ob er nun seine Muttersprache beherrschte, seine Religion praktizierte oder nicht – das Wissen, daß es ein Land namens Indien gab, war ihm ein fester Pol. Er verspürte keine besondere Zuneigung zu Trinidad. Es heißt, die Unabhängigkeit Indiens im Jahre 1947 habe den indischen Rassismus auf Trinidad gefördert, aber diese Erklärung ist zu simpel. Der Inder auf Trinidad, dem der Unabhängigkeitskampf ein Anliegen war und der große Summen für diverse Fonds spendete, wollte nach 1947 nichts mehr mit Indien zu tun haben. Der Kampf war vorüber, die Schmach getilgt, und er konnte sich ohne Selbstvorwürfe in der bequemen, kaum Anforderungen stellenden Gesellschaft von Trinidad einrichten. Inder, die nach Indien gingen, kehrten, von der Anmut angewidert und von ihrer eigenen Überlegenheit überzeugt, wieder zurück. Die Beziehung zwischen Indern aus Indien und Indern aus Trinidad entwickelte sich rasch zu jener leisen Abneigung, wie sie das Verhältnis zwischen Bewohnern der Metropole und Kolonisten, Spaniern und Lateinamerikanern, Engländern und Australiern bestimmt.

Das entscheidende Datum ist nicht 1947, sondern 1946, als auf Trinidad die ersten allgemeinen und freien Wahlen stattfanden. Damals kam die große Stunde der Winkeladvokaten und Dorfältesten, und zwar nicht nur in den indischen Gegenden, sondern auf der ganzen Insel. Damals erinnerte der Lautsprecherwagen die Leute daran, daß sie arischer Abstammung waren. Damals entblößte der bald darauf mit großem Reichtum belohnte Politiker, wie berichtet, die blasse Brust und schrie: »Ich bin auch ein Nigger!«

Obwohl heutzutage der eine Rassismus eine Reaktion auf den anderen zu sein scheint, hat doch jeder verschiedene Wurzeln. Indische Politiker haben aus harmlosem Egoismus den indischen Rassismus erzeugt. Der Rassismus der Schwarzen ist komplizierter. Er ist eine überfällige Behauptung von Würde; er enthält Elemente von Bitterkeit; er hat etwas von der Forderung des städtischen Pöbels, mit Brot und Spielen zufriedengestellt zu werden. Er gibt aber auch tiefe geistige Anstöße, insofern er von der Erkenntnis ausgeht, daß das Schwarzenproblem nicht einfach in der Haltung anderer gegenüber dem Schwarzen, sondern in der Haltung des Schwarzen gegenüber sich selbst begründet liegt. Das alles ist bislang verwirrend, denn der Schwarze legt zwar einerseits die Schuldgefühle ab, die der weiße Mann ihm aufgezwungen hat, ist aber andererseits nicht imstande, die von ihm übernommenen Vorurteile abzuschütteln, eine Dualität, die zu dem führt, was der jamaikanische Romancier John Hearne auf einer Reise nach Britisch Guayana im Jahre 1957 als »die klägliche Nostalgie« bezeichnet, »die so viele Schwarze korrumpiert. Die Zuflucht zu Entschuldigungen für ihre Lage, ihre endlosen ›historischen‹ Erklärungen und ihr völliger Mangel an Orientierung. Die sentimentale Kameradschaft der Hautfarbe, die den billigen Kitzel vermittelt, ›Afrikaner‹ zu sein.«

In dem Konflikt zwischen Schwarzen und Indern glauben beide Seiten, gewinnen zu können. Weder die eine noch die andere erkennt, daß diese Rivalität das Land des Calypso zu vernichten droht.

Es ist typisch für den auf Trinidad herrschenden Humor, der auch über schwere internationale Krisen Witze machen kann, daß der abstoßende und gefährliche Teil der Wrightson Road von Port of Spain, in dem die Amüsierbetriebe liegen, Gazastreifen genannt wird – *Schußwechsel im Gazastreifen* lautete eine Schlagzeile, die ich einmal sah – und daß der Name dank dieser lokalen Assoziation auch von Cafébesitzern auf dem Lande übernommen wird, die darauf aus sind, ihren bescheidenen Etablissements eine dramatische Note zu verleihen. Da der Kongo wochenlang die Schlagzeilen beherrschte, war es nicht weiter verwunderlich, daß die klangvollen Namen der führenden kongolesischen Politiker – Kasavubu, Lumumba, Mobutu – die Phantasie Trinidads beflügelten. Jeder, der irgendeine Autorität ausübte, besonders Vorarbeiter und Polizisten, wurde zu Mobutu: »Vorsicht, Jungs, Mobutu kommt.« Die Namen Kasavubu und Lumumba konnten für jeden gelten; und mir kam jemand unter, dessen zeitweiliger Spitzname Dag (Hammarskjöld) lautete. Diese ausgefallene Form des Theaterspiels ist Teil der bereits erwähnten Neigung zu Phantasien, die an den beiden Karnevalstagen ihren vollen bacchanalischen Ausdruck findet.*

Dann wurde die Komödie zur Tragödie. Lumumba wurde gefangengenommen, seine Demütigungen wurden fotografiert, und er wurde ermordet. Ein paar Wochen nach der

---

* George Lamming, der aus Barbados stammende Schriftsteller, der 1957 auf Lord's Cricket Ground dabei war, als Sobers gegen den M.C.C. hundert Punkte machte, berichtet von einem Westinder, der entzückt ausrief: »Hundert Punkte bei seinem ersten Auftritt im Kreml des Kricket, Mann. *Im Kreml.*« Die Dramatik des kalten Krieges wird also auch für anspruchslosere Ereignisse adaptiert.

Nachricht von Lumumbas Tod traf ich in einer der Hauptstraßen von Port of Spain auf eine Prozession. Es war eine geordnete Prozession, die ausschließlich aus Schwarzen bestand. Sie sangen Kirchenlieder, was in Kontrast zur Schärfe ihrer Spruchbänder und Plakate stand. Sie waren auf verworrene, pauschale Weise antiweiß, antiklerikal und proafrikanisch. Ich hatte dergleichen auf Trinidad noch nie gesehen. Es war eine Demonstration jener von John Hearne beschriebenen »sentimentalen Kameradschaft der Hautfarbe, die den billigen Kitzel vermittelt, ›Afrikaner‹ zu sein«. Sie demonstrierte die ganze Seichtheit des schwarzen Rassismus. Der Gazastreifen und der Polizist, der Mobutu war, standen für das alte Trinidad. Diese fromme Lieder singende Prozession war das neue.

Damals glaubte ich, es handele sich um einen rein lokalen, von den Zwängen lokaler Politik erzeugten Ausbruch. Bald darauf aber, auf der Reise, zu der ich mich nun anschickte, mußte ich erkennen, daß solche Ausbrüche weitverbreitet waren und Empfindungen ausdrückten, die in schwarzen Gemeinden überall in der Karibik auftauchten: Es war die Wirrnis von Empfindungen ohne Orientierung, die Zurückweisung der Schuld, die der Schwarze so lange ertragen hat, der letzte, verspätete Spartakusaufstand, radikaler als der von Toussaint L'Ouverture. Es war die Schlußabrechnung auf dieser Seite der Mittelpassage.

3
BRITISCH-GUAYANA

> Wäre hier nur eine gemütliche Sekretärsstelle
> frei – und dergleichen ist in Demerara sehr ge-
> mütlich –, wie würde ich die Göttin der Protek-
> tion anrufen; wie würde ich um die Beamten des
> Colonial Office herumscharwenzeln; wie würde
> ich die Freunde meiner Freunde piesacken, damit
> sie ihren Freunden kleine Briefe schreiben! Denn
> Demerara ist das Elysium der Tropen – das in
> Westindien gelegene glückliche Tal des Rasselas –
> wirklich und wahrhaftig das einzige Utopia der
> Karibik – der transatlantische Garten Eden.
>
> Anthony Trollope, 1860

Aus der Luft zeichnete sich die Atlantikküste Trinidads
wie auf der Landkarte ab, der Schaum der stetig ans Ufer
rollenden Wellen ein Spitzenmuster an Grün mit gelbem
Rand. Die Wellen bildeten sich weit draußen und rollten
gleichmäßig heran. Auf dem hellblauen Wasser wirkten
Wolkenschatten wie Felsen unter der Oberfläche oder sich
auflösende Tintenflecken. Bald darauf wurde blaues Wasser zu braunem, die immer dunkleren Farbtöne waren klar
konturiert und manchmal weiß abgesetzt. Dann der südamerikanische Kontinent: ein grau-grüner, buschiger Teppich, stellenweise braungewetzt, mit Flüssen wie Risse in
trocknendem Schlamm. Minutenlang bewegten wir uns
rasch über das gleichbleibende, abweisende Land, die
kleine Ecke eines riesigen Kontinents, wo Bäume wuchsen
und an schlammigen Ufern umstürzten.

Aus der Luft kann man viel über Britisch-Guayana erfahren: seine Ausmaße, seine Menschenleere, die Abge-
schiedenheit seiner menschlichen Niederlassungen. Sechshunderttausend Einwohner leben in einem Land von der
Größe Englands, und wenn man den bevölkerten Streifen

der Ostküste überfliegt, erkennt man, warum in diesem Land so viel Unruhe herrscht, einem Land, das aufgrund seiner Größe ein Land vieler Möglichkeiten sein müßte. Die Erde hier ist fruchtbar. Durchschnitten von wie mit dem Lineal gezogenen Gräben, gleichen die Zuckerrohrfelder maschinell hergestellten Teppichen. Sie ziehen sich endlos hin, bis das Muster plötzlich von einer Gruppe von Holzhäusern in Weiß und Rostrot unterbrochen wird, die ebenso präzise angeordnet sind wie die Felder. Arbeiterhäuser: Zuckerrohrland, denkt man, das brachliegt, und die Stelle ist willkürlich ausgewählt, denn die Ansiedelung hätte in dieser klaren grünen Weite auch überall sonst hingestellt werden können. »Um die Neger von den Jungferninseln zum Arbeiten zu zwingen«, schreibt Michael Swan in *The Marches of El Dorado*, »fällten die Dänen deren Gurkenbäume, und heutzutage muß sich der Zuckerproduzent in Britisch-Guayana hundert subtiler Methoden bedienen, um eine ausreichende Zahl an Arbeitskräften zur Verfügung zu haben – dem tropischen Menschen ist die bloße Subsistenz und wenig Arbeit lieber als schwere Arbeit und ein höherer Lebensstandard.«

Und Leere. Man muß nur ins Landesinnere fliegen. Als erstes überquert man die Zuckerrohrfelder neben dem braunen Demerara. Jäh hören die Felder auf, und der Busch beginnt; und im Busch gibt es – Hinweis auf eine Gesinnung, die man mit Britisch-Guayana in Verbindung zu bringen lernt – kleine, unregelmäßige Flächen zaghafter Zerstörung, wo Wald zu Sumpfland geworden ist, denn die Erde hier ist mager, und Hartholzbäume wachsen nicht so ohne weiteres wieder nach. Binnen Minuten ziehen Städte, Felder und Lichtungen vorüber, und dann ist man über dem Wald, dicht, kompakt und gleichmäßig, ab und zu von einem Fluß entstellt, der schwarz ist oder schimmert, wenn er das Sonnenlicht einfängt, eine goldene oder rote Ader im toten Grün. Und der Wald setzt sich fort. Man sieht nicht mehr hin, bis sich das Land dreißig bis vierzig Minuten später in Täler und Hügel auflöst, jenseits derer die Savannengebiete liegen, in der Trockenzeit grün, braun und ocker marmoriert und wie zerkratzt von weißen Spuren, den von üppigen, fleischig wirkenden Palmen gesäumten Betten verschmälerter Ströme. Brasilien ist nicht fern, ebenso leer, eine nicht zu begreifende Weite.

Seltsam also, auf der Fahrt vom Flughafen in die Stadt feststellen zu müssen, daß die Häuser dicht an dicht standen, wie auf irgendeiner räumlich beschränkten westindischen Insel. Busch verdeckte den Demerara, an dem wir entlangfuhren und der uns darauf hingewiesen hätte, daß wir uns auf einem Kontinent befanden. So aber war nur die Eleganz der auf hohen Pfählen stehenden Holzhäuser nicht inseltypisch. Die Guayanesen verstehen sich auf das Bauen mit Holz; noch bei der bescheidensten Holzbehausung stimmen Proportionen und Stil, während die neueren Betonbauten erkennbar die westindische Geistlosigkeit und Plumpheit aufweisen. Aus Holz haben die Guayanesen Moscheen mit Minaretten gebaut und Hindutempel mit Balustraden und Kuppeln; sie haben eine Kathedrale gebaut; sogar viktorianische Gotik haben sie zustande gebracht. Sie schämen sich dieser Holzgebäude zutiefst, denn sie betrachten sie als Zeichen ihrer Armut und Rückständigkeit, als schäbigen Ersatz für den Beton einer reichen Insel wie Trinidad; da sich außerdem alle darin einig sind, daß Holzhäuser die reinsten Feuerfallen sind, werden über kurz oder lang wohl nur noch die ganz Armen in reizvollen Häusern wohnen, und Georgetown, die mit ihrer Eleganz, Stimmigkeit und Geräumigkeit schönste Stadt Westindiens, wird zerstört werden.

Georgetown ist eine weiße Holzstadt. Man möchte sie mit schwarzer Tusche und dicker weißer Farbe auf grobem dunkelgrauem Papier skizzieren, um die Leichtigkeit und Zerbrechlichkeit der zweistöckigen Gebäude zu vermitteln, eine Zerbrechlichkeit, die nachts am deutlichsten herauskommt, wenn Licht aus Veranden am oberen Stockwerk, aus Fenstern und offenem Gitterwerk dringt und sich ein Effekt wie bei jenen von innen beleuchteten chinesischen Palastminiaturen aus Elfenbein ergibt. Die Stadt wurde von den Briten gegründet, entging aber dem Schicksal, auch von ihnen erbaut zu werden – die britische Kolonialarchitektur in Westindien hat nur wenige große Momente gehabt –, und wurde im wesentlichen von den Holländern geschaffen, deren Einfluß bis heute sichtbar ist. Die Straßen sind nach dem Rechteckschema angelegt, und in der Mitte der größeren verliefen früher einmal, wie in Holland üblich, Kanäle. Die meisten sind aufgefüllt und durch Asphalttrottoirs ersetzt worden, gesäumt von ausladenden, vielfach verzweigten Samanbäumen, die stattlichen Eichen ähneln.

Es war also vollkommen lächerlich, daß ich mir an diesem ersten Tag wie in einer Grenzstadt im Wilden Westen vorkam. Vermutlich lag es an den Holzhäusern und den leeren, breiten Straßen – ich war am zweiten Weihnachtstag angekommen. Es lag außerdem an der Häufigkeit des Namens Booker, ein Name, der während der Krise von 1953 um die Welt ging. Booker's ist die größte Handelsfirma und Plantagenbesitzerin von Britisch-Guayana und kontrollierte einmal praktisch das Land; laut der People's Progressive Party war und ist sie vielleicht immer noch der große Bösewicht. Und als ich nun den Namen Booker's an Eisenwarenhandlungen, Lebensmittelläden, Werkzeuggeschäften, Drugstores und Taxis sah, kam ich mir vor, als wäre ich gekommen, um Georgetown zu retten. Ich ging mit klirrenden Sporen die Hauptstraße entlang. Der alte Booker, ein bärtiger, Tabak kauender Kerl mit barscher Stimme, wartete mit den fünf Booker-Boys auf mich, um mich zu erschießen. Die Einheimischen waren von den Straßen geflüchtet und kauerten in Friseurläden und Saloons.

In Wirklichkeit waren die Weihnachtsfeiern noch im Gang. In dem Haus neben meiner Unterkunft lehnte sich ein betrunkener Weißer mit saurem Gesicht aus dem Fenster, und im Zimmer nebenan befand sich noch ein Betrunkener, der stöhnte und zwischendurch Puccini aus dem Radio mitsang. Ich konnte jedes Geräusch hören, das er machte. Dafür sorgte die hölzerne Trennwand mit den Belüftungsöffnungen unter der Decke. Infolgedessen lief ich unwillkürlich auf Zehenspitzen herum, tat alles so leise wie möglich und lauschte bloß den Geräuschen von nebenan.

Spät nachts wurde ich geweckt.

»Ich bin ein Saukerl, ein richtiger Saukerl«, sagte der Mann. Er gab ein längeres Stöhnen von sich. »Mir ist gerade aufgegangen, was für ein fürchterlicher Saukerl ich bin.«

»Du machst dich bloß selber dazu«, sagte eine Frau, klagend, doch auch tröstend.

»Nein, nein. Ich bin einfach ein Saukerl.« Dann nachdenklich: »Der größte Obersaukerl in B.G.«

»Du machst dich doch nur dazu.« Die Frau schluchzte leicht.

Schweigen. Ein Stöhnen, ein paar rumpelnde Liedtakte. Dann brüllte der Mann plötzlich: *»Tu, was deine Mutter dir sagt!«*

Ich lag mucksmäuschenstill im Bett, darauf bedacht, mich nicht zu rühren, um nur ja kein verräterisches Geräusch zu machen.

Man hatte mir gesagt, daß in Guayana eine Woche lang Weihnachten gefeiert wird, und so war ich nicht überrascht, als ich am anderen Morgen merkte, daß der Trinker von nebenan neuerlich betrunken war. Sobald ich konnte, verließ ich das Haus. Ich führte zahlreiche Telefongespräche, mit dem Ergebnis, daß mich am späten Vormittag Abdul, der Bekannte eines Bekannten, zu den Rahimtoolahs, Bekannten von ihm, mitnahm, reichen, angesehenen Leuten, die ein großes Haus in einem eleganten Viertel bewohnten. Das obere Stockwerk – offen, mit Jalousien vor Demerara-Fenstern – war kühl und luftig; aber die Farbe blätterte ab, die Möbel waren roh gezimmert, große Teile des Hauses waren verwahrlost, und an den Wänden hingen nur Kalender.

Mr. Rahimtoolah, ein großer, schwerer Mann mit dikken, in Shorts steckenden, wabbeligen Schenkeln, fleckigem Gesicht und Schildkrötenhals, sagte in entschuldigendem Ton, daß er nur vorläufig in einem Holzhaus wohne; er werde es bald abreißen und etwas Modernes aus Beton bauen.

Er stellte uns Mike vor, einen jungen englischen Soldaten mit stumpfen, schräggestellten Augen, großen Zähnen, wulstigen Lippen und einem strichdünnen Oberlippenbart, der sehr flaumig und eindeutig schief war. Mike wirkte wie jemand, der häufig Schimpfworte zu hören bekam; er war der Freund der pausbäckigen Miss Rahimtoolah.

Es wurde Whisky serviert, und wir wurden aufgefordert, die Gläser zu bewundern. Sie trugen die Aufschrift »Ballantine's Guide for Beginners« und waren markiert wie Meßbecher, wobei die Maßeinteilung mit den Bezeichnungen »Abstinenzler«, »Angsthase« und »Halali« versehen war. Den Boden des Glases zierte die Abbildung eines am Galgen Hängenden: Das war »der letzte Tropfen«.

»Sind Sie gestern abend zu den Chinesen gegangen?« fragte Mr. Rahimtoolah einen seiner portugiesischen Gäste.

»Wir haben uns entschlossen, doch lieber zu den Indern zu gehen.«

Sie sprachen von den Klubs von Georgetown; und während seine Tochter frische Drinks herumreichte, erklärte Mr. Rahimtoolah voller Stolz, was für ein Rummel über die Feiertage in den Klubs veranstaltet wurde.

In der Frauenecke begann eine Unterhaltung über die jeweiligen Vorzüge von Großbritannien und Britisch-Guayana.

»Die Leute in Britisch-Guayana sind gastfreundlicher als die Leute in Großbritannien«, sagte Mr. Rahimtoolah.

»Stimmt«, sagte Mike.

Dann unterhielt man sich über die Jahreszeiten und wie herrlich es sei, Frühling, Sommer, Herbst und Winter anstatt bloß eine Regen- und eine Trockenzeit zu erleben. Ich hatte das Gefühl, das Gespräch war Mike zuliebe in diese Richtung gelenkt worden: Er verbreitete sich nun über die Jahreszeiten wie ein Experte, den man zu Rate gezogen hatte. Er beschrieb detailliert Schnee und kündigte an, er werde eine »lustige Geschichte« erzählen. Miss und Mrs. Rahimtoolah lachten schon im voraus. Das Ganze sei passiert, erklärte Mike einleitend, »bevor wir in das neue Haus umgezogen sind«. Er hielt inne, um diese Information wirken zu lassen; sein Glas wurde gefüllt; er trank. Ich wartete ungeduldig auf die Geschichte, über die Miss Rahimtoolah bereits kicherte, die eine Hand vor den Mund geschlagen, in der anderen zitternd die Whiskyflasche. Endlich kam die Geschichte: Mikes Vater war einmal im Winter in nicht näher erläuterter Absicht zur Hintertür hinausgegangen und dabei von einer Dachlawine überschüttet worden.

Mrs. Rahimtoolah kreischte los und sagte: »Ich *liebe* England.«

Mr. Rahimtoolah bedachte sie mit einem nachsichtigen Blick.

Abdul, der auf einem Berbice-Stuhl fläzte, verdarb die Stimmung indisch-britischer Freundschaftlichkeit mit der Bemerkung, er hasse England und wolle nie wieder einen Fuß in das Land setzen.

Damit überraschte er alle. Er wirkte selbst überrascht.

»Ich hatte natürlich Freunde dort«, sagte er und beendete damit das von ihm hervorgerufene Schweigen. Dann mit einem Lächeln zu Mike hin: »Aber sie waren trotzdem reserviert.«

»So ist das nun mal in England«, sagte Mrs. Rahimtoolah und entspannte sich.

Mike pflichtete ihr bei. Er wirkte besänftigt und hielt eine kleine Ansprache über die Herzlichkeit, mit der er in

Britisch-Guayana aufgenommen worden sei, und über die Gastfreundlichkeit der Guayanesen.

Der peinliche Moment war vorüber. Man hatte zwei nationalen Mythen geschmeichelt: der guayanesischen Gastfreundlichkeit, der englischen Reserviertheit. Mr. Rahimtoolah ließ erleichtert die dicken Beine beben.

Ein paar übertrieben fein gekleidete Mädchen, ersichtlich aus Familien, die ebenso reich und achtbar waren wie die Rahimtoolahs, kamen die Treppe herauf, und es gab ein großes Hallo. Mike nahm sie alle zur Kaserne mit. Der Ausflug war offenbar hochbedeutsam.

Auch wir brachen auf und gingen als nächstes zu den Ramkerrysinghs, die, wie Abdul mir sagte, in der Weihnachtswoche einen geradezu sagenhaften Aufwand trieben. Zu jeder Tages- und Nachtzeit gab es in unbegrenzten Mengen zu essen und zu trinken; dementsprechend pflegten die Ramkerrysinghs ihre Gastfreundlichkeit in einem Haus, das wie eine große Halle aussah, die allerdings absolut neuzeitlich, absolut modern wirkte. Der Wohnbereich war nicht durch Wände abgeteilt, die Schlafzimmer in einer Ecke waren durch Stellwände abgegrenzt, die einer Wellenlinie folgten, in einer anderen Ecke befand sich die Küche und in einer dritten eine große, gutbestückte, wie ein kommerzieller Ausschank ausgestattete Bar, wo die Gäste auf Hockern saßen und der Gastgeber den Barkeeper spielte. Die Ramkerrysinghs erhoben den Anspruch, jedes Getränk der Welt vorrätig zu haben. Es sah ganz danach aus.

Wir wurden kurz den Essern vor der Küche vorgestellt. Dann gesellten wir uns zu den Trinkern an der Bar. Ich konnte einfach keinen Whisky mehr vertragen und bat um Rotwein. Es gab keinen. Ich bekam statt dessen weißen Rheinwein. »Nehmen Sie doch Eis«, meinte einer der trinkenden Ramkerrysinghs und gab zwei Würfel in mein Glas. Ich trank rasch, dann führte man mich auf einem Rundgang durch das Haus. Auf der Veranda, die eine ganze Seite des Hauses einnahm, hielten sich noch mehr Leute auf. Nach ihrem Äußeren und den Blicken zu urteilen, mit denen sie uns bedachten, gehörten sie eindeutig zum Haus; sie schienen an Besichtigungsgänge von Banausen gewöhnt zu sein. In einem durch eine Wellenlinie von Stellwänden abgeteilten Schlafzimmer stießen wir auf eine größere Gruppe von Frauen, die auf Betten lagen. Ich hatte das Gefühl, in eine Zenana eingedrungen zu sein, und dieser Eindruck wurde noch dadurch verstärkt, daß die Frauen vielen verschiedenen Rassen angehörten.

Ich sagte nichts zu ihnen, und sie, die wie Welpen auf einem Haufen lagen, starrten mich hochnäsig an.

Erleichtert kehrte ich zur Bar zurück, wobei ich unterwegs an verschiedenen Ziergegenständen aus Porzellan vorbeikam, darunter auch ein aufgeschlagenes Buch mit dem Vaterunser.

An der Bar unterhielt man sich gerade über die Soft-Drink-Industrie: Wie es schien, machte »die Konkurrenz« das Geschäft kaputt.

»Einen Gutschein in ein, zwei Korken«, sagte der ältere Mr. Ramkerrysingh hinterm Tresen. »So würde ich es jedenfalls machen. Kein Aufwand, kein Problem.«

Auf sein Betreiben experimentierten die Trinker wie wild mit einem Getränk nach dem anderen – Weinen, Likören, Schnäpsen. Von der Morgentrinkerei bereits leicht angeschlagen, beschloß ich, bei weißem Rheinwein on the rocks zu bleiben. Der ältere Ramkerrysingh schob mir die Eisschale hin, und ich nahm mir zwei Würfel. Kaum hatte ich sie in mein Glas fallen lassen, da sagte der trinkende Ramkerrysingh, der Eis in mein erstes Glas gegeben hatte: »Ich weiß nicht, wo Sie das Trinken gelernt haben. Wissen Sie denn nicht, daß man kein Eis in Wein tun darf?«

Der ältere Mr. Ramkerrysingh meinte, er selbst lebe gern einfach, das Haus diene nur zur Bewirtung ausländischer Geschäftsleute: Die Hotels von Georgetown seien unzulänglich.

»Man muß diese Burschen beeindrucken«, sagte er. »Und ich kann Ihnen sagen, was ich dafür ausgebe, kriege ich mehr als zurück. Wenn man mit großen Leuten zu tun hat, muß man ihnen auch Großes bieten. Man muß in großem Maßstab denken.«

Abdul nickte und sagte zu mir: »Mr. Ramkerrysingh hat schon immer in großem Maßstab gedacht. Er hat klein angefangen, wissen Sie. Wer von uns jetzt anfängt, kann eine Menge von ihm lernen.«

Als wir zum Essen Platz nahmen, hörte ich mich zu meiner Überraschung sagen, daß das Land vor die Hunde gehe, seit die Politik und die Jagans hergekommen seien.

Zu Hause bei Abdul angekommen, trafen wir seine Frau tief verzweifelt an. Sie hatte ein Kind angefahren. Sie hatte angehalten, aber das Kind war aufgestanden und weggelaufen. Niemand wollte ihr sagen, wessen Kind es war oder wo es wohnte – »Sie kennen ja diese Schwarzen« –, deshalb wußte sie nicht, ob es verletzt war.

Der Betrunkene in der Pension war immer noch betrunken.

Vor dem Stabroek Market, auf dessen glänzendem Pflaster sich ein Gewühl von Obsthändlern, ihren Körben, Kisten und Kästen ausbreitete, fragte ich einen älteren Schwarzen, der korrekt gekleidet war und ein Fahrrad schob, nach dem Weg zu den Regierunsgebäuden.

»Ich komme dort vorbei«, sagte er. »Steigen Sie auf.«

Ich zögerte. Er war sehr klein und dünn. Aber er insistierte, und ich hatte das Gefühl, eine Ablehnung hätte ihn gekränkt. Also setzte ich mich auf die Stange, er schob im Laufschritt das Fahrrad an, sprang schwer atmend in den Sattel, und wir schwankten durch den Verkehr. Auf diese Weise gelangte ich zu Mrs. Jagans Büro.

Ich hatte so viel Gehässiges über Mrs. Jagan gehört und gelesen, daß ich von vornherein gegen sie eingenommen war. Obwohl sie sehr unter Autoren auf Besuch zu leiden gehabt hatte, empfing sie mich in ihrem kleinen, klimatisierten Büro durchaus freundlich. Sie saß hinter einem großen, tadellos aufgeräumten Schreibtisch mit Fotos ihres Mannes und ihrer Kinder. Ihre Tasche stand auf dem Boden. Ich fand sie weitaus attraktiver als auf Fotografien: Frauen, die eine Brille tragen, sind selten fotogen. Ein schlichtes Baumwollkleid brachte ihre gut proportionierte Figur zur Geltung; große Creolen und rot lackierte Zehennägel verliehen ihr eine frivole Note, die in diesem Büro unpassend wirkte, dessen Tür ein Schild zierte: *Hon. Janet Jagan, Minister für Arbeit, Gesundheit und Wohnen.* Sie wirkte müde und unterbrach sich beim Sprechen häufig mit nervösem Gelächter.

Sie sagte, sie sei Pessimistin. Niemand sei über den Wahlsieg von 1957 überraschter gewesen als sie. 1953 sei die Verfassung außer Kraft gesetzt worden, sie und andere seien ins Gefängnis gekommen und britische Truppen einmarschiert, und seitdem habe das Land viel von seinem Schwung verloren. Viele Anhänger »ohne Mumm« seien damals abgesprungen; noch verheerender für das Land sei gewesen, daß die Partei, die 1953 so überzeugend an die Macht gekommen sei, sich 1955 nach Rassenzugehörigkeit gespalten habe, in Inder auf der einen und Schwarze auf der anderen Seite. Überhaupt sei die Rassenfrage mittlerweile ein größeres Problem in Britisch-Guayana. Davon sprach sie mit ehrlichem Bedauern. Es war ein Thema, auf das sie bei unseren späteren Begegnungen häufig zurückkam, und ich bildete mir ein, daß es um mehr als ein Bedauern über den Rassismus ging: Sie trauerte der Kameradschaft und den Freundschaften von 1953 nach. Sie wußte noch, was bestimmte Leute, heute Gegner, aßen, wie sie redeten, was ihre Kinder zu ihnen gesagt hatten. Seit 1953 hatte die Partei auch die Unterstützung der Intellektuellen verloren, und das war ein schwerer Schlag, denn Britisch-Guayana verfügte nicht über so viele Begabungen wie Trinidad.

Eigentlich hatte ich an diesem Morgen vorgesprochen, um meine Reise ins Landesinnere zu planen. Wir wandten unsere Aufmerksamkeit der großen Karte an der Wand hinter dem Schreibtisch zu; und mit einem Schlag wurde man an die Größe des Landes erinnert – die Rahimtoolahs und die Ramkerrysinghs hatten sie vergessen lassen. Mrs. Jagan hatte das Land ausgiebig bereist und kannte es besser als die meisten Guayanesen, die ich kennengelernt hatte. Ihr Lieblingsdistrikt war Berbice im Osten. Es sei der dynamischste. Ihm entstammten die Kricketspieler, die meisten Schriftsteller und die besten Politiker: Ihr Mann kam natürlich aus Berbice.

Die Nebentür des Büros ging auf, und Cheddi Jagan höchstpersönlich kam herein. Er trug einen Anzug und hatte eine Aktentasche bei sich. Er wolle nur rasch sagen, daß er jetzt zur Bank gehe, um die Vereinbarung über den Kredit für den Kauf der Georgetown Electric Company zu unterschreiben.

Es war eine eigenartig familiäre Szene, und ich kam mir wie ein Eindringling vor.

1953, als die Verfassung von Britisch-Guayana außer Kraft gesetzt wurde und britische Truppen in das Land einmarschierten, waren die Jagans die Parias von Westindien. Trinidad war so entsetzt, daß es Cheddi Jagan verbot, auf dem Piarco Airport das Flugzeug zu verlassen; es sollte nicht unerwähnt bleiben, daß die meisten damals maßgeblichen Politiker Trinidads mittlerweile in Mißkredit geraten sind. Man warf den Jagans und ihrer Partei vor, Streiks zu schüren, den öffentlichen Dienst und die Polizei zu zersetzen, Rassenhaß zu verbreiten und ganz allgemein dem internationalen Kommunismus Vorschub zu leisten. Aus »zuverlässigen Quellen« verlautete außerdem, daß es einen Plan gebe, »Geschäfts- und Wohnhäuser prominenter Europäer und Staatsbediensteter in Brand zu stecken ... diese Information wurde durch Berichte von ungewöhnlichen

Benzinverkäufen an Personen ohne Autos bestätigt, die den Treibstoff in Kanistern oder Flaschen mitnahmen«.

Das alles steht im Weißbuch der Regierung des Vereinigten Königreichs, erschienen am 20. Oktober 1953, zwölf Tage nachdem die Verfassung außer Kraft gesetzt worden war. Es ist ein Dokument, das die Ereignisse aufregender Wochen auf vierundvierzig nüchterne, durchnumerierte Absätze in sechs Teilen reduziert – Einleitung, Maßnahmen der Minister, Die wirtschaftlichen Folgen, Die Gefahr der Gewalt, Führungsmitglieder der People's Progressive Party und ihr Verhältnis zum Kommunismus, Vorgehen der Regierung Ihrer Majestät – jeder Teil mit kursiv gesetzten Untertiteln, das Ganze abgerundet von drei Anhängen –, ein Dokument, das niemals die Beherrschung verliert und niemals das »Mr.« oder »Mrs.« oder »Dr.« vor den Namen von Leuten vergißt, die es hinter Gitter zu bringen half.

Das Auffallendste an diesem Buch ist seine Aufmachung. In Britisch-Guayana wurde es vom Bureau of Public Information »auf Weisung nachgedruckt«. Die Formulierung findet sich auf der Titelseite; und diese Titelseite, die aus zehn bis an den unteren Rand reichenden Druckzeilen besteht, hat mit ihren kursiv gesetzten Großbuchstaben, ihren vier Schriften, ihren Kommata am Ende jeder zweiten und einem Punkt am Ende der letzten Zeile ein merkwürdig altmodisches Aussehen, das an die Typographie von vor hundert Jahren erinnert und sich auf ebenso lang zurückliegende Ereignisse zu beziehen scheint. Die Rückseite der Titelseite ziert eine Sepia-Ganzaufnahme der Königin; die Bildunterschrift ist in gotischen Buchstaben. Auf nachfolgenden Seiten finden sich Fotografien von Sir Winston Churchill (mit einem großen Stern darüber); Sir Alfred Savage, dem Gouverneur (er hat einen kleineren Stern bekommen); dem Chief Secretary, dem Sehr Ehrenwerten John Gotch (ein churchillscher Stern für ihn); dem Parlamentspräsidenten, Sir Eustace Woolford (kleiner Stern);

dem Präsidenten des Staatsrates (kleiner Stern); dem Generalstaatsanwalt und dem Finanzminister (in Anhang C zwischen die Zeilen von Absatz neun bzw. zehn gequetscht und ohne Stern). Inmitten von Seiten, die mit Weißbuch-Gelassenheit von verwerflichen Gedanken und Taten sprechen, vermitteln diese Fotografien den Eindruck, die Abgebildeten seien von jenen, deren Fotos nicht abgedruckt wurden, auf nicht zu rechtfertigende und unfaire Weise beleidigt und schikaniert worden.

Ich hatte schon viel vom Rupununi, dem Savannenland südlich des Waldgürtels, gehört und wollte dort in Lethem, dem Verwaltungszentrum, das etwa vierhundert Kilometer von Georgetown entfernt an der brasilianischen Grenze liegt, einige Tage verbringen. In alter Zeit gelangte man auf dem Fluß in das Rupununi, eine viele Wochen dauernde und beschwerliche Reise; später gab es einen Viehpfad. Heute kann man mit den Dakotas der British Guiana Airways in neunzig Minuten dorthin kommen. An der Küste aber, im Bewußtsein nur den kolonialen Apparat des Landes und die Nähe der karibischen Inseln, kann man immer noch vergessen, daß Britisch-Guayana eine gemeinsame Grenze mit Brasilien hat. Für die meisten Guayanesen ist Guayana die Küste; alles, was dahinter kommt, ist Busch.

Und genauso ist es auch. Der Busch beginnt bei Atkinson Airfield, nur etwas mehr als dreißig Kilometer südlich von Georgetown. Der Flugplatz wurde während des Krieges von den Amerikanern gebaut, die ihn immer noch benutzen; neben ihren schlanken, modernen, grazil überm Boden schwebenden Flugzeugen in Silber und Orange wirken die Dakotas mit ihren aufwärts gerichteten Nasen unterprivilegiert und überarbeitet. Geschäfts- und Lagerräume der British Guiana Airways sind in einem tristen Schuppen untergebracht, der früher zu den amerikanischen Gebäuden gehörte. Durch das Drahtgitter der Rollbahn, das sich hier und da verbogen hat, wächst Gras; und ringsum liegt Busch.

Es regnete, und die Fluggäste standen zwischen ihren Kisten und Körben auf einer erhöhten Galerie. Als Gruppe hätte man sie nicht mit Britisch-Guayana assoziiert. Viele von ihnen waren Weiße, nur vier waren Indianer, und der Pilot, ein hochgewachsener, dicklicher Mann mit rotem Hemd, war Europäer. Die Küste – Zuckerrohr, Bewässerungsgräben, Arbeiterhäuschen, politische Rivalitäten, Kommunismus – war bereits weit entfernt. Unter billigen schwarzen Schirmen, auf die in riesigen, groben Buchstaben B.G. AIRWAYS aufgemalt war – nicht um Stolz zu fördern, so hatte man das Gefühl, sondern um Diebstähle zu verhindern –, gingen wir zum Flugzeug hinaus. Es hatte keine Sitze. Zu beiden Seiten des Rumpfes verlief ein schmales Metallsims; darauf hatte man dünne Gummipolster gelegt, die untereinander verbunden und mit Sicherheitsgurten ausgestattet waren. Der vordere Teil des Flugzeuges war mit Fracht vollgestopft. Ich sah Bierkisten, ein Bett, eine Nähmaschine und viele Mehlsäcke: Alles, was ins Landesinnere geht, von Sicherheitsnadeln bis zum Geländewagen, muß zu neun Cents das Pfund mit diesen wackeren Dakotas eingeflogen werden.

Neben mir saß ein älterer Amerikaner. Er war hochaufgeschossen und gebeugt, aber seine gewaltige Brust verriet nach wie vor große Kraft. Hätte ich gewußt, daß er fünfundachtzig war und daß es sich um Ben Hart, einen der Pioniere des Rupununi und eine von dessen berühmten Figuren, handelte, hätte ich ihm mehr Aufmerksamkeit geschenkt.* So aber interessierte ich mich stärker für die vier Indianer, die mir gegenübersaßen. Es war meine erste Begegnung mit diesen Menschen, die den Bewohnern Trinidads unter der ängstlichen Bezeichnung »wilde Indianer« bekannt sind und von den Guayanesen des Küstenlandes verächtlich »bucks« genannt werden. Der Mann war bar-

* Was die hollywoodreifen Geschichten von Ben Hart und anderen Figuren des Rupununi angeht, sei dem Leser die Lektüre von Michael Swans *The Marches of El Dorado* empfohlen.

fuß; er hatte Khakihosen und ein weitgeschnittenes weißes
Hemd an und hielt sich ein Taschentuch vors Gesicht. Die
beiden Frauen sahen zu Boden. Das kleine Mädchen im
rosa Kleid und mit breitkrempigem Strohhut starrte die
anderen Fluggäste an, aber sobald man seinen Blick auf-
fing, biß es sich auf die Unterlippe und senkte die Augen.
Munter wurden sie erst, als es, während wir in niedriger
Höhe die Savanne zu überfliegen begannen, im Flugzeug
erstickend heiß wurde, Böen aufkamen und einigen Leuten
offenbar schlecht wurde. Da lächelten die Frauen die anderen Fluggäste verschmitzt an und schlugen die Hände vor
den Mund, wie um ein Kichern zu verbergen.

Unsere erste Landung erfolgte auf einem Feld bei einem
Ort namens Good Hope, und es war, als beträte man ein
anderes Land, die Szenerie eines Westerns. Das mit groben
Grasbüscheln getupfte rote Flachland dehnte sich zu fah-
len, blaugrauen Bergen hin. Die Sonne brannte, und wir
suchten unter den Flügeln des Flugzeuges Schutz. Das
Flugzeug kam alle vierzehn Tage nach Good Hope, und
alles schien auf den Beinen, um es zu begrüßen. Eine Menschenmenge ergab das freilich nicht, und es war schwer zu
erkennen, wo die Leute herkamen, denn abgesehen von
der eingestürzten Hütte neben der Landepiste war nur ein
einziges Haus zu sehen. Fast alle mußten zu Fuß gekommen sein, denn es stand nur ein Landrover da, und der gehörte César Gorinsky, einem ungeheuer gutaussehenden
russischen Emigranten, der als einer der reichsten Siedler
im Rupununi gilt. Sehr zur Atmosphäre eines Hollywood-
Westerns trug auch die Anwesenheit eines hochgewachsenen, schlaksigen, barfüßigen Mannes bei, der wie ein Film-
Texaner aussah, sich wie ein Film-Cowboy kleidete und
mit amerikanischem Akzent sprach. Wie sich herausstellte,
handelte es sich um einen Deutschen aus Hamburg; er war
Gorinskys Assistent.

Fragen der Nationalität schienen bedeutungslos in dieser Umgebung, die zwar fremdartig, gleichwohl aber so

vertraut wirkte, daß die Exoten nicht die Indianer waren, die ich zum ersten Mal in größerer Zahl sah, sondern die beiden schwarzen Polizisten in flotten schwarzen Uniformen und Buschhüten. Es war dies außerdem eine eigenartige Verkehrung der Rollen, daß Schwarze polizeiliche Gewalt über Indianer ausübten: Zur Zeit der Sklaverei beschäftigte man Indianer, um entlaufene Sklaven wieder einzufangen. Und jetzt sprachen diese Polizisten mir gegenüber von den Indianern wie von irgendwelchen primitiven, unberechenbaren Menschen, die man im Auge behalten mußte.

Einer der Polizisten machte eine Handbewegung. »Da drüben ist Brasilien, wissen Sie.« Das Wort begeisterte ihn sichtlich. »Einmal sind sie rübergekommen.« Er lachte. »Aber Sie kennen ja die Engländer und ihr Land. Wir haben sie zurückgejagt, Mann.« Fragen der Nationalität spielten keine Rolle. Hier konnte der schwarze Polizist sich als Engländer bezeichnen, und es wirkte stimmig. Alles, was jenseits der Grenze lag, war brasilianisch; alles, was diesseits lag, war englisch; und der Engländer hatte keinerlei Zweifel, was besser war.

Das zur Beschreibung des Landesinneren von Britisch-Guayana am häufigsten verwendete Adjektiv lautet »riesig«. »Riesig« sind auch die natürlichen Ressourcen; sie sind ausnahmslos »unerschlossen«. So entsteht der Eindruck, als müßten einfach Wälder abgeholzt werden, damit ein reicher neuer Staat wachsen kann. Tatsächlich aber ruht ein Großteil des unerschlossenen Inneren auf unfruchtbarem weißem Sand, und das Problem der Wiederaufforstung bleibt noch zu lösen. Es gibt Bauxit; Gold und Diamanten werden jedoch nur in kleinen Mengen gefördert.

Das Rupununi ist typisch für Britisch-Guayana. Es ist »Savanne«, »Grasland«, »Viehland«. Dennoch kann man einen Tag lang fahren, ohne eine einzige Kuh zu sehen. In der Trockenzeit, in der ich den Boden sah, ist er braunrot und hart und besteht stellenweise aus reinem Laterit. Was wie Gras aussieht, erweist sich als Riedgras. Nur Cashew- und Mangobäume gedeihen, vereinzelte Flecken von Grün in diesem glühenden Ödland. Und die Sandpapierbäume: kleinwüchsig und knorrig, bieten sie das Erscheinungsbild gepflegter Obstbäume und sind zuweilen so gleichmäßig angeordnet, daß die Savanne wie ein endloser Obstgarten wirkt. Aber das ist nur die Mimikry der Natur: Die Blätter dieses Baumes haben die gleiche rauhe Oberflächenbeschaffenheit wie Sandpapier. Zwischen diesen Bäumen stehen die Ameisenbauten, kegelförmige Gebilde aus grauem Schlamm, die bis zu zwei Meter hoch werden. Ameisenbauten und falsche Obstgärten erwecken, zumal wenn man sie auf einem Abhang sieht, den Eindruck, das Land sei fruchtbar und bevölkert. Jeder Bau wirft seinen schwarzen Schatten wie ein urzeitliches Steinmonument, das von einer Nationalstiftung geschützt wird, und man hat das Gefühl, im nächsten flachen Tal wird ein Dorf auftauchen, ein Wirtshaus, das warme Mahlzeiten und kühle Getränke serviert. Aber die Straße geht einfach weiter, vorbei an noch mehr Ameisenbauten und Sandpapierbäumen. Eine graue Palmenkolonnade mit grünen Kronen markiert den Verlauf eines Stromes; die blaugrauen Berge begrenzen den Horizont. Die Illusion ist verflogen; man ist wirklich ganz allein.

Manchmal brennt die Savanne: eine unregelmäßige, langsam vorrückende, flache, stellenweise unterbrochene Flammenlinie, die das Land in zwei Farben teilt: Braun-Grün auf der einen, Schwarz auf der anderen Seite. Über dem weißen Rauch kreisen Falken, um auf die Schlangen und anderen Tiere herabzustoßen, die vor dem Feuer fliehen. Die Brände werden von Ranchern gelegt, um das Riedgras zu verbrennen, welches das Gras erstickt; und, etwas wahlloser und unter Mißachtung der Gesetze, auch von Indianern, die die Savanne gern brennen sehen; zuweilen, so erfuhr ich, stünden ganze Berge in Flammen. Nach einem solchen Brand hat die Savanne etwas wahrhaft Lunares: eine Landschaft, in der gekräuselte, kupferrote Blätter an knorrigen, künstlich wirkenden Bäumen hängen, die sich aus der schwarzen Erde erheben.

In den Tälern wird Balatasaft gewonnen und Tabak angebaut, und zusammen mit der Viehwirtschaft genügt das, um ein paar Leute zu ernähren und einige sogar reich zu machen, aber es reicht kaum aus, um dem Gebiet einen Wert für den Rest des Landes als ganzes zu geben. Das Rupununi ist nicht so sehr ein Land für den Pionier als vielmehr für den Romantiker. Der Pionier möchte in der Wüste Städte entstehen sehen; der Romantiker möchte in Ruhe gelassen werden. Die Rupununi-Siedler möchten in Ruhe gelassen werden; obwohl sie von Georgetown abhängen, herrscht ein unausgesprochener Groll über das Verlangen der Regierung in Georgetown, das Gebiet zu verwalten – die Verwaltung kleiner, weit auseinanderliegender Gemeinden ist eine Belastung für ein armes Land –, und die Beziehung zwischen Beamten und Siedlern ist nicht ganz unproblematisch.

Zum Teil ist dieser Groll fraglos rassisch bedingt. Regierungsbeamte, zumal Polizisten, sind Schwarze; und im Rupununi ist der schwarze Mann von der Küste nach wie vor ein Symbol der Bedrohung und des Terrors: der entlaufene Sklave, einst der Feind des Indianers, nun sein Verderber.

Auf Trinidad gibt es keine Erinnerung an die Sklaverei, in Britisch-Guayana ist es schwer, sie zu vergessen. Schon das Wort »Neger« wird wegen seiner Assoziation mit der Sklaverei von vielen Guayanesen übelgenommen; man zieht das Wort »Afrikaner« vor, das auf Trinidad als schwere Kränkung gilt. Jedermann weiß, daß Indianer entlaufene Sklaven zur Strecke brachten – das war etwas, was ich immer wieder hörte, und zwar von Weiß und Schwarz –, und im Rupununi und wo immer man In-

dianer sieht, ist das eine äußerst unerfreuliche Erinnerung.*

Lethem, das Verwaltungszentrum, benannt nach einem
früheren Gouverneur der Kolonie, ist eine ordentliche,
weitläufige Siedlung von ein paar Dutzend Betonhäusern
im häßlichen karibischen Stil, die von gewellten roten Late-
ritstraßen durchzogen ist. Die Rancher bezeichnen Lethem
als Stadt und sagen, sie sei übervölkert. Zunächst kommt
einem das wie eine Affektiertheit, ein Übermaß an Pfadfin-
dergeist vor, aber nach ein paar Tagen des Reisens durch
die leere Savanne bekommt man allmählich selbst das Gefühl, Lethem sei eine Stadt, die beinahe zu viele öffentliche
Einrichtungen bietet. Sie verfügt über eine Landepiste, einen
Schlachthof, ein Krankenhaus und ein Hotel, ein Kraft-
werk, einen Kricketplatz – die harte Erde von Rupununi
gibt einen guten Untergrund ab – und ein Klubhaus. Auf
der Piste neben dem Schlachthof, von wo aus die blaugrauen Berge in der Ferne flach wirken, starten und landen
in einer roten Staubwolke regelmäßig die Dakotas, schaffen
Versorgungsgüter heran und nehmen Rindfleisch mit. Ab
und zu fliegt von jenseits der Grenze ein kleines Flugzeug
ein, aus dem wie aus einem Taxi ein brasilianischer Kaufmann oder Schmuggler mit Koffer springt (die Grenze ist
nicht überwacht, und es gibt keine Zollkontrollen), der dann

---

* »Nachdem besagte Indianer die Unternehmung zum Abschluß gebracht,
kehrten ihrer sechzig oder siebzig, bewaffnet mit Pfeil und Bogen, nach Da-
geraat zurück, um dem Gouverneur zu berichten: Sie hätten die Wälder gründlich durchkämmt und elf Neger gefunden, welche sie getötet hätten; zum Beweis zeigten sie einen kleinen Stock vor, in welchen ebenso viele Kerben
eingeschnitten waren, und baten um eine Belohnung. Der Gouverneur machte
ihren Hauptleuten, sechs an der Zahl, jeweils ein Stück Salamfore, zwei Krüge
Rum, einige Spiegel und anderen Tand zum Geschenk, womit sie sich völlig
zufrieden zeigten und ins Landesinnere zurückkehrten.« *The Story of the Slave Re-
bellion in Berbice – 1762*, von J.J. Hartsinck (Amsterdam, 1770). Ins Englische
übersetzt von Walter E. Roth. Erschienen im *Journal of the British Guiana Museum
and Zoo*, September 1960.
Desgleichen, wenn auch weniger erfolgreich, wurden in den dreißiger Jahren
des achtzehnten Jahrhunderts auf Jamaika Moskito-Indianer aus Mittelame-
rika eingesetzt, um Maronneger zur Strecke zu bringen.

vielleicht ein, zwei Tage auf das Flugzeug nach Georgetown wartet.

Der Flaggenmast auf dem zweistöckigen Beton-Amtssitz des District Commissioner war so hoch, daß der Union Jack für jeden Brasilianer jenseits der Grenze sichtbar war. Und der District Commissioner, Neville Franker, ein Guayanese, war alles, was ein Polizeipräsident sein sollte. Sein offizielles Auftreten war untadelig und beruhigend; privat war er entspannt, unterhaltsam und als Gesprächspartner von angenehmem Zynismus. Er war neu in der Gegend, und es paßte, daß er in dieser Woche, bei seinem ersten Kricketmatch im Rupununi, an die Reihe kam, als der erste Schläger ausgeschieden war, und mit dreiundfünfzig Punkten das beste Ergebnis erzielte. In diesem Teil der Welt hätte ein Polizeipräsident nicht angemessener auf seine Autorität aufmerksam machen und Flagge zeigen können.

Mittelpunkt des Lebens in Lethem ist Teddy Melvilles Hotel, das am Ende der Landepiste liegt. »Hotel« ist ein zu großes und kaltes Wort für dieses Etablissement, das wie ein großes, schludriges Wohnhaus wirkt, das man mit Mühe und aus den einfachsten Materialien in der Wüste erbaut hat. Das Wort »Herberge«, das an einsame Unterkunft, Willkommen und Wärme denken läßt, paßt besser. Hier kann sich der Tourist, der komfortabel in Flugzeug und Landrover unterwegs ist, schmeicheln, er sei ein Reisender. Es gibt immer ein Plätzchen in dieser Herberge, und wenn es nur eine Hängematte über dem Betonboden der mit Spalieren versehenen Veranda ist, und es gibt immer etwas zu essen.

Die Lehnstühle auf der Veranda sind mit einheimischem Leder bezogen, und an der aus Geweihen gefertigten Hutablage des kleinen Speisesaals hängen Seile und Holster. Ein zutrauliches Schwein geht dort ein und aus und hält den Boden sauber; und ab und zu zeigt sich scheu ein junger Ameisenbär, der sich wackelig die Wand entlangschiebt, auf säulenartigen Beinen, die wie die eines Plüschtiers wirken, jedoch scharfe, gebogene Krallen verbergen, dank derer es das ausgewachsene Tier mit dem Jaguar aufnehmen kann. Überall scheint es Melville-Jungen zu geben: gutaussehend, gut gebaut, mit leichten, geschmeidigen Bewegungen: Man hat den starken Eindruck, sich in einem Western zu befinden. In der Bar, wo man ausgezeichnetes brasilianisches Bier für einen Dollar und dreißig Cent den Liter trinkt, hört man ebenso oft Portugiesisch (oder Brasilianisch) wie Englisch. Das ist, genau wie das portugiesische Etikett *(Industria Brasileira)* auf der ungewohnt großen Bierflasche, keine Illusion: Lethem ist eine Grenzstadt.

Der Neujahrsball war ein großes Ereignis in Lethem. Er fand im Hotel statt, und handgeschriebene, an die Tür zur Bar geheftete Zettel verkündeten, daß eine brasilianische Band spielen würde, die aus Boa Vista kam, das zwei Flüsse, fünf beschwerliche Stunden und hundertdreißig Kilometer entfernt lag. Es kamen außerdem lastwagenweise Brasilianer, denn jede der beiden Grenzstädte, Lethem und Boa Vista, betrachtet die jeweils andere neidvoll als Hort des Lasters und Abenteuers; man hatte mir bereits hinter vorgehaltener Hand verraten, daß es in Boa Vista Bordelle gab.

Die Brasilianer trafen schon am Nachmittag ein und nahmen im Handstreich das Hotel. Zwitschernd und gakkernd belegten die Frauen das Badezimmer mit Beschlag. Und als sie allesamt Stunden später, so schien es, die Spuren der Fahrt von Boa Vista hierher beseitigt hatten, war das Badezimmer mit Haarbüscheln und Wattebäuschen übersät. Auf dem Flur lag eine leere grün-weiße Pappschachtel mit dem Aufdruck *Leite de Rosas* – vermutlich Parfüm – und, natürlich, *Industria Brasileira*.

Ich hatte gehört, daß diese Grenzstadtbälle einst wüste Angelegenheiten gewesen waren und häufig in Schlägereien geendet hatten. Mittlerweile ging es ruhiger zu, und ich hatte das Gefühl, daß Lethem seinen früheren Ruf bedauerte, obwohl sich der Ball nach Ansicht mancher nach wie vor nicht für achtbare Frauen schickte. Die ersten Tänzer waren Indianer, denen die Achtbaren mit hoheitsvoller Nachsicht zusahen, als wüßten sie nicht, warum sie die lange Fahrt, den Aufenthalt im Badezimmer und das *Leite de Rosas* auf sich genommen hatten.

Auf der Veranda, in einiger Entfernung vom Trubel der Tanzfläche, traf ich auf einen achtbaren Brasilianer und zwei achtbare Brasilianerinnen – Portugiesen mit indianischem Einschlag, wie so viele Brasilianer in dieser Gegend –, die müßig in Teddy Melvilles Ledersesseln saßen. Wir versuchten, ins Gespräch zu kommen. Wir versuchten es: Sie sprachen Portugiesisch und konnten nur wenig Englisch, und ich konnte nur ein paar Worte Spanisch. Der Mann war Ingenieur. Seine Frau, von ernster, vornehmer Schönheit, war Beamtin; seine Schwester, leider noch unverheiratet, kam aus Belém und verbrachte einige Zeit bei ihnen. Wir tauschten Adressen aus. Sie drängten mich, Brasilien zu bereisen, ein großartiges Land. Falls ich mich dazu entschlösse, müsse ich sie unbedingt besuchen. Wir schlenderten wieder zur Tanzfläche zurück und gingen auseinander.

Die Indianerinnen tanzten mürrisch, hielten den Blick auf den Boden gesenkt, konzentrierten sich auf ihre Schritte und schienen ihre Partner zu ignorieren. Sie setzten die bloßen Füße leicht stampfend flach auf den Boden. Ich fand sie nicht attraktiv.

Ich hatte mir große Mühe gegeben, mich für die Indianer insgesamt zu interessieren, aber es war mir nicht gelungen. Ich konnte ihre Gesichter nicht deuten, ich konnte ihre Sprache nicht verstehen und einfach nicht abschätzen, auf welcher Ebene eine Kommunikation möglich war. Bei differenzierteren Völkern gibt es bestimmte Menschen, die die Fähigkeit besitzen, ihr Gefühl von Niederlage und Sinnlosigkeit auf einen zu übertragen: emotionale Parasiten, die von der Vitalität zehren, welche man sich mit Mühe bewahrt. Diese Wirkung hatten die Indianer auf mich.

Die deprimierendste meiner Rupunumi-Erinnerungen ist die an das Indianerdorf, in das mich Franker eines Tages mitnahm. »ACHTUNG«, stand in primitiver Schrift auf einem Brett am Dorfeingang. »WIR WOLLEN NICHT, DASS FREMDE DAS DORF BETRETEN, AUSGENOMMEN DIE PRIESTER, DIE ÄRZTE UND DER POLIZEIPRÄSIDENT. DER DORFHÄUPTLING. FELIX.« Das Schild entsprang keiner Initiative der Regierung; es diente dazu, die Dorfbewohner vor den Belästigungen gewisser Politiker zu schützen, für die sie ohnehin nicht stimmen würden. Es war ein kleines Dorf, das aus strohgedeckten Hütten und ein paar primitiven Holzhäusern bestand. Der Lehrer, ein Indianer, bewohnte das größte Holzhaus, das etwas entfernt vom Dorf stand. Und ein anderes Holzhaus beherbergte die Schule, die im Augenblick zwar leer war, an deren Wänden jedoch, genau wie bei vielen anderen Grundschulen, Landkarten, Plakate und Stundenpläne hingen. Diese Schule freilich erzeugte bei ihren Schülern nur Verwirrung und Selbstverachtung.

Pater Quigly, der katholische Missionar, war gerade auf der Durchreise; er hatte in der Schule übernachtet, und seine Hängematte war noch im Zimmer aufgehängt. Während er mit uns sprach, kamen Männer und Jungen zusammen, manche im Schulzimmer, manche draußen im strahlenden Sonnenlicht, die Jungen interessiert und erwartungsvoll, die Alten ohne hinzusehen, als hätten sie das Gefühl, sie müßten dem Polizeipräsidenten ihre Reverenz erweisen und täten dies durch ihre bloße Anwesenheit.

»Faustino«, fragte Pater Quigly, »möchtest du nach Georgetown?«

»Ja, Pater«, sagte ein Junge in grauen Flanellhosen.

Doch was sollten Faustino und andere wie er, die mit ihrem Dorf und ihrer Lage als Indianer unzufrieden waren, in Georgetown? Sie wären dort nur Gegenstand der Verachtung; der eine oder andere würde vielleicht Verkehrspolizist, aber das war alles. Pater Quigly meinte, man müsse ihnen mehr Mitspracherechte gewähren, so etwas wie eine teilverantwortliche, geschützte Anstellung durch den Staat.

Felix, der Dorfhäuptling, in dessen Namen das kühne Verbotsschild geschrieben worden war, wirkte nicht interessiert. Während wir uns unterhielten, saß er zusammengesackt und mit hängenden Schultern auf einer Bank, starrte auf den Boden und ließ die kurzen, in einer weiten Hose steckenden Beine baumeln. Später nahm er uns in seinem tranceähnlichen Zustand zu seiner Hütte mit. Sie war dunkel, schmutzig, staubig und unordentlich, wie die meisten Indianerhütten. Der Anblick von unbedecktem Essen inmitten von Staub und Dreck hat die gleiche Wirkung auf mich wie das Quietschen von Kreide auf einer Tafel; ich war kaum imstande, stehenzubleiben und die Wai-Wai-Raspel – scharfe, in ein Brett eingelassene Steinsplitter – zu bewundern, die, so hatte man mir gesagt, ein seltenes, begehrtes Souvenir war. In diesem Moment empfand ich, daß Ehrfurcht vor Essen – in Form von Regeln und Verboten – unabdingbar für jede Zivilisation ist.

Die Musik spielte die ganze Nacht weiter. Ich wachte periodisch auf: Sie war beruhigend, wie das Geräusch von Regen; es waren aber auch merkwürdige Knurrlaute zu hören, wie man sie aus japanischen Filmen kennt. Und am Morgen herrschte Stille. Die Brasilianer, Band und Tänzer, Beamtin und Ingenieur, waren in ihre Lastwagen gestiegen und nach Boa Vista zurückgefahren. Um die Tanzfläche, auf der Veranda und der Straße lagen leere Bierflaschen herum, und kleine Gruppen von Indianern betrachteten zufrieden das Chaos, zu dem sie beigetragen hatten.

Im Speisesaal saß ein neuer Gast. Er war ein Händler syrischer Herkunft, der an diesem Morgen mit einem kleinen Flugzeug gekommen war und nach Georgetown wollte. Beim Kaffee versuchte er mich zu überreden, Händler zu werden und mich in Brasilien niederzulassen. Ich gab zu bedenken, daß der Handel bei Frachtraten von neun Cent das Pfund für die Strecke von Georgetown nach Lethem nicht gerade ein Zuckerschlecken sein könne.

»Wo liegt das Problem?« sagte er. »Sie zahlen einen Dollar in Georgetown. Na und? Sie zahlen noch mal einen Dollar für den Transport. Also berechnen Sie drei Dollar. Wo liegt da das Problem?«

In Boa Vista fand in dieser Woche irgendeine Messe – für Vieh oder landwirtschaftliche Güter – statt, zu der die Offiziellen von Lethem eingeladen waren. Hewson, der junge englische Landwirtschaftsbeauftragte, der korrektes Khaki trug, am liebsten aber barfuß herumlief, fuhr mit zwei seiner Assistenten hin und erklärte sich bereit, mich mitzunehmen. Wir brauchten keine Pässe, um nach Brasilien zu kommen, mußten jedoch den Takutu durchqueren. Er war an der Furt weniger als hundert Meter breit, und Stöcke markierten den Weg über die tückischen kleinen Sandbänke, in denen der Landrover sofort steckenbleiben würde, sollte er auch nur für einen Moment anhalten. Als der Wagen einzutauchen begann und der Wasserspiegel stieg, hielt ich mir vor Augen, daß der Fluß zweimal die Woche von dem großen Lastwagen aus Boa Vista durchquert wurde.

Schließlich erreichten wir das Ufer. Wir waren in Brasilien. Das Terrain ließ keinerlei Andersartigkeit erkennen, bestätigte in nichts, daß wir in Brasilien waren. Die Savanne war ebenso flach und hell und kahl, der Himmel ebenso hoch und der Boden ebenso hart wie am anderen Ufer. Die Straße verlief zwischen stoppeligen, groben, braungrünen Grasbüscheln: zwei parallele weiße Spuren, durch einen niedrigen, von Karosserien kurzgehaltenen Vegetationsstreifen voneinander getrennt. Und während wir tiefer nach Brasilien vordrangen, empfand ich als Tatsache, was die Landkarten mir bereits verraten hatten: daß die Savanne im Grunde brasilianisch und ihr britischguayanesischer Anteil unbedeutend war.

Wir passierten kleine, aus strohgedeckten Häusern bestehende Ansiedlungen und wurden manchmal auch von Leuten angehalten, Indianern mit portugiesischem Einschlag, die lautstark um *pasagem a Boa Vista* baten. »Kein Platz, kein Platz«, sagte Hewson, worauf sie sich, ohne Groll oder Enttäuschung zu zeigen, zurückzogen, um weiß Gott wie lange auf irgendein Fahrzeug zu warten, das sie nach Boa Vista mitnehmen würde, dessen Lichter hier in der Savanne freilich auch als besonders hell empfunden werden mußten. Einer derjenigen, die uns anhielten, war ein sehr alter, weißhaariger Schwarzer. In der Neuen Welt ist man so daran gewöhnt, Schwarze englisch sprechen zu hören, daß jede andere Sprache aus ihrem Mund überrascht; sie läßt einen die Lage des Schwarzen, der in der Neuen Welt nach vielerlei Bildern geschaffen worden ist, mit frischem Blick sehen. In dieser Savanne war der alte Mann ganz offensichtlich ein Fremder, ein Exot, der dennoch keine andere Sprache, keine andere Landschaft kannte.

Plötzlich bot sich der unwirkliche Anblick eines großen, ungestrichenen Betongebäudes. Es trug in klobigen blauen Buchstaben die Aufschrift POSTO MEDICO, und an den Mauern klebten Wahlplakate mit Fotografien gutgekleideter Politiker mit unaufrichtigen Gesichtern. Es handelte sich um ein Krankenhaus. Aber es hatte keine Ausrüstung, keine Ärzte, keine Patienten: Brasilien, ein großes Land, das – auf dem Papier – jeden Teil seines großen Staatsgebietes versorgt.

Wohin man in der Savanne auch blickt, man sieht – niedrig, verschwommen und weit entfernt – eine Bergkette. Ohne diese Bergketten wäre die Flachheit unerträglich, zumal wenn auch noch die Sandpapierbäume verschwinden und die verkrümmten Äste eines einzigen abgestorbenen weißen Baumes an der Straße, den man schon lange, bevor man ihn erreicht, bemerkt hat, die Leere filmhaft einrahmen und ihr Maß erahnen lassen. Und dann sieht man keine Bergkette, sondern – gefällig, unvermittelt, alleinstehend – einen einzelnen Hügel; man kann den Blick nicht davon wenden; er wächst, er gewinnt an Größe; er ist keineswegs gefällig. Es ist kein Hügel, den man kennt; seine kleinen Geröllhalden, das Auftauchen und Schwinden seiner spärlichen Vegetation spielen keine Rolle; er existiert nur als Orientierungspunkt.

Die Savannenlandschaft verändert sich unaufhörlich. In feuchten Senken gibt es waldähnlichen Busch. Am reizvollsten aber sind die Bäche. Das Land um sie herum ist grün, im klaren Wasser spiegeln sich Palmen. Wir hielten an einem an, um uns die Gesichter zu befeuchten und die Füße einzutauchen; während wir noch dabei waren, kam ein Landrover durch das Grün, preschte durch die flache Furt und raste in einer Staubwolke davon. Es war César Gorinsky aus dem Rupununi, der wie wir nach Boa Vista unterwegs war. Wir folgten, konnten ihn aber nicht einholen. Er kannte die Straße, und der von seinem Landrover aufgewirbelte Staub schien sein großartiges fahrerisches Können zu unterstreichen.

Das Land wurde grüner. Wir passierten eine *fazenda*: ein zwischen Bananenbäumen und einem Orangenhain gelegenes, gekalktes Haus mit blauen Verblendungen. Vom Hof aus beobachteten uns Kinder, und ein Schild nannte den Namen des Ortes: Good Hope. Dann waren wir mit einemmal am Ufer des Rio Branco, eines Nebenflusses des Amazonas. Kleine Inseln verstellten den direkten Blick nach drüben, und die ehrfurchtgebietende Breite des Flusses ließ sich nur anhand der langen Reihe wenig ansehnlicher weißer und brauner Häuser hoch am anderen Ufer ermessen, das von der untergehenden Sonne in zartes Licht getaucht wurde: Boa Vista, Stadt des Abenteuers, mit einer ganzen Straße von Bordellen. Zwischen unserem Ufer und der nächstgelegenen Insel erhoben sich weiße Sandbänke aus dem trüben Wasser, und einen Moment lang frönte man der kindlichen Phantasie, man könnte von einer Sandbank zur nächsten und auf diese Weise bis zu der Insel hüpfen, die niedrig und flach war.

Nun sahen wir auch, warum Gorinsky sich so beeilt hatte. Er hatte gehofft, die Fähre zu erwischen, die nur zwei

Fahrzeuge auf einmal mitnahm, und er war zweiter in der Schlange, hinter einem knallig lackierten Willys-Jeep (*Industria Brasileira*, bis hin zu den Reifen). Die Fähre hatte soeben abgelegt und würde frühestens in einer Stunde wiederkommen. Der Fahrer des Willys-Jeeps, ein brasilianischer Offizier, sagte düster resigniert, daß der Fährdienst vielleicht sogar bis zum anderen Morgen eingestellt würde. Wir saßen am Ufer und aßen Orangen, und die Häuser von Boa Vista wurden mit sinkender Sonne immer lieblicher.

Ein kleines Boot mit Außenbordmotor legte an, dessen Fahrer sich erbot, Passagiere ans andere Ufer zu bringen, und Hewson beschloß, mich mit einem seiner Assistenten hinüberzuschicken. Als wir ablegten, wurde dem Bootsführer nachgebrüllt, er möge den Fährmann daran erinnern, wiederzukommen. Wir fuhren zwischen den Inseln und Sandbänken hindurch im Zickzack über den Fluß, und es dauerte zwanzig Minuten, bis wir die andere Seite erreichten. Dicht am Ufer badeten scharenweise Frauen und Kinder. Mittlerweile dämmerte es. Vor dem hellen Himmel und Fluß zeichneten sich Bäume und vertäute Boote ab. Wir stiegen die steile Uferböschung hinauf und kamen an eine ungepflasterte Straße, die wie eine Baustelle voller Löcher und Unebenheiten war.

Boa Vista ist eine groteske Stadt: vereinzelte Gruppen schäbiger Häuser an breiten Straßen, die nach den Vorstellungen eines meisterlichen Stadtplaners projektiert wurden. Nur sind die Straßen, bis auf kurze, abrupte und willkürliche Teilstücke, leider noch nicht fertig. Die Planer haben für das Jahr 2000 geplant, und was dann prächtige Alleen sein werden, verbindet einstweilen auf roter brasilianischer Erde nichts mit nichts. Das hat unter anderem das Kuriosum zur Folge, daß Boa Vista nach der Einwohnerzahl eine kleine Stadt ist, deren Entfernungen jedoch großstädtisch bemessen sind, ohne daß durch großstädtische Busverbindungen Erleichterung geschaffen würde. Laternenpfähle, Teil der Zukunftshoffnungen, säumen die wohlgeplante Trostlosigkeit, und man hat eine Reihe großer Gebäude, darunter einen Schlachthof und ein Krankenhaus – beide noch nicht in Dienst gestellt – errichtet, dies alles in Erwartung der Zukunft und einer Zunahme der Bevölkerung, die derzeit hauptsächlich aus einander verwaltenden Beamten und aus Schmugglern besteht, die die Beamten versorgen; aus wirtschaftlichen und praktischen Gründen duldet der brasilianische Staat den Schmuggel in dieser Gegend.

Ein Taxi, ein offener Willys-Jeep – nur Jeeps können auf diesen Straßen fahren –, brachte mich zum Hotel, einem der für Anno domini 2000 errichteten, eindrucksvollen Gebäude. Fraglos wird es in jenem Jahr eine beherrschende Position in einem herrlichen Stadtzentrum einnehmen, wo schneidige, unbestechliche Polizisten in von Bäumen gesäumten Prachtstraßen den Verkehr regeln und in gepflegten Gärten Springbrunnen sprudeln; im Augenblick aber war dieses Stadtzentrum noch ein riesiges, gesichtsloses Staubloch, durch das regelmäßig farbenprächtige, mit fröhlichen Brasilianern vollgepackte Jeeps flitzten und rote Staubwolken aufwirbelten, die die Laternenpfähle und Strommasten, von denen die Stadt starrt, sowie die durch die Entfernung verkleinerten Häuser am anderen Ende des Loches verdeckten. Das Hotel, neu und rosa, kam einem schon wie eine Ruine, wie ein Überbleibsel einer auf dem Rückzug befindlichen Kultur vor. Es roch nach Nichtbenutzung. Zwei barfüßige Kinder, schmutzig und schüchtern, in Kleidern, in die sie nach hiesigem Brauch erst noch hineinwachsen mußten, brachten mich zu meinem Zimmer: ein Bett, ein Stuhl, eine Leselampe ohne Birne, ein häßlicher Schrank aus stumpfem Holz, ein Heißwasserhahn, der nicht funktionierte und möglicherweise nie funktioniert hatte, ein Fenster, das auf einen Flecken Ödland hinausging, auf dem viel Müll abgeladen worden war. Nach alldem empfand ich es als Unverschämtheit, daß der Mann am Empfang nach meinem Paß fragte, als ich hinausging. Ich wechselte von Spanisch, das ich zuvor mit ihm gesprochen hatte, zu Englisch über und sagte ziemlich verärgert, daß ich keinen hätte. Er zuckte mit den Achseln, zog seine Bitte zurück und stocherte weiter in den Zähnen.

Dunkelheit kaschierte den Staub und das Fehlen von Gebäuden. Ringsum funkelte Boa Vista, soweit das Auge reichte, von elektrischen Lichtern, scheinbaren Markierungen der Boulevards, Plätze und halbmondförmigen Straßen einer Großstadt, die üppige Sinnesfreuden verhieß. Ich wollte allerdings das Staubloch vermeiden und hielt auf eine kurze, aus verfallenden Holzhütten bestehende Straße rechts vom Hotel zu, als Hewsons Assistent mich mit sanfter Gewalt abdrängte und verlegen sagte: »Die Frauen in der Straße da sind *schlimm*.«

»Inwiefern schlimm?« fragte ich.

Mittlerweile war er äußerst betreten. »Na, schlimm eben«, sagte er, wie ich fand, in unaufrichtigem Ton. Dann fügte er, als müßte er die Sache einem Kind erklären, hinzu: »Sehen Sie, *schlimme* Männer gehen in diese Straße, um sich mit diesen *schlimmen* Frauen zu treffen.«

Ich ließ es dabei bewenden. Wir gingen quer durch das Staubloch zu einer asphaltierten Straße. Die in der Stadt so seltene ebene Fläche wurde ausgiebig genutzt; sie war mit riesigen Wahlparolen in weißer Farbe beschrieben. Nachdem wir in einer schäbigen Bar, die nach Hundedreck roch – alle Bars, so fand ich später heraus, rochen nach Hundedreck –, ein Bier getrunken hatten, ließ Hewsons Assistent mich allein, und ich beschloß, den brasilianischen Ingenieur und seine beamtete Frau zu besuchen, die ich in Lethem kennengelernt hatte.

Sie bewohnten ein kleines weißes Haus in einer Straße, in der sich lauter kleine weiße Häuser drängten. Wie alle Häuser dort und wie die meisten Gebäude in Boa Vista trug es die Buchstaben P.N., die für »Patrimonio Nacional« standen, dem brasilianischen Ausdruck für Staatseigentum.

Ich überraschte sie dabei, wie sie in ihrem staubigen Hof unter einem Mangobaum, in dem eine starke, grell leuchtende Glühbirne hing, die Abendkühle genossen. Nie ging eine Stadt verschwenderischer mit Licht um, nie war eine so von Kabeln durchzogen. Ich rief vom ungepflasterten Bürgersteig aus, und sie beschirmten mit der Hand die Augen gegen das elektrische Gleißen und stießen dann eher ungläubige denn entzückte Schreie aus. Die Schwägerin aus Belém saß an einer Nähmaschine und verarbeitete Stoffstücke, die sie in Lethem gekauft hatte. Der Ingenieur hatte dieselben Kleider an, in denen ich ihn schon in der Ballnacht gesehen hatte: weiße Hosen und ein grünes Hemd mit Streifen. Seine Frau, die Beamtin, trug flauschige Hausschuhe. Meiner Meinung nach eigneten sie sich nicht für den Staub, der zentimeterdick war, ein Wirrwarr von Fußabdrücken, die das starke Licht schwarzweiß hervorhob.

Auf die gedämpften Willkommensrufe meiner Gastgeber hin kam aus dem kleinen, staatseigenen Haus eine, wie es schien, komplette weitere Familie heraus, aber die Beamtin, deren Ernst ich mittlerweile als Melancholie interpretierte, stellte sie als Verwandtschaft ihres Mannes vor. Dieser wurde Bier holen geschickt; und sie begab sich ins vordere Zimmer – das sogleich erstrahlte, so daß sich blendendes Licht über die unfertige Straße und durch das Seitenfenster in den Hof ergoß – und kehrte kurz darauf mit einer Flasche einer weißen Flüssigkeit zurück, einer brasilianischen Spezialität, wie sie sagte, die sie selbst zubereitet hatte. Das Getränk erwies sich als Saft des Sauersacks, der in der Karibik in jedem Hinterhof wächst und keiner Pflege bedarf. Wir tranken den Saft, und als der Ingenieur mit dem Bier zurückkam, tranken wir es rasch, damit es nicht warm wurde; dabei unterhielten wir uns, so gut es eben ging.

Keiner von ihnen stammte aus Boa Vista, das, wie sie mir verrieten, für Brasilianer ein Witz sei, eine Stadt, die irgendwo hinterm Mond liege. Sie befürchteten, daß ich einen schlechten Eindruck von Brasilien bekäme; ob ich schon Bilder von Brasilia gesehen hätte? Dann wollte der Ingenieur wissen, ob ich Shakespeare gelesen hätte. Im Original? Er betrachtete mich mit Neid und Staunen. Er sei selbst ein Bücherwurm. Ja, bestätigte seine Frau, er sei ein leidenschaftlicher Leser. »Camoëns, Dante, Aristoteles«, sagte der Ingenieur, »Shelley, Keats, Tolstoi.« Und dann warfen wir uns eine volle Minute lang Namen von Schriftstellern zu, und der Ingenieur begrüßte jeden, den er kannte, mit einem »Ah!«. Ja, meinte er zum Schluß, das Lesen sei etwas Großartiges; es bringe den Menschen voran.

Mangos klatschten zwischen uns auf den Boden, während wir uns unterhielten; das jedesmal ausbrechende Gelächter überbrückte Lücken im Gespräch und erfüllte es mit Leben. Bevor ich mich verabschiedete, sagte die Beamtin, sie würde mir am nächsten Tag gern die Stadt zeigen. Das wäre sehr nett, antwortete ich, aber wie es denn mit ihrer Arbeit aussehe? Sie lächelte und zuckte die Achseln; sie würde mich um neun im Hotel abholen.

Auf dem Rückweg durch die tote, mondhelle Stadt ging ich die Bordellstraße entlang. Winzige schwarze Ströme, die im Licht schimmerten, hatten tiefe Rinnen in die harte Erde geschnitten. In ein, zwei heruntergekommenen Holzhütten spielte Musik, aber nicht laut, und ein paar Leute tanzten, aber nicht wild. Die Frauen waren dick, nicht jung und unscheinbar. Sie machten einen unsauberen Eindruck und hatten sich so wenig bemüht, »schlimm« zu wirken, daß ich mir nicht sicher war, ob es sich um Prostituierte handelte; so sehr unterscheiden sich Erscheinung und Reiz der Prostitution von Kultur zu Kultur. Ich ging geradewegs weiter zum Hotel. Als ich in meinem Zimmer das Licht anmachte, wuselten Kakerlaken in alle Richtungen davon. Die Moskitos rührten sich nicht. Wegen des Müllgestanks von dem unbebauten Grundstück schloß ich das Fenster und rieb mich dann von Kopf bis Fuß mit Insektenschutzmittel ein, was der warmen Muffigkeit des Zimmers einen weiteren Geruch hinzufügte. Das Etikett auf der Flasche versprach mir Schutz für mindestens vier Stunden.

Der Speisesaal war weitläufig und hoch und wurde von vielen Fenstern erhellt; er hätte wie eine Turnhalle gewirkt, wenn der riesige L-förmige Tisch ihn nicht wie eine teilweise demontierte College-Halle hätte aussehen lassen. Am nächsten Morgen traf ich dort einen einzigen Gast an. Er begrüßte mich mit der Herzlichkeit eines Menschen, den die Einsamkeit zur Verzweiflung treibt. Auf spanisch erzählte er mir, daß er aus Rio komme, Händler sei (vermutlich meinte er Schmuggler) und seit drei Tagen in Boa Vista auf ein Flugzeug warte. Er sei im einzigen Kino gewesen, er habe sämtliche Bars abgeklappert; nun gebe es nichts mehr zu tun – er werde noch wahnsinnig. Ich fragte ihn, ob er schon in den Bordellen gewesen sei. Ja, antwortete er freudlos, das sei er; und er wollte fortfahren, als hinter uns ein scharfes metallisches Flattern zu hören war. Wir drehten uns um und sahen – so schien es jedenfalls – einen Vogel, der mit den Flügeln gegen eine Fensterscheibe schlug. Der Mann aus Rio stand auf, trat ans Fenster, legte die Hand über das Geschöpf und beendete damit das aufgeregte Gezappel. »Kakerlak«, meinte er und steckte es in die Tasche. Seine leuchtenden Augen trübten sich, sobald er an den Tisch zurückkam, und er redete wie jemand, der Mitleid heischt. Ja, er sei in den Bordellen gewesen, und zwar gestern abend; aber die Frauen seien *viejas, feas y negras*, alt, häßlich und schwarz.

Von der Beamtin die Stadt gezeigt zu bekommen hieß, daß ich die landwirtschaftliche Messe verpaßte, die mir vielleicht eine andere Perspektive von Boa Vista vermittelt hätte; Hewson sagte später, sie sei eindrucksvoll gewesen. Die Beamtin kam mich kurz nach neun abholen, nachdem sie ihr Tagespensum erledigt hatte. Wie die meisten Beamten in Boa Vista, sagte sie, habe sie wenig zu tun. So begannen wir, durch den heißen Staub zu stiefeln. Der Geruch von Hundedreck war ebenso unentrinnbar wie der Anblick halbverhungerter Straßenköter, die mit dumpfen, törichten Gesichtern kopulierend aneinanderhingen. Von den Kindern, die ich sah, hatten nur wenige keine Hautkrankheit; ein oder zwei waren entstellt. Wir gingen zu der primitiven Druckerei, in der das stümperhafte Regierungsblatt hergestellt wurde; die meisten Leute dort hatten augenscheinlich nichts zu tun. Außerdem gingen wir zu einem kleinen, unhygienischen Markt, auf dem bis auf ein paar indianische Strohfächer nur Importware angeboten wurde; einer von Nonnen betriebenen Entbindungsklinik, in der es bewundernswert geordnet und sauber zuging; und schließlich zum Regierungspalast, dem Nervenzentrum der Verwaltung.

Der Palast war ein weitläufiges, unscheinbares Betongebäude voller Beamter, Schreibmaschinen, Akten und Stille. In einem mit Teppichboden ausgelegten Zimmer zeigte man mir den Schreibtisch des Gouverneurs, riesig und unbesetzt (der Amtsinhaber hielt sich vermutlich auf der Messe auf). An der Wand hing eine überdimensionale farbige Karte von Brasilien, die verdeutlichte, wie groß das Land – welch einen winzigen Teil davon hatten wir gestern durchmessen – und wie abgelegen Boa Vista war. Auf einem Beistelltisch lagen zwei großformatige weiße Alben. Die Beamtin drängte mich, sie aufzuschlagen. Ich erwartete Pläne, Karten und Fotografien von Industrieprojekten. Statt dessen sah ich in hochhackigen Schuhen Schönheitsköniginnen aus sämtlichen Staaten und Territorien Brasiliens: Miss Rio Branco, Miss Amazonas und so weiter. Von der Beamtin und der Sekretärin mit tolerantem Lächeln bedacht, blätterte ich eine Hochglanzfotografie nach der anderen, eine Schönheitskönigin nach der anderen um und bewies so meine Männlichkeit, weil ich die brasilianische Weiblichkeit nicht kränken wollte. In einer Glasvitrine auf einem Flur war das Modell einer hervorragend geplanten, in ihrer Schlichtheit und Symmetrie idealen Stadt zu sehen. Das war das künftige Boa Vista. Ich erkannte es nicht wieder und fragte, wo in dem Modell das Gebäude stand, in dem wir uns gerade befanden. Keiner konnte es mir sagen.

Wir kehrten auf einen Drink in das zum Nationalvermögen zählende Haus zurück. Ein Hausierer kam vorbei, der zu einem hohen Preis aus Britisch-Guayana eingeschmuggelte Stoffe anbot. Man kaufte etwas, der Mann wurde entlassen, und dann kam der Ingenieur nach Hause. Seine Kleidung war voller Farbflecken; seine Frau entschuldigte sich für ihn und erklärte, er habe den ganzen Vormittag ihren Wagen repariert und lackiert. Zum Mittagessen trennten wir uns. Meines ließ zu wünschen übrig. Kein Fisch, weil Boa Vista eine Beamten-, Rancher- und Schmugglerstadt war und kein Mensch es lohnend fand, im Rio Branco zu fischen. Kein Gemüse, weil die japanischen Einwanderer nicht genügend produzierten oder weil es nicht genügend Japaner gab.

Am Nachmittag gingen wir mit der Schwester des Ingenieurs zu der an einen Schuppen erinnernden Dependance der brasilianischen Fluggesellschaft, um ihren Rückflug nach Belém zu buchen: Offenbar konnten Beamte und ihre Angehörigen in Brasilien überallhin umsonst fliegen. Nach der Fluggesellschaft war unsere Besichtigungstour vorbei. Ich war froh darum. Ich hatte genug von Sonne, Staub und halbverhungerten Straßenkötern. Wir bogen in eine aus kleinen weißen Häusern bestehende Straße ein. Und da, direkt vor uns, war der Ingenieur.

Er stand auf einer Leiter. Zwischen seinen Lippen hing eine Zigarette, und er hielt einen Pinsel in der Hand. Er war damit beschäftigt, als einer von drei Malern die Wand eines staatseigenen Hauses zu streichen. Was sollte ich machen? Wenn seine Frau, die Beamtin, mir nicht erzählt hätte, daß er sich den Vormittag über mit ihrem Wagen beschäftigt hatte, hätte ich stehenbleiben und wir hätten uns zulächeln können.

Ich übersah den Ingenieur. Ich ging weiter. Die beiden Frauen blieben ein Stückchen zurück; ich hörte, wie ein paar leise Worte gewechselt wurden. Im nächsten Moment hatte ich das Haus passiert; wieder einen Moment später hatten die Frauen mich eingeholt. Wir erwähnten den Ingenieur mit keinem Wort. Hatte ich einen Fauxpas begangen? War ich grob unhöflich gewesen? Am Hoftor ihres Hauses verabschiedeten wir uns voneinander. Sie baten mich nicht herein. Ich bedankte mich bei ihnen für ihre Freundlichkeit. Ich wollte mehr als nur förmliche Worte finden; aber die Sprache stand zwischen uns. Ich war ein Wildfremder, und sie waren sehr gastfreundlich gewesen. Unglücklich ging ich durch breite, staubige Boulevards zum Hotel zurück und hoffte dabei, sie niemals wiederzusehen.

Dazu kam es auch nicht. Von der Savanne her setzte ein kräftiger Wind ein, der das Stadtzentrum in Staub hüllte. Die Leute liefen mit vors Gesicht gebundenen Taschentüchern herum. Für den Rest meines Aufenthalts in Boa Vista flaute der Wind nicht mehr ab, und der Mann aus Rio und ich saßen im Hotel fest, aßen Orangen und sahen dem Staubsturm zu.

César Gorinsky nahm mich mit zurück nach Lethem. Er war ein bewunderungswürdiger Fahrer. Die Nacht brach herein, als wir uns noch in der brasilianischen Savanne befanden, und so mußten wir den Takutu im Scheinwerferlicht des Landrovers durchqueren. Am nächsten Tag warteten im Hotel eine ganze Menge Leute auf das Flugzeug nach Georgetown: Rupununi, das aus den Schulferien an die Küste zurückkehrte, ein paar Urlauber, die sich auf verschiedenen Ranches aufgehalten hatten, und ein paar hohläugige brasilianische Händler mit ihren unansehnlichen Koffern.

Wie bei Atkinson Field der Busch angefangen hatte, so schien nun im Hotel die Küste anzufangen. Selbst die dortige Politik war schon bei uns, in Gestalt einiger Ausgaben einer Zeitung namens *Sun*, deren Slogan »Ein Platz an der

Sonne für jeden« lautete. Die *Sun* war das Organ der United Force (»Have Foresight – be a Forcite«), einer Partei, die Anfang des Jahres von Mr. Peter D'Aguiar, einem Geschäftsmann portugiesischer Herkunft aus Georgetown, gegründet worden war. Die United Force war gegen Jagan, gegen Burnham, gegen die Linke. Sie verhieß »Einheit und Integration für die sechs Rassen« (Inder, Afrikaner, Portugiesen, Weiße, Mischlinge, Indianer); und diesen Rassen verhieß sie »mehr Arbeit, mehr Lohn, mehr Gewerbe, mehr Land, mehr Bildung, mehr Geld«. Etwas für jeden: »mehr Geld«, so stand zu vermuten, für jene, die sich von »mehr Lohn« bedroht fühlten.

Die Titelseite der *Sun*, die ich sah – Jg. 1, Nr. 8 –, ziert eine Fotografie von Mr. D'Aguiar, wie er lächelnd, einen Füller in der Hand, hinter einem Schreibtisch sitzt, auf dem ein Schild mit seinem Namen und den Worten »Leitender Direktor« steht. Hinter ihm sind ein Aktenschrank aus Metall und ein Safe zu sehen. Unter der Fotografie ist Mr. D'Aguiars Neujahrsbotschaft wiedergegeben, eine düstere Botschaft, die das Lächeln und den Safe Lügen straft.

Meiner Ansicht nach wäre es heuchlerisch, den Guayanesen insgesamt zu diesem Zeitpunkt in der Geschichte ihres Landes ein frohes und gedeihliches neues Jahr zu wünschen, da aufgrund von Arbeitslosigkeit, Unterentwicklung und dementsprechend fehlender Mittel zur Sicherung der für Glück und Gedeihen erforderlichen Grundvoraussetzungen so viel Not und Kummer herrschen.

Meine Neujahrsbotschaft an meine Landsleute lautet, daß wir uns allesamt aufraffen und daranmachen müssen, die deprimierenden Verhältnisse zu beseitigen, von denen wir in unserer Heimat umgeben sind.

Wie ist das zu schaffen? – Das ist die Frage, die mir von allen Seiten entgegenschallen wird. Meine Antwort heißt: »Unser Land ist ein potentiell reiches Land.« Ein Mitarbeiter der I.C.A. sagte uns kürzlich, er sei, wenn er sich in B.G. umsehe, versucht zu sagen, wir säßen auf unserem Vermögen. Meiner Ansicht nach werden wir erst

*dann glückliche und gedeihliche neue Jahre erleben, wenn unser Land
durch große Investitionen erschlossen und sein Reichtum den Menschen verfügbar gemacht wird.*

Nun zum Nachrichtenteil. Die Titelgeschichte lautet: »$ 5500
Prämien für Angestellte von Wong & Khan«. In diese
Summe teilen sich einhundert Arbeiter, und auf Seite fünf
findet sich ein Foto von Mr. Khan, der, mit hochgekrem-
pelten Ärmeln und lächelnd, einem Arbeiter die Hand
schüttelt und einen Scheck überreicht. Im Hintergrund
lächelt jemand, bei dem es sich um Mr. Wong handeln
könnte, direkt in die Kamera. »Die Arbeiter überschütte-
ten Mr. Wong, Mr. Khan und die Firma mit Lob«, obwohl
»Mr. Khan sagte, die Arbeiter bemühten sich noch zu wenig um die Zusammenarbeit mit ihren Kollegen und er
hoffe, sie würden die Probleme mit Beginn des neuen Jahres von einer anderen Warte aus sehen und alle an einem
Strang ziehen.«

Außerdem ist eine Anzeige abgedruckt, mit der, trotz
Mr. D'Aguiars Düsterkeit, »Geschäftsführung und Beleg-
schaft« der Firma Wong und Khan sämtlichen Kunden und
Freunden ein glückliches und gedeihliches neues Jahr
»wünscht« [*sic*]; und ein Foto auf Seite acht zeigt merkwür-
digerweise Mr. D'Aguiar persönlich, wie er Hände schüttelt und Grüße zum Fest entbietet.

Der Leitartikel, in dem behauptet wird, Dr. Jagan sei
Kommunist und Mr. Burnham »mit äußerster Vorsicht zu
genießen«, da »das Stigma des Kommunismus sich nicht so
ohne weiteres abschütteln läßt«, rechnet es Mr. D'Aguiar
als Verdienst an, daß er »den einzigen konstruktiven Plan
zur Entwicklung von Britisch-Guayana« vorgelegt habe. Es
gibt Anzeigen für die United Force und die *Sun*, I-Cee-Limonade und Banks-Beer (beides D'Aguiar-Unternehmen).
Und es wird eine Rede von Dr. John Fredericks wiedergegeben:

Möchten Sie Anteilseigner eines rentablen Unternehmens wie Bank Breweries werden oder weiterhin Steuern zahlen müssen, um marode Staatsbetriebe wie das Railway Department und die Pasteurization Plant am Leben zu halten, und dann erzählt bekommen, sie gehören Ihnen, weil sie in Staatsbesitz sind?

Bei all diesen Anliegen kommt auch Gott nicht zu kurz. Eine religiöse Kolumne (amerikanischer Herkunft, ihrem Stil und ihrer Rührseligkeit nach zu urteilen), die davon ausgeht, daß man, ganz gleich in welchem Beruf, »etwas tun kann, um in der heutigen Welt den Werten, die man vermißt, wieder Geltung zu verschaffen«, erzählt die Geschichte eines jungen New Yorker Bankangestellten, der seinen Beruf aufgab, um Lehrer zu werden, obwohl er dadurch eintausendachthundert Dollar pro Jahr einbüßte.

Zur Begründung führte er an: »Wenn die kleinen Augen vor mir in der Erkenntnis aufleuchten, eine neue Entdeckung gemacht zu haben, dann ist die Gewißheit, daß ich ein Werkzeug dieser Entdeckung war, jedes Opfer wert.«

Eine andere Geschichte aus der Zeit der Segelschiffahrt berichtet von dem jungen Matrosen, den panische Angst überfällt, als er während eines Sturmes den Mast hinaufsteigt. »Schau nicht nach unten, Junge!« ruft der Maat. »Schau nach oben!« Das tut der Junge und gelangt wohlbehalten wieder hinunter.

Wenn Sie »nach oben«, zu Gott, und hinaus auf die großen Menschheitsfragen schauen, werden Ihre persönlichen Probleme Ihnen nebensächlich erscheinen und sich leichter lösen lassen.

Zu den Fluggästen, die auf der Veranda des Hotels in Lethem warteten, gehörte auch ein farbiges Mädchen aus Georgetown. Sie sagte, sie mache sich nichts aus Politik, sei aber wohl für D'Aguiar. Die anderen Politiker seien

Kommunisten. Und: »Man braucht sich bloß anzusehen, was Mr. D'Aguiar mit Banks-Bier für das Land getan hat.«

So unwahrscheinlich es klingt, es gibt hier tatsächlich einen Zusammenhang. In der Karibik gehören Brauereien stets zu den ersten Industrieprojekten. Sie gelten als Zeichen von Fortschritt und Verheißung von Modernität, und ein einheimisches Bier ist der Stolz der Einheimischen: Red Stripe auf Jamaika, Parbo in Surinam, Carib auf Trinidad, Banks in Britisch-Guayana. Wo immer man in Britisch-Guayana positive Worte über die United Force hörte, war von Banks-Bier die Rede.*

Der Trinker in der Pension in Georgetown war immer noch betrunken, stöhnte immer noch, lag immer noch im Bett. Ich zog um.

Georgetown, die herrlichste Stadt der britischen Karibik, ist für den Besucher die nervtötendste. Man versuche einmal, morgens eine Tasse Kaffee zu bekommen. Es ist ein Ding der Unmöglichkeit. Am Vortag hat man seine Abneigung gegen lauwarmen »Instant«-Kaffee kundgetan, zumal wenn der Kaffee ins Wasser und nicht das Wasser über den Kaffee gegeben wird; heute also serviert einem das Hotel einen halben Teelöffel Kaffeesatz vom vergangenen Jahr in einem halben Liter lauwarmem Wasser, weil man in seiner Torheit gesagt hat, man »benutze« gemahlenen Kaffee – »benutzen« ist bezeichnenderweise das guayanesische Wort für »trinken« oder »essen«. Reklamationen sind zwecklos. Die indischen Kellner sind vor Überarbeitung träge und zu verschüchtert von den Beschimpfungen der Arbeitgeber und Gäste, um irgend etwas zu begreifen. (»Ich behandle meine Leute gut«, beschwerte sich ein Inder gestern abend wütend

---

* Bei den Wahlen von 1961 bekam Dr. Jagan zwanzig Sitze, Mr. Burnham elf und die United Force vier. Ein paar Monate später kam es zu Unruhen unter den Schwarzen, danach zu einem von Amerika unterstützten Streik. Es gab viele Todesopfer. Das Verhältniswahlrecht kostete Dr. Jagan schließlich seine Mehrheit.

bei der Eigentümerin, »aber Dienstboten gehören zu einer anderen Kategorie als ich, damit das klar ist.« – »Ich weiß, ich weiß«, antwortete sie voller Mitgefühl für seine Leiden.) Wenn man morgens um Viertel nach sieben nach unten kommt und sich erkundigt, warum man nicht wie gewünscht um halb sieben geweckt wurde, antwortet der Kellner mittleren Alters mit einem Ausdruck panischen Entsetzens, es sei noch nicht halb sieben. Ein Schluck Kaffee, und man weiß, daß man trotz des Plastik-Zierdeckchens auf dem gelbkarierten Wachstuch nichts mehr davon trinken kann.

Also geht man auf der Suche nach Kaffee schwitzend durch die heiße, weiße Stadt. Die Cafés servieren nur kalte Getränke. Man ruft einen Bekannten an, der ein Café mit anheimelndem Namen empfiehlt. Man erkundigt sich bei mehreren Einheimischen nach dem Weg und wird nicht aus Bosheit oder Unkenntnis, sondern aus reiner Dummheit in die Irre geführt. Irgendwann erreicht man dann doch, sagen wir: Kate's Kitchen. Man wartet eine Viertelstunde; man bestellt ein halbes dutzendmal; und ein halbes dutzendmal notiert irgendeine apathische portugiesische, afrikanische oder indische Kellnerin, deren Trommelbauch auf Verstopfung schließen läßt, mit analphabetischer Bedächtigkeit die einfache Bestellung, als wäre ihr Bleistift ein Griffel und ihr Notizblock bestünde aus Wachs. Es kommt allerdings kein Kaffee. Man ist in Kate's Kitchen nicht bekannt; deshalb wird man nicht bedient.

Nach einer halben Stunde erhebt man sich – schwitzend, denn in dem unbelüfteten Café ist es heiß – und ertappt sich dabei, daß man voller Leidenschaft, aber deutlich artikuliert sagt: »Ihr Guayanesen seid das langsamste Volk, das mir je untergekommen ist.« Der einzige, den diese Worte berühren, ist man selbst; die Kellnerinnen glotzen einfach vor sich hin, und man tritt, vor Wut zitternd, hinaus in das weiße Licht und tröstet sich dabei mit den Schimpfworten, die einem gerade in den Sinn gekommen sind.

Ungastlich, reaktionär und lethargisch, außer sie wollen einen ausnehmen – so lauteten die Worte. Und von da an spielte ich jedesmal mit ihnen, wenn mir vor Frustration der Kragen zu platzen drohte, änderte ein Adjektiv, fügte eines hinzu, bis ich imstande war, »nach oben und hinaus auf die großen Menschheitsfragen zu schauen«.

Genauso unmöglich ist es, eine vernünftige Mahlzeit zu bekommen. So ziemlich das einzige, was die Restaurants und Hotels von Georgetown anbieten, ist »chicken in the rough«, und sofern man die Leidenschaft der Guayanesen für dieses »moderne« Gericht mit der amerikanischen Bezeichnung – nichts weiter als ein in einem Korb serviertes Stück Brathuhn (die Körbe haben es den Guayanesen angetan) – nicht teilt, muß man eben hungern. Es dauert fünfzehn Minuten, bis man eine Speisekarte, und eine Stunde, bis man seine Rühreier bekommt. Sie können sich nicht beschweren: Der Mann hat sich beeilt. Im Hotelzimmer kann man nicht kochen, auf der Straße kann man nicht kochen. Was also soll man machen? Die folgenden Auszüge aus meinem Tagebuch, die sich wie Auszüge aus dem Tagebuch eines vor Hunger entkräfteten Forschungsreisenden lesen, sprechen für sich selbst:

17. Januar. Einer dieser schrecklichen Georgetown-Tage. Einkaufen bei Bookers. Taxi für 45 Cent. Kein Mittagessen. Schnapsladen; die Snack Bar von Bookers; Kauf von Dosenöffner und Pappbechern.

25. Januar. Einer dieser Georgetown-Tage. Wachte in schrecklicher Laune auf …

Die malariahafte Trägheit der Guayanesen ist in der ganzen Karibik bekannt und wird sogar in Britisch-Guayana eingeräumt. Manche Arbeitgeber stellen lieber Inselbewohner ein, die angeblich mehr Initiative und Selbständigkeit zeigen. Man sagte mir, es sei gefährlich, eine Vermessungsstation im Busch in der Obhut eines Guayanesen zurückzulassen: Bei ihrer Rückkehr fänden die Landvermesser die Hütte eingestürzt, die Instrumente verrostet und den Guayanesen von Sinnen. Der Inselbewohner dagegen sitze inmitten einer ordentlichen Plantage, die er nur ungern räume.

Ein guayanesischer Beamter, mit dem ich sprach, gab der Malaria die Schuld. Aber die Malaria kann nicht für alles herhalten. Hinzu kommt die Geschichte. Die Sklaverei dauerte dreihundert Jahre und war von außerordentlicher Brutalität: In dieser Hinsicht ist die Vergangenheit der Holländer noch schwärzer als die der Franzosen. Der Afrikaner strebt demzufolge leidenschaftlich nach Unabhängigkeit, die für ihn weniger eine Behauptung von Stolz als vielmehr der Wunsch ist, in Ruhe gelassen, nicht behelligt zu werden. Daher die Vielzahl afrikanischer Prospektoren im Inneren von Britisch-Guayana, die niemals ein Vermögen machen werden, aber ein glückliches Leben jenseits der Ansprüche der Gesellschaft und halbwegs im Rahmen der Gesetze führen können. Daher im benachbarten Surinam die Existenz von *de luie neger van Coronie*, der faulen Neger von Coronie, die friedlich in ihrer abgelegenen Siedlung leben, ab und zu die eine oder andere Kokosnuß in die Ölmühle tragen, um an ein bißchen Bargeld zu kommen, und die Ölmühle, die Planer, die Politiker und Ölkonsumenten zur Verzweiflung bringen, weil das von den Menschen von Coronie produzierte, unraffinierte Öl teurer ist als das raffinierte Öl, das aus Holland importiert wird.

Dann ist da das Land. Der fruchtbare Küstenstreifen muß vor den Fluten der vielen Flüsse Guayanas und, da er unter Meereshöhe liegt, auch vor dem Meer geschützt werden. Bewässerung und Entwässerung sind nur in großem Maßstab sinnvoll und übersteigen die Möglichkeiten des kleinen Farmers. Deshalb müssen die landwirtschaftlichen Güter groß sein. Und es folgen die Übel der Latifundienwirtschaft: jene aus der Luft sichtbaren Grüppchen von Arbeiterhäusern inmitten nicht enden wollender Felder, die in regelmäßigen Abständen von wie mit dem Lineal gezogenen Bewässerungsgräben durchschnitten werden. »Heutzutage«, schrieb Michael Swan 1958 zur Verteidigung der großen Güter, »muß sich der Zuckerproduzent hundert subtiler Methoden bedienen, um eine ausreichende Anzahl von Arbeitskräften zur Verfügung zu haben ... Die meisten Übel in der Zuckerindustrie lassen sich auf die Angst vor Arbeitskräftemangel zurückführen.« Am härtesten wurde das System der Kontraktarbeit, das die Sklaverei ersetzte und Hunderttausende von Indern nach Westindien brachte, in Britisch-Guayana gehandhabt (wenn wir einmal außer acht lassen, wie die Inder auf den französischen Inseln und die Chinesen auf Kuba behandelt wurden). Um einen effizienten Betrieb der Latifundien zu gewährleisten, mußten die Arbeiter als gesonderte Kaste betrachtet und ständig auf ihre Lage hingewiesen werden.

Und so kann man überall an der Küste Hinweise auf die Vergangenheit, auf – wie es scheint – bewußte Affronts gegen die Arbeiter der Latifundien sehen. Die sogenannten »ranges« – lange Baracken, die in winzige, jeweils von einer Familie bewohnte Räume unterteilt waren – sind fast völlig verschwunden; am Stadtrand von Georgetown werden noch ein, zwei als Kuriositäten vorgezeigt. Wenn man jedoch mit der heruntergekommenen Eisenbahn von Parika am Essequibo nach Georgetown fährt, nehmen nicht nur die Wasserlilien in den grasbewachsenen Gräben den Blick gefangen. Auf einer Seite der Gleise sieht man die Arbeiterhäuschen, klein, gleichartig, zusammengedrängt; und auf der anderen die Quartiere der Höhergestellten: Autorität steht Unterworfenheit gegenüber – eine ständige Provokation, sollte man meinen, für jedes mutige Volk.

Es ist leicht, den Pflanzern oder Bookers die Schuld zu geben. Das Zuckerrohr ist eine häßliche Pflanze und hat eine häßliche Geschichte. Die unsinnig autoritären Aufseher, von denen bei Michael Swan die Rede ist, blicken auf eine schändliche Ahnenreihe zurück. Letztlich aber ist in Britisch-Guayana das Land schuld. Das Land erforderte die Latifundien; die Latifundien brachten Bookers hervor. Und obwohl man Bookers die radikalen Reformen der letzten Jahre zugute halten muß, hat der Konzern auch die Verantwortung für das zu tragen, was er gewesen ist und was zu sein er beim besten Willen nicht umhin konnte. Nicht dafür, daß er ein harter, phantasieloser Arbeitgeber gewesen ist, was auch auf den Latifundien unvermeidlich war, sondern dafür, daß er eine Kolonialgesellschaft innerhalb der Kolonialgesellschaft gewesen ist, ja, sie geschaffen hat: ein doppeltes Gefängnis für die Guayanesen.

Die Sklaverei, das Land, die Latifundien, Bookers, die Kontraktarbeit, das Kolonialsystem, die Malaria: das alles hat dazu beigetragen, eine Gesellschaft hervorzubringen, die zugleich revolutionär und überaus reaktionär ist. Es hat den Guayanesen zu dem gemacht, was er ist: langsam, mürrisch, eigenständig, wenngleich von trügerischer Nachgiebigkeit, stolz auf seinen speziellen Winkel von Guayana und empfindlich gegenüber Kritik, die er nicht selbst äußert. Wenn das Gesicht des Guayanesen ausdruckslos wird und seine Augen sich auf einen richten, weiß man, daß seine Aufnahmefähigkeit erloschen ist und daß man erzählt bekommt, was man nach Überzeugung des Sprechers hören will. Es ist schwer zu erfahren, was genau Guayanesen denken; aber wenn man sich im voraus eine Meinung bildet, wird man viel Bestätigung finden. »In B.G. lügt jeder«, erzählte mir ein Guayanese. Das ist kein Lügen, sondern nur Ausdruck von Mißtrauen, einer der konditionierten Reflexe des Guayanesen, und man muß einfach Mitleid mit den Beamten des Colonial Office haben, die 1957 nach Britisch-Guayana gingen und zu dem Schluß kamen, der Jaganismus habe sich als politische Kraft verbraucht.

Daß das guayanesische Volk sich politisch aufwecken und organisieren ließ, verwundert nicht. Die Latifundien und die problematischen Kommunikationswege erzeugten ein Gemeinschaftsgefühl, das in einem Land wie Trinidad fehlt. Ob die Menschen auch politisch gebildet sind, ist eine andere Sache. In Amerika und England hat man herausgefunden, daß politische Programme sich wie jede andere Ware verkaufen lassen. In Britisch-Guayana sind die politischen Fragen niemals kompliziert, und es besteht keine Notwendigkeit, irgend etwas zu verkaufen. Politische Urteile sind so schlicht, wie sie es für das Mädchen waren, das für Mr. D'Aguiar war, weil er Banks-Bier braute.

An einem Wochenende fuhr Mrs. Jagan nach Wakenaam, einer der flachen, feuchten, dem Reisanbau dienenden Inseln in der Essequibo-Mündung, um feierlich ein neues Wasserreservoir in Betrieb zu nehmen. Ich fuhr mit. Zum erstenmal würde Wakenaam mit sauberem Wasser versorgt werden, und zu diesem Anlaß hatten sich alle feingemacht. Ein Fotograf vom Presse- und Informationsamt der Regierung war gekommen. Die Reden wurden gehalten und mit Applaus bedacht, doch bevor Mrs. Jagan die Pumpe in Gang setzen konnte (Punkt 8 des maschinegeschriebenen Programms, das nicht strikt eingehalten wurde), erhob sich ein Mann in Anzug und Hut und beschwerte sich so lauthals über die neuen Gebühren, daß die Zeremonie um ein Haar geplatzt wäre. Während der Feier – alkoholfreie Getränke unten, Whisky oben – beschwerte er sich weiter und schien irgendwann auch damit zu drohen, der Regierung seine Unterstützung zu entziehen.

Das ist die Ebene, auf der in Britisch-Guayana politisch geurteilt wird. Wohin ein Minister auch geht, wird er triviale Beschwerden zu hören bekommen. Wann immer Dr. Jagan in einer ländlichen Gegend stehenbleibt, wird er von Leuten umringt, die ihn um einen Gefallen bitten. Daß die Regierung gewählt worden ist, spielt keine Rolle; die Leute verlangen von ihr genauso viel Paternalismus wie vorher, nur einen etwas milderen, und eine populäre Regierung muß darauf eingehen. »Die Leute« haben ihre Macht erfahren, und das Gefühl ist noch so frisch, daß jeder neue Wähler sich als Interessengruppe betrachtet. In dieser Hinsicht stellen die Menschen – nicht das Abstraktum des Politikers, sondern die Menschen, die bitten, bestechen und Drück ausüben wollen, weil das die Methode ist, mit der sie früher etwas erreicht haben – eine Bedrohung für jede verantwortungsbewußte Regierungstätigkeit und letztlich auch für ihre eigenen politischen Führer dar. Das ist Teil des kolonialen Erbes.

Aus der in Georgetown erscheinenden *Evening Post*, 17. Januar 1961:

ÜBERRASCHUNG BEIM TEE

Eine der größten Überraschungen ihres Lebens widerfuhr Faye Crum-Ewing am Samstag abend während der Feier ihres achtzehnten Geburtstages, die in der Wohnung ihrer beiden Tanten Miss Ivy und Miss Constance Crum-Ewing in der Main Street stattfand.

Gegen zehn Uhr hielt ein Handkarren vor dem Hauseingang, und ein paar junge Männer vom Royal Hampshire Regiment in Atkinson wuchteten eine riesige Kiste in den Flur. Es war das Geburtstagsgeschenk für Faye von Alan Bishop, Evan Ozon, David Perry und Dr. Peter Kerkohn.

Die jungen Männer bestanden darauf, daß sie die Kiste sofort öffnete, und was meinen Sie wohl, was heraussprang, als sie den Deckel abnahm? Ein lebendiger Mensch in Gestalt von Evan Ozon, der drei in Schachteln verpackte Geschenke hochhielt. War das ein Hallo unter den anwesenden Gästen! Die erste Schachtel trug die Aufschrift »Von ihren drei erstklassigen Freunden«. Als Faye sie aufmachte, sah sie eine Nachbildung von Alms House samt einigen Besuchern. Die zweite Schachtel enthielt eine Dose WC-Reiniger und eine Toilettenbürste und die dritte ein höchst eigenartiges Fernglas, das aus zwei durch Porzellan zusammengehaltenen Likörflaschen bestand.

Nie war eine Überraschung so gut ausgedacht und inszeniert, und wir fragen uns noch heute, was aus dem Handkarren vor der Eingangstreppe der Wohnung der Crum-Ewings in der Main Street geworden ist.

Faye sah äußerst attraktiv aus und sprühte wie gewohnt vor Lebensfreude. Sie trug ...

Die Guayanesen haben einen merkwürdigen Maßstab für Entfernungen. Sie erzählen einem voller Stolz, daß der Essequibo, ihr größter Fluß, an der Mündung über dreißig Kilometer breit ist und Inseln so groß wie Barbados aufweist. Dagegen rechnen sie die Ansiedlung Bartica, die nur fünfundsechzig leicht schiffbare Kilometer stromaufwärts liegt, dem Busch, dem »Landesinneren« zu, obwohl in ebendiesem Busch, an Flüssen von der Farbe verbrannten Zukkers, die ersten Pflanzungen errichtet wurden: der »Traum untergegangener holländischer Plantagen«, mit dem guayanesischen Dicher A.J. Seymour zu reden, »in diesen meerwärts führenden Flüssen Guayanas«. Von diesen Plantagen ist sehr wenig geblieben: Haufen von Ziegelsteinen hier und da – die flachen roten Ziegel, deren minuziöse Darstellung man von so vielen holländischen Gemälden kennt –, die in holländischen Schiffen als Ballast aus Holland mitkamen und die, eben wegen ihrer Assoziation mit sorgfältig wiedergegebenen, sonnenbeschienenen Kirchenmauern und geordneten oder bäuerlichen Interieurs, im Busch so verstörend wirken, weil sie hier nur die Brutalitäten der Sklavenplantagen in Erinnerung rufen.

In westindischen Städten scheint die Geschichte tot, irrelevant. Vielleicht liegt das daran, daß die Vergangenheit so unvorstellbar ist; vielleicht ist es das Licht; vielleicht liegt es auch daran, daß so vieles behelfsmäßig und neu und daß die Verwahrlosung so ganz und gar von heute ist. Um sich die Vergangenheit zu vergegenwärtigen, bedarf es der Leere dieser guayanesischen Flüsse. Diese Flüsse, dieser Busch, diese Felsen sind so, wie sie vor der Entdeckung der Neuen Welt waren, sie bieten dasselbe Bild: die von toten, umgestürzten Bäumen starrenden Ufer, der Busch nicht einzelne Bäume, sondern gleichsam etwas Drapiertes und Festoniertes und Schweres, etwas Vergehendes, mit lebenden Bäumen wie weißen Säulen und Ästen wie weißen Adern im glanzlosen Grün, deren Spiegelbild im schwarzen Wasser einem Gobelin gleicht.

Das alles scheint noch der Entdeckung zu harren. Aber die Leere ist eine Illusion. Die Flußufer sind mit kleinen Ansiedlungen und Lagern von Indianern, Minenarbeitern, Holzfällern getüpfelt. An den unwahrscheinlichsten Stellen verlaufen Wege, ja sogar Straßen durch den Busch. Die Straße nach Brasilien beginnt in Bartica. Zunächst Beton (ein provisorischer Belag), wird sie bald zu Lehm und verläuft breit und rot durch den Busch, mit provisorischen Grasbanketten, die wenig überzeugend auf dem weißen Sand kleben, auf dem der Wald steht. Die exponierten Bäume wirken wie prähistorische Tiere mit gewaltigen Leibern und winzigen Köpfen; der Sand ist teilweise weiß wie Schnee und läßt an Wintereinbruch im Hochsommer denken; die Lehmgruben zeigen das Farbspektrum und den Glanz von zerknülltem rostrotem Stanniol. Auf diesem Boden wachsen Orangenbäume und die Honduras-Pinie, Hartholzbäume hat man bislang noch nicht wieder anpflanzen können. Die Straße schrumpft bald zu einem Pfad, und als Pfad führt sie weiter bis zum Potaro, wo sie, hundertdreißig Kilometer von Brasilien entfernt, endet. Leicht beschleicht einen im Landesinneren das Gefühl, daß Britisch-Guayana ein Land zeitweiliger Lichtungen, provisorischer Straßenbeläge und Straßen ist, die allmählich auslaufen oder, wie der Viehpfad im Rupununi, wieder zu Busch werden.

Die Zahlenvorstellungen verändern sich. Zwanzig Leute sind eine Menschenmenge; hundert bilden eine Stadt. Nach Georgetown zurückzukehren heißt nicht nur, sich aus der Vergangenheit in die Gegenwart, sondern auch aus der Leere in schreckliche Überbevölkerung zu begeben. Denn an der Küste, wo die Malaria ausgerottet wurde, findet eine Bevölkerungsexplosion statt. Und es herrscht Landhunger. Die Anzahl der Kinder in Georgetown ist geradezu erschreckend. Nachmittags sieht es auf den Straßen des Bezirks Albouystown aus wie auf einem Schulhof in der großen Pause. Es gibt immer noch Arbeitslosigkeit. An der Küste, wo viel Land nicht genutzt wird, ist die Neubesiedelung teuer; noch teurer ist es, das Landesinnere zu erschließen. Und die Abwanderung aus Britisch-Guayana, wo sechshunderttausend Menschen auf zweihunderttausend Quadratkilometern leben, nimmt zu. Man kann sich des Gefühls nicht erwehren, daß es sich um eine auf kuriose Weise typisch guayanesische Situation handelt.

Aus dem *Guiana Graphic*, 18. Januar 1961:

Unsere Meinung
DIE JOBS ANNEHMEN, DIE ES GIBT
Gestern sind wir auf eine interessante Anzeige gestoßen. Sie lautete: »Hausangestellte gesucht«. Darin hieß es, daß gute Löhne gezahlt und freie Unterkunft gewährt würden.

Diese Jobs sind in Mackenzie, der Bergarbeiterstadt der Demerara Bauxite Company Ltd., verfügbar.

Köchinnen und Hausmädchen werden aber nicht nur in Mackenzie gesucht. Derartige Möglichkeiten bieten sich auch vielerorts in der Hauptstadt und ihrer Umgebung.

Köchinnen und Hausmädchen sind eine wertvolle Hilfe im Haushalt. Man sollte sie akzeptieren und anerkennen.

Angesichts der großen Arbeitslosigkeit in B.G. bietet sich hier ein Weg, den Frauen und Mädchen nicht verschmähen sollten. In den Augen wirklich anständiger Menschen hat eine solche Stellung nichts Minderwertiges. Denn wenn solche Haushaltshilfen nicht verfügbar sind, muß die Hausherrin sämtliche Arbeiten selbst erledigen.

Will etwa irgendwer behaupten, daß eine Hausfrau sich erniedrigt, weil sie die Hausarbeit erledigen muß? Eine solche Denkweise wäre absurd. Es gibt keine Arbeit, die von vornherein erniedrigend wäre.

Es wäre großartig, wenn mehr arbeitslose Frauen und Mädchen in diesem Lande sich das klar machten und solche Gelegenheiten, sich ihren Lebensunterhalt zu verdienen, nutzten, anstatt arbeitslos zu bleiben und sich so allen möglichen schlechten Einflüssen auszusetzen.

Die Jagans sind die unermüdlichsten Wahlkämpfer von ganz Westindien. Jedes Wochenende bereisen sie oder ihre Ministerkollegen irgendeinen Landesteil. An diesem Wochenende fuhren sie nach Berbice, Dr. Jagans Heimat, dem nach Auskunft vieler Menschen »fortschrittlichsten« Bezirk des Landes, und luden mich ein, mitzukommen. Dr. Jagan wollte mich persönlich im Hotel abholen.

Und ich verspätete mich. Ich war auf einen »schnellen« Imbiß in das Restaurant gegenüber gegangen. Eine Dreiviertelstunde warten, drei Minuten essen (Rührei). Als ich zurückkam, saß Dr. Jagan halb auf einem Barhocker. Er trug ein Sporthemd und wirkte entspannt. Dann fiel mir meine Wäsche ein. Ich rannte hinauf in mein Zimmer und kam mit einem unverschnürten Paket schmutziger Kleidung wieder, das ich zusammen mit einem Trinkgeld dem Barkeeper gab. (Dieser Plan funktionierte nicht. Als ich zwei Tage später zurückkam, befanden sich die Kleider immer noch unterm Tresen, ein Rätsel, so erfuhr ich, für die Barkeeper der Nachtschicht.)

Die Jagans bewohnen ein bescheidenes, einstöckiges Holzhaus, das nach guayanesischer Art auf hohen Pfählen steht. Es ist offen und ungeschützt.* Im Erdgeschoß trifft man auf einen zahmen Affen, und die Wohnung selbst unterscheidet sich in nichts von vielen anderen guayanesischen Wohnungen, wenn man von den vollen Bücherregalen und dem Zeitschriftenständer (unter den Zeitschriften war auch der *New Yorker*) absieht.

Die Fahrt nach Berbice war ein Familienausflug. Die beiden Kinder der Jagans, ein Junge und ein Mädchen, wollten das Wochenende bei Dr. Jagans Mutter verbringen. Sie interessierten sich nicht für mich. Und angesichts dessen, was zumal über den Jungen gesagt und geschrieben worden ist, überraschte mich das nicht. Gleich darauf kam auch Mrs. Ja-

---

* Nur eine Woche später wurde Mrs. Jagan überfallen, als sie allein zu Hause war.

gan. Sie machte sich rasch fertig – man wollte im Wagen essen – und ließ sich etwas Zeit, um ein Buch auszusuchen. Sie entschied sich für *Die Vagabundin* von Colette (auf Wakenaam hatte sie Doris Lessing gelesen). Es war schon beengt im Wagen, aber es sollten noch zwei Kinder mitkommen: die von Dr. Jagans Bruder Sirpaul. Wir holten sie in einem Holzhaus in einer anderen Straße ab. »Das reinste Picknick«, sagte Dr. Jagan. Und angesichts der Tatsache, daß Orangen und Bananen an Kinder verteilt wurden, war es das auch.

Ich erfuhr, daß einer von Dr. Jagans Brüdern ein Namensvetter von mir war, und wir kamen auf Namen zu sprechen. Mrs. Jagan erzählte, Sirpaul sei einmal während einer New-York-Reise vom Hotelpersonal mit übertriebener Hochachtung behandelt worden. Die Rechnung erklärte, warum: Sie war an Sir Paul und Lady Jagan adressiert.

Wir waren noch nicht aus Georgetown heraus. Ein Schwarzer auf einem Fahrrad schrie: »Den Kulis ist es egal, ob Jagan sie begräbt!«

Befremdlich wirkte eher die Beiläufigkeit als die Beschimpfung: ein kleines Auto voller Jagans, und eine der wichtigsten politischen Fragen des Landes findet derart schlichten Ausdruck. Irgendwie erwartete man etwas Förmlicheres.

»Das wenigstens lernt man in England«, sagte Dr. Jagan. »Zu seinen Gegnern höflich zu sein.«

Wir unterhielten uns weiter über Namen. Mrs. Jagan sagte, ein anderer von Dr. Jagans Brüdern habe sich von Chunilal in Derek umbenannt; von den Schwestern hätten alle bis auf eine englische Namen angenommen.

Vor genau hundert Jahren beklagte sich Trollope über die Küstenstraße von Britisch-Guayana – sie war das einzige, was ihm an dem Land mißfiel –, und sie ist seither nicht besser geworden. Der Belag besteht aus gebrannter Erde, deren Haltbarkeit nur um einen Bruchteil höher liegt als die ungebrannter Erde, und die Straße stellt eine Abfolge von Schlaglöchern dar, die so angeordnet sind, daß sie sich auch mit noch so wildem Geschlängel nicht umfahren lassen. Die kurzen, glatten, »provisorischen« Teilstücke bilden einen vorübergehenden, aber niederschmetternden Kontrast und machen das Gefühl von Frustration vollkommen. Dennoch verkehren auf dieser Straße regelmäßig Busse und Taxis, die bei Gegenverkehr in langsamer, entschlossener gerader Linie dahinholpern und wie verrückte Ameisen herumwuseln, sobald die Straße frei ist. Minderwertiges Bauxit, das in Britisch-Guayana im Überfluß vorhanden ist, gäbe einen dauerhafteren Belag ab, aber gebrannte Erde ist ein kleinbäuerliches Produkt, und deshalb muß gebrannte Erde verwendet werden.

Wir kamen an vielen Schwarzensiedlungen vorbei. Der Name einer, Buxton, weist auf ihre Geschichte hin. Thomas Buxton war zusammen mit Wilberforce einer der Verfechter der Aufhebung der Sklaverei, und diese Schwarzendörfer wurden nach der Sklavenbefreiung gegründet, auf verlassenen, gemeinsam gekauften Plantagen, und zwar von ehemaligen Sklaven, die für keinen Herrn mehr arbeiten wollten. Der erste derartige Kauf erfolgte 1839, der Kaufpreis betrug zehntausend Dollar. Dreiundachtzig Schwarze brachten umgehend sechstausend Dollar in bar auf, und das Geld wurde im Triumphzug in Schubkarren herbeigeschafft; die restlichen viertausend wurden innerhalb von drei Wochen abbezahlt. Die Dorfbewegung setzte sich trotz des Widerstandes von seiten der Pflanzer und der Regierung fort. Die Pflanzer verloren ihre Arbeitskräfte. Die Regierung, die den Zusammenbruch der Wirtschaft befürchtete, beschränkte, um »einen freien, landlosen Arbeiter« zu schaffen, Zuteilungen von Kronland und verhängte Strafen gegen jene, die sich illegal auf freiem Land ansiedelten, wovon es in Britisch-Guayana reichlich gab.*

---

* Diese Fakten und das Zitat sind dem Artikel »The Village Movement« von Allan Young entnommen. Ausführlicher hat sich Mr. Young in seinem Buch *The Approaches to Local Self Government in British Guiana* mit der Frage befaßt.

Das Arbeitskräfteproblem löste sich dann dank der indischen Einwanderer. Und die ehemaligen Sklaven wurden vom Land besiegt, von den Problemen der Trockenlegung und Bewässerung, die nur auf großen Gütern zu bewältigen sind. Wir kamen durch ein tristes graues Dorf, genau wie die Dörfer, die Trollope gesehen hatte: Auf Pfählen standen graue, verwitterte Holzhäuser auf grauen, zertrampelten Schlamminseln in einem grauen Sumpf. Dr. Jagan erzählte mir, daß es in dieser Gegend keinen Damm gab und daß die Einwohner auch keinen wollten: Sie betrieben keine Landwirtschaft mehr, sondern waren Fischer geworden.

New Amsterdam, Britisch-Guayanas zweite Stadt, steht am Berbice. Man hatte Dr. Jagan gesagt, die Fähre lege um fünf nach zwei ab. Wir kamen beizeiten am Fluß an und erfuhren dort, daß die Fähre um 13 Uhr 25 und um 15 Uhr 45 ging. »Die Inkompetenz der Leute in diesem Land!« sagte Dr. Jagan. Demnächst sollte jedoch eine Barkasse des Blairmont Estate übersetzen, und um uns die erforderlichen Genehmigungen zu besorgen, fuhren wir zur Gutsverwaltung, einem flachen weißen Gebäude. Die Gräben um den gepflegten Rasen wirkten kühl durch die breiten, rosafarbenen Rundscheiben der Victoria Regia, jener Seerose, die der Forschungsreisende Schomburgk hier am Berbice entdeckte. Mrs. Jagan erzählte mir unter kleinmädchenhaftem Kichern, daß sie sich bemühten, die Beziehungen zu den großen Besitzungen möglichst korrekt zu gestalten; und ich hatte, obwohl sie es nicht sagte, das Gefühl, daß ihre Bitte um einen Gefallen und die Promptheit, mit der er erwiesen wurde, eine Peinlichkeit waren.

Kaum waren wir ans andere Ufer gelangt, kam ein Mann auf Dr. Jagan zu und gab ihm zwei Dollar für die Partei. Wir wurden von einem älteren Schwarzen, einem Parteifunktionär, abgeholt. New Amsterdam war eine Hochburg der Opposition, und wir erfuhren, daß Mr. Burnham, der Oppositionsführer, höchstpersönlich in der Stadt weilte (wahrscheinlich hatte er die Fähre um 13 Uhr 25 erwischt) und am Abend eine Rede halten sollte. Mrs. Jagan sagte, daß sich Regierung und Opposition auf diesen Wahlkampfreisen zuweilen ein und dasselbe regierungseigene Rasthaus teilen müßten. Hier freilich bestand diese Gefahr nicht. Wir waren im Government House untergebracht.

Das Government House in New Amsterdam ist das alte Haupthaus der Davson-Plantage, weiß, prachtvoll und elegant, zweistöckig, auf hohen Säulen, die breite Veranda mit Drahtgewebe versehen, die Räume hoch und groß und durchzogen vom würzigen Geruch alten Holzes, dem unverkennbaren Geruch des tropischen Herrenhauses. Von den Davsons war noch etwas geblieben. Im Salon hingen als einziger Wandschmuck zwei gerahmte Fotografien von Dovedale. Und in dem Zimmer, das ich bekam, gab es einen blaustichigen, verblichenen und verschwommenen Farbdruck von Eton. Auf der Veranda, die von einem breiten Dachvorsprung beschattet und durch Drahtgewebe, das den Blick auf Garten und Tennisplatz nicht behinderte, vor Insekten geschützt wurde, unterhielt ich mich mit dem Parteifunktionär. Er saß auf dem Korbstuhl wie einer, der das Haus nun von Rechts wegen betrat; aber er hatte den Hut auf den Knien und sprach hauptsächlich von den Davsons, und das nicht nur voller Zuneigung, sondern geradezu mit Genuß. Derweil schlief Dr. Jagan in einem der Zimmer im ersten Stock, und die heiße, nachmittägliche Stille wurde noch durch das gedämpfte Dröhnen eines Lautsprechers hervorgehoben, der Mr. Burnhams Rede an diesem Abend ankündigte.

Der Lautsprecher fand kein Ende. Der Parteifunktionär wandte sich der Politik zu – widerstrebend, wie ich mir einbildete, denn in New Amsterdam waren die Aussichten der Partei nicht allzu rosig. Es war die alte Rassenfrage: New Amsterdam wurde vorwiegend von Schwarzen bewohnt, und die Schwarzen hatten Angst vor indischer Vorherrschaft. Er verstehe nicht, wie man von Vorherrschaft reden könne. In B.G. könne jeder am »Fortschritt« teilhaben – fortschrittlich zu sein heißt in Westindien, Entschlossenheit und Erwerbssinn zu besitzen –, und es gebe Schwarze, die ebenso »fortschrittlich« seien wie die Inder. Er wünschte nur, es gäbe mehr fortschrittliche Schwarze; möglich sei das durchaus, denn der Inder besitze zwar mehr, aber der Schwarze verdiene mehr.

Das gleiche hatte ich schon in Georgetown gehört, und zwar von Anhängern der anderen Seite. In ihrer Unsicherheit, ihrer Angst davor, zum zweitenmal nicht als Einzelpersonen, sondern als Volksgruppe überholt zu werden – zuerst von den Portugiesen (mit denen es 1856 und 1889 zu Zusammenstößen kam) und nun von den Indern –, und in ihrem Gefühl, die Zeit arbeite gegen sie, war vielen guayanesischen Schwarzen nach Selbstanalyse zumute. An Weihnachten hatte es eine Kampagne gegeben, bei der die Schwarzen aufgefordert wurden, zu sparen und nur das absolut Notwendige zu kaufen. Die Kampagne hatte nichts gefruchtet, und die Geschäftsinhaber hatten sich über Rassismus beschwert.

In Georgetown hatte eine energische, charmante und vernünftige Schwarze mir eine Stunde lang eindringlich und fast schon verzweifelt die Fehler des guayanesischen Schwarzen geschildert. Der Schwarze solle mehr Würde an den Tag legen. Es bereite ihr Übelkeit, mit ansehen zu müssen, wie schwarze Frauen während des Karnevals in Steelbands herumhüpften: Keine Inderin, Portugiesin, Weiße oder Chinesin würde so etwas tun. (In Trinidad freilich sehr wohl, dort gilt es als Zeichen von Modernität und Emanzipiertheit.) Der Schwarze werfe sein Geld für Alkohol hinaus, der für ihn ein Symbol des Wohlstandes und der weißen Lebensart darstelle. (Das ist natürlich eine grobe Vereinfachung, obwohl man sagen muß, daß Dr. Jagan den Alkoholismus als eines der Probleme des Landes betrachtet.) Wenn der Schwarze doch nur die Sparsamkeit und Entschlossenheit des Inders besäße; viele angesehene farbige Familien hätten ihr Vermögen verschleudert und befänden sich vollständig in der Hand indischer Geldverleiher. Vor allem aber fehle es dem Schwarzen am Familiensinn des Inders, das sei die Wurzel seiner Verletzlichkeit. Dreihundert Jahre Sklaverei hätten ihn lediglich gelehrt, daß er ein Einzelwesen und daß das Leben kurz sei.

Und nun sprach der Parteifunktionär auf der Veranda des Davson-Hauses nicht ganz so analytisch, aber auch nicht so eindringlich und verzweifelt von demselben Problem. Fortschrittliche Menschen gebe es überall: Keine Rasse habe das Monopol auf Fortschritt. Damit wandte sich das Gespräch den großen Familien Guayanas zu, und wir kamen wieder auf die Davsons zurück. Mrs. Jagan gesellte sich zu uns – die Kinder waren zur Großmutter geschickt worden –, und wir tranken Tee.

Dr. Jagan hatte am Spätnachmittag zwei Reden zu halten, nicht in New Amsterdam, sondern in entlegenen Dörfern. Der Wagen war mit der Fähre um 15 Uhr 45 herübergekommen; wir ließen Mrs. Jagan mit Colette allein und fuhren zum Parteibüro, um Funktionäre und die Lautsprecheranlage abzuholen. Auf dem Weg aus der Stadt stießen außerdem die einheimischen Redner zu uns, unter ihnen auch Mr. Ajodhasingh, der Abgeordnete dieses Wahlkreises, der, so erfuhr ich, bei seinen Wählern in Ungnade gefallen war, weil er sie schon einige Zeit nicht mehr besucht hatte.

In dem Dorf, in dem die zweite Veranstaltung stattfinden sollte, war eine Lastwagenladung blau uniformierter Polizisten aufmarschiert, desgleichen in dem Dorf, wo wir anhielten. Die Polizisten hatten zu beiden Seiten eines roten, aus Holz und Wellblech bestehenden Ladens, in dem es auch Schnaps zu kaufen gab, Position bezogen. Ein paar Jungen saßen auf dem Geländer der Ladengalerie, und was sich in Höfen auf der anderen Straßenseite und auf den Treppen nahegelegener Häuser an Zuhörern eingefunden hatte, war dermaßen verstreut, daß es zunächst so schien, als wären die Polizisten zahlreicher als das Publikum. Dr. Jagan wurde im Hof des Ladens sofort von einer Abordnung Reisbauern umringt; er war ein hochgewachsener Mann, doch er wurde von diesen Bauern verdeckt, die ihre Sonntagskleider angezogen hatten: gebügelte Khakihosen, steife, glänzende Schuhe, gebügelte Hemden, die weiß oder hellblau waren, und sorgfältig gebürstete, neu aussehende braune Filzhüte.

Die Parteifunktionäre hängten den Lautsprecher auf und testeten ihn. Mr. Ajodhasingh wurde vorgestellt, und während er eine kämpferische, übertrieben schwungvolle Rede über die Leistungen der Regierung hielt, wurde die Parteizeitung *Thunder** verkauft. Die Reisbauern ließen erst von Dr. Jagan ab, als er reden mußte. Sobald er anfing, fuhren die Parteifunktionäre und Mr. Ajodhasingh weg, um das Publikum der zweiten Veranstaltung »einzustimmen«. Dr. Jagans Leidenschaft stand in Kontrast zur beschaulichen Szene und zur Gelassenheit seiner Zuhörer, die durch die Straße von ihm getrennt waren. Auf dieser Straße kam eine Kuh vorbeigetrappelt, Sekunden später ein Hirte im Laufschritt; dann folgten ein Pandit in Turban, Dhoti und weißer Jacke, der forsch in die Pedale eines Fahrrads trat, sowie ein Traktor und zwei Lastautos. Dr. Jagan sprach über den Kauf der Demerara Electric Company, über das Neubesiedlungsprojekt und den Bericht über die Neuordnung der Wahlbezirke. Während seiner Rede brach die Nacht herein. Er sprach eine Stunde lang – während die Kinder in der Ladengalerie unentwegt tuschelten, kicherten und zur Ruhe ermahnt wurden –, und seine Rede kam gut an.

Dann drehte er sich unvermittelt um, betrat allein, still und reserviert den Laden und trank ein Banks-Bier. Zum Glück für ihn war kein Fotograf zugegen. Anfang der Woche war Mrs. Jagan dabei fotografiert worden, wie sie eine

---

* Nach William Morris: Hark the rolling of the thunder:
  Lo the sun and lo thereunder
  Riseth wrath and hope and wonder.

I-Cee-Limonade, ein D'Aguiar-Produkt, trank, und die Presse hatte die Sache ziemlich aufgebauscht.

Die Einstimmung im nächsten Dorf war nicht gelungen. Der Lautsprecher funktionierte nicht mehr, so daß die Rede des Parteifunktionärs – er stand auf einer Kiste unter dem Dachvorsprung eines großen, neuen, strahlend hell erleuchteten Lebensmittelladens aus Beton mit weit geöffneten Türen – ungehört blieb. Das kleine, hauptsächlich aus Schwarzen bestehende Publikum war in gesprächigen kleinen Grüppchen über den hellen Hof und die dunkle Straße verstreut. Wann immer sich mit blendenden Scheinwerfern ein Fahrzeug näherte, löste sich ein Grüppchen auf und verlagerte sich auf die Grasbankette, ohne sich so recht neu zu bilden. Bewegung und Geplapper kamen nicht zur Ruhe. Der Redner, ein Schwarzer, wurde durch beiläufige, wenngleich wiederholte Zwischenrufe gestört, die Regierung diskriminiere die Schwarzen. Ein Zwischenrufer – eindeutig ein Dorforiginal, nach dem launigen Beifall, mit dem jeder seiner Einwürfe bedacht wurde, zu urteilen – fragte aus der Dunkelheit am Straßenrand heraus immer wieder: »Was hat die Regierung eigentlich für die Gegend hier getan?« Und: »Wie viele Leute aus dieser Gegend haben Grund und Boden zugeteilt bekommen?« Sein Wortschatz war beeindruckend – »Grund und Boden« hatte einen überraschenden juristischen Beiklang – und deutete fraglos an, worauf seine Beliebtheit beruhte. Die Parteifunktionäre bemühten sich ohne großen Erfolg, sowohl mit den Fragestellern als auch mit dem Lautsprecher fertig zu werden. Der Lautsprecher wurde irgendwann aufgegeben, und Dr. Jagan hielt, ohne Hilfsmittel, aber mit ähnlicher Leidenschaft, die schon zuvor gehörte Rede. Er fand mehr Aufmerksamkeit als seine Vorredner, aber die Zuhörer gebärdeten sich weiter unruhig. Der Vorwurf, daß die Schwarzen diskrimiert würden, fiel noch öfter, und von den Grüppchen am Straßenrand wurden sogar ein paar harmlose Flüche laut.

167

Wir fuhren schweigend nach New Amsterdam zurück. Im Government House, in dem großen, schummrig erleuchteten Speisezimmer, dessen frisch gestrichene Wände bis auf eine alte holländische Karte von New Amsterdam (*Hoge Bosch* um eine winzige Siedlung) kahl waren, wartete an einem Ende des langen polierten Tisches, mit Tüchern abgedeckt, unser Essen. Mrs. Jagan kam herunter, mit einem Gesicht, als rechne sie mit einer Katastrophennachricht: Nun sah ich, was sie mit ihrer Äußerung, sie sei Pessimistin, gemeint hatte. Ihr Haar war frisch gebürstet; ich vermutete, daß sie im Bett noch ein wenig Colette gelesen hatte.

»Wie war's?«

»Ganz gut.« Dr. Jagan war kurz angebunden, erschöpft; offenbar war er imstande, ständig zwischen Leidenschaft und Ruhe zu wechseln.

Mr. Burnhams Veranstaltung hatte bereits begonnen. Wir konnten seine Verstärker undeutlich durch die ansonsten stille Stadt dröhnen hören.

Nach dem Essen ging Dr. Jagan Besuche machen, und ich begab mich auf Mrs. Jagans Vorschlag zu Mr. Burnhams Veranstaltung. Sie fand in einer der größeren Straßen statt, und der Chauffeur der Jagans fuhr mich hin. Mr. Burnham, in schlichtem, kurzärmeligem Sporthemd, hielt seine Rede von einem Podium aus. Er erspähte den Chauffeur und machte eine Bemerkung, die zu sehr auf Lokales anspielte, als daß ich sie verstanden hätte. Aber der Chauffeur wäre am liebsten im Boden versunken; obwohl selbst ein erfahrener Wahlkämpfer, reagierte er nach wie vor merkwürdig empfindlich auf krasse oder aggressive Worte. Bei der unruhigen Veranstaltung früher am Abend hatte er sich die Ohren zugehalten, als eine Frau eine Obszönität von sich gab.

Mister Burnham ist der beste Redner, den ich je gehört habe. Er spricht langsam, präzise, prägnant; mit Gesten ist er sparsam; bei seinen überzeugten, verbindlich wirkenden, einfachen, aber niemals herablassenden Ausführungen reckt er den Kopf nach vorn; er ist absolut ruhig und moduliert seine Stimme so gekonnt, daß der Zuhörer niemals ermüdet oder mit seinen Gedanken abschweift. Hinter diesem Auftreten verbirgt sich eine erstaunliche Schlagfertigkeit, die um so wirkungsvoller ist, als sie sich niemals durch eine Beschleunigung des Sprechtempos oder einen Wechsel der Tonlage verrät.

»Burnham!« schreit ein Jugendlicher im Vorbeiradeln. »Für dich immer noch Mister«, kommt die Antwort mit so gleichmäßiger Stimme, daß man erst nach ein paar Sekunden merkt, daß die Worte nicht zur Rede gehören. »Lügner! Lügner!« ruft jemand aus einem vorbeifahrenden Auto. Die Reaktion erfolgt nicht sofort. Burnham beendet zunächst den angefangenen Satz. »Und«, fährt er dann fort, als das Auto sich bereits entfernt hat, »was dieser Esel niemals begreifen wird ...« Die zeitliche Abstimmung ist perfekt, die Menge tobt. Im Publikum fängt jemand an, Einwände zu erheben. Burnham verstummt. Langsam dreht er den Kopf, um den Störenfried ins Auge zu fassen, und das grelle Licht spielt auf einem Gesicht, das angeödete, wenngleich auch irgendwie nachsichtige Verachtung zeigt. Das Schweigen dauert an. Dann wendet sich Burnham, nun mit verärgerter Miene, wieder dem Mikrophon zu. »Wie ich schon sagte ...«, hebt er an. Zweifellos erklärt sein Ruf in Britisch-Guayana einen Teil seines Erfolges. Seine Reden sind bekanntermaßen unterhaltsam. Das Publikum will unterhalten werden, und hier, in New Amsterdam, kam es auch auf seine Kosten – eine große, gutgelaunte, buntgemischte Menge.

Leider hatte Mr. Burnham nur wenig zu sagen. Er deutete ganz allgemein an, daß ihm die bestehenden Verhältnisse mißfielen, ohne sein Anliegen überzeugend zu belegen. Er redete vom Bildungsbedarf und versprach, ein Gremium für Wirtschaftsplanung ins Leben zu rufen, wenn er an die Macht käme. Mrs. Jagan, seine frühere Verbündete, nannte er »jene kleine Lady aus Chicago, eine Fremde in unserem Land«; und er spielte indirekt, wenngleich nicht weniger unschön, auf der Klaviatur der Rassenvorurteile. »Ich warne die Inder … Jagan hat gesagt, er möchte die Kontrolle über die Kommandohöhen der Wirtschaft erlangen. Die Kommandohöhen. Ich möchte euch das übersetzen: *eure* Geschäfte, *euer* Land, *eure* Läden.« Für die Schwarzen unter den Zuhörern war die Botschaft klar.

1953, nachdem die Verfassung von Britisch-Guayana außer Kraft gesetzt worden war, hatte ich sowohl Mr. Burnham als auch Mr. Jagan in Oxford reden hören. Obwohl Macht und Verantwortung inzwischen gewisse Veränderungen gezeitigt haben, ist Dr. Jagan sich selbst treu geblieben. Von Mr. Burnham läßt sich das nicht sagen. 1953 hatte er, wenn auch recht verschwommen, wie jemand gesprochen, der ein Anliegen hat. 1961 beschlich mich das Gefühl, daß er keines mehr hatte. Was war in der Zwischenzeit geschehen? Was hatte 1955 zum Bruch zwischen Jagan und Burnham geführt?
   Es ist in Britisch-Guayana nahezu unmöglich, die Wahrheit über irgendeine bedeutende Angelegenheit herauszufinden. Nachforschung und Überprüfung führen nur zu schrecklicher Verwirrung. Dr. Jagan gibt Mr. Burnhams Opportunismus die Schuld; Mr. Burnham sei von westindischen Politikern schlecht beraten worden. Und es ist wahr, daß Dr. Jagan nach seinem Wahlsieg von 1957 eine Versöhnung mit Mr. Burnham anstrebte. Mr. Burnham dagegen – privat ein Mensch mit so viel Charme, daß man es beinahe bedauert, daß er Politiker ist – sagte in seiner Kanzlei in Georgetown, wo er mehr oder weniger die Argumente seiner in New Amsterdam gehaltenen Rede wiederholte, daß die Jagans schon vor den Wahlen von 1953 seinen »politischen Abgang« geplant hätten. Eine Versöhnung komme von daher nicht in Frage; außerdem sei Dr. Jagan »ein Stalinist« und Mrs. Jagan keine Intellektuelle. Das erklärt allerdings nicht, warum es Mr. Burnham trotz

seiner großen Begabung nicht gelingt, eine konstruktive oder stimulierende Opposition auf die Beine zu stellen. Ich bin, ohne dafür Beweise liefern zu können, zu dem Schluß gekommen, daß zwischen diesen Männern, die in Guayana eine wichtige Erfahrung miteinander geteilt haben, nach wie vor gegenseitige Sympathie und Hochachtung herrschen, die größer sind, als beide vermuten, und daß vielleicht beide dem nachtrauern, was der andere war.

Der Riß freilich existiert, und er hat das Land rassisch gespalten und eine Lage geschaffen, die wie in einem Spiegel die Lage auf Trinidad reflektiert: Auf Trinidad sind die Schwarzen in der Mehrheit, in Britisch-Guayana die Inder. Daß fast die Hälfte der Bevölkerung sich dem Experiment der Selbstregierung verweigert, bedeutet eine gefährliche Schwächung für das Land. Endlos aufeinander einwirkende und reagierende rassische Gegensätze, gefördert von den zynischen Hanswursten, die in fast jeder Bevölkerungsgruppe einen so großen Teil der politisch Ambitionierten ausmachen, erzeugen einen Druck, der leicht die politischen Führer beider Seiten und damit das Land überwältigen könnte – auch wenn Britisch-Guayana wegen seiner physischen Größe und der Isoliertheit seiner Ethnien Störungen besser widerstehen kann als Trinidad.

Am Sonntag morgen fuhren wir entlang der Küste von Corentyne ostwärts nach Port Mourant, Dr. Jagans Geburtsort. Port Mourant ist eine Zuckerrohrplantage von flacher, grauenhafter Weite, kilometerlang und kilometerbreit. Die Leute sind stolz auf die Weite und glauben außerdem, daß aus Port Mourant die großartigsten Guayanesen kommen. Auf ihre Kricketspieler sind sie nur geringfügig weniger stolz als auf Dr. Jagan. Das Haus von Joe Soloman, der bei dem Unentschieden in Melbourne den letzten australischen Schlagmann aus dem Spiel geworfen hatte, wurde mir mehr als einmal von Leuten gezeigt, die Soloman schon als kleinen Jungen gekannt hatten.

Die Bevölkerung von Port Mourant besteht hauptsächlich aus Indern, und Dr. Jagan sollte an diesem Vormittag in einer Arbeitersiedlung – weiße Holzhäuser, die in einem Rechteckmuster aus schmalen, asphaltierten Straßen angeordnet waren – einen Hindutempel einweihen. An der Straße und auf dem aufgewühlten Gelände des neuen, weiß getünchten Tempels erwartete uns schon eine große Menge von Männern, Frauen und Kindern, die fast durchweg weiß gekleidet waren. Der Tempel bestand aus Beton. Wie so viele guayanesische Betongebäude fand ich ihn wuchtig und unelegant; interessant war er dennoch, weil er, obwohl hinduistisch, eindeutig moslemisch inspiriert war. Die moslemische Architektur, ebenso stark formalisiert und unverwechselbar wie die moslemische Lehre, bleibt leichter im Gedächtnis als die hinduistische und läßt sich auch leichter reproduzieren. Von ein paar schlichten Hindutempeln abgesehen, ist die Moschee der einzige nichtabendländische Gebäudetyp, den die meisten Inder auf Trinidad und in Britisch-Guayana kennen.

Dr. Jagan wurde ohne Förmlichkeit von seinem Bruder Udit willkommen geheißen, einem hochgewachsenen, gut gebauten Mann, der nach wie vor auf der Plantage arbeitete. Udit trug ein blaues Hemd und hatte seine Khakihose über die Knöchel hochgekrempelt; er ging barfuß. Mrs. Jagan stellte mich ihrer Schwiegermutter vor, einer kleinen, stämmigen Frau in Weiß. Sie trug den langen indischen Rock, Weste und *orhni*. Ihr Sohn hatte den Gesichtsschnitt geerbt, der bei ihr ein wenig wuchtiger wirkte. Ihr Auftreten war einfach, geduldig und unaufdringlich. Sobald sie ihren Sohn begrüßt hatte, zog sie sich zurück. Dr. Jagan und seine Frau wurden bekränzt. Dann hielt Dr. Jagan auf der Schwelle des Tempels eine ganz kurze Rede über die Bedeutung der Selbsthilfe und wie sehr es ihn freue, ein Gebäude einzuweihen, das ein Beispiel dafür sei. Er durchschnitt das Band – glückliche Vermischung von West und Ost – und half, das Gottesbild hineinzutragen. Wir zogen die Schuhe aus und folgten. Der Betonboden war mit Linoleum in drei Breiten unterschiedlicher Muster und Farben ausgelegt. Die Männer saßen links, die Frauen rechts. Mrs. Jagan saß neben ihrer Schwiegermutter. Ein sanfter junger Brahmane mit schulterlangem, glatt zurückgebürstetem Haar und paspeliertem weißem Seidenjackett fungierte als Zeremonienmeister. Ein in der Gegend berühmter Sänger mittleren Alters, der sich selbst auf dem Harmonium begleitete, trug auf Hindi eine Ballade vor, die er eigens für diesen Anlaß komponiert hatte. Sie handelte von Dr. Jagan; das Wort »neunzehnhundertdreiundfünfzig« kam häufiger darin vor, und zwar auf englisch. Als er fertig war, begannen einige, darunter auch ich, zu klatschen.

»Nein! Nein!« schrie ein Mann in blauem Anzug und Brille, der rechts von mir saß. »Das ist ein Tempel.«

Das Klatschen erstarb sofort, und viele von uns versuchten so zu tun, als hätten wir gar nicht geklatscht.

Der Brahmane ermahnte uns zur Gemeinsamkeit.

Dr. Jagan ergriff abermals das Wort. Es sei eine Abwechslung, auch einmal Loblieder zu hören. Der Tempel sei ein schöner Bau und gebe den Menschen von Guayana, die Selbsthilfe praktizieren müßten, ein gutes Beispiel. Trotz aller gegenteiliger Behauptungen garantiere seine Partei die Religionsfreiheit; seine Anwesenheit sei ein Beweis dafür.

»Sag ein paar Worte auf Hindustani«, flüsterte der Fanatiker im blauen Anzug auf englisch. »Das würde sie freuen.«

Dr. Jagan setzte sich.

Es folgte ein weiteres Lied. Sodann verlas der Sekretär zu meiner Überraschung einen Bericht über die Aktivitäten des Tempels; dieser fiel zwangsläufig sehr kurz aus, war den Frauen aber immer noch zu lang: Sie fingen an, untereinander zu schwatzen.

»Ruhe!« rief der Fanatiker im Aufspringen.

Der Brahmane ermahnte die Leute zur Gemeinsamkeit und rief sie sanft zur Ordnung.

Der Fanatiker – er trug Strümpfe – erhob sich, um die Dankrede zu halten. Er begann mit einem Hindi-Couplet und schalt uns ausgiebig dafür, daß wir den Tempel schon in der Stunde seiner Einweihung durch Beifallklatschen entweiht hätten. Dann sprach er über das Sanatan Dharma, den Glauben. Den Blick unverwandt auf Dr. Jagan gerichtet, sagte er: »Die Hindus dieses Landes werden für ihre Religion kämpfen. Niemand soll das vergessen.«

Dr. Jagan blickte starr geradeaus.

Gleich nach der Zeremonie wurde Dr. Jagan von Leuten umringt, die von Landzuteilung redeten. Wir anderen zogen unsere Schuhe an und begaben uns zu einem an den Tempel angrenzenden alten Holzschuppen, wo man uns Halwa, Kokosnußschnitze, Bananen und nichtalkoholische Getränke vorsetzte. Dann gingen wir zum Wagen hinaus und warteten in der glühenden Sonne auf Dr. Jagan. Die Menge um ihn herum schwoll an, und seine Versuche, sich auf die Straße zurückzuziehen, wurden vereitelt. Der Chauffeur wurde geschickt, um ihm einen Weg zu bahnen. Dieser, ein kleiner Mann, drängte sich in die Menge und verschwand. Man schickte jemand anderen. »Es sind immer die größten Gauner, die ihn so aufhalten«, sagte Dr. Jagans Mutter. Sie hatte zu Hause ein Mittagessen für ihn vorbereitet und wollte unbedingt rasch aufbrechen; außerdem war es heiß im Wagen. Irgendwann, viele Minuten später, befreite sich Dr. Jagan und kam, immer noch gefolgt von einigen Leuten, zur Straße.

Dr. Jagans Mutter und die Familie seines Bruders Udit bewohnten eines der Arbeiterhäuser an der Hauptstraße, gegenüber der Siedlung der leitenden Mitarbeiter, die mit Maschendraht umzäunt und an deren Tor ein Wachmann postiert war. Die auf Pfählen stehenden und von vielen Obstbäumen beschatteten Arbeiterhäuser wirkten zusammengedrängt. Dabei stand jedes Haus auf einem ansehnlichen Grundstück: Das Gefühl der Bedrückung ergab sich aus dem Labyrinth von schmalen, staubigen, unzureichend dränierten Pfaden zwischen den Häusern, den Zäunen beidseits der Pfade und vor allem durch die Bäume, die in dem nach Senkgruben riechenden Wind raschelten. Dennoch war leicht zu verstehen, warum die Kinder der Jagans immer ganz erpicht darauf waren, ihre Großmutter in Port Mourant zu besuchen, denn für ein Kind lag bestimmt ein Zauber über dem flachen, gründlich gefegten, ungepflasterten und durch Wasserrinnen und niedrige Obstbäume angenehm kühlen Hof.

Das Haus war schlicht und grob gezimmert; drinnen war es hell von frischer Farbe, die man auf altes, ungestrichenes Holz aufgetragen hatte. In dem kleinen Wohnzimmer standen ein paar Morris-Stühle auf dem unebenen Boden, auf einem kleinen Tisch in der Mitte lagen ein Fotoalbum und ein unordentlicher Stapel alter amerikanischer Heftchenromane, doch die Wände wiesen, von einigen katholischen Kalendern abgesehen, keinerlei Schmuck auf. Ein Waschbecken oder fließendes Wasser gab es nicht; so benutzten wir Krüge, um uns die Hände zu waschen, die wir dabei zum Fenster am Eßplatz hinaushielten. Von Dr. Jagans Mutter ständig zum Zugreifen aufgefordert, aßen wir. Das Essen war gut, ja aufwendig. Es erschöpfte mich vollends. Die Sportveranstaltung am Nachmittag, zu der die Jagans gehen wollten, war mir einfach zuviel, und ich fragte, ob ich mich ein wenig hinlegen dürfe. Udit brachte mich zu einem winzigen, vom Wohnzimmer abgehenden Schlafraum. Die faserigen Holzwände waren kobaltblau gestrichen; und unter einem Christusbild legte ich mich schlafen.

Als mich Udit weckte, war es Nacht. Mrs. Jagan war nach Georgetown zurückgefahren, Dr. Jagan war in New Amsterdam. Ich sollte in Port Mourant übernachten. Udit, ein ernster, freundlicher Mann, brachte mir einen Krug Wasser, damit ich mich frischmachen konnte, und nahm mich dann auf einen langen Spaziergang über die Hauptstraße mit, die von Läden und neuen Cafés strahlte und von den Sonntagabend-Kinogängern wimmelte. Wir unterhielten uns über die Diversifikation der Landwirtschaft in der Gegend; Udit erzählte mir, daß man gerade versuchte, Kakao heimisch zu machen. Der Gegensatz zwischen Udit und seinem Bruder hatte nichts Überraschendes; er findet sich in vielen westindischen Familien wieder, die sich selbst, aus einem unzureichenden Verständnis des Begriffs heraus, komischerweise als »Mittelschicht« bezeichnen.

Nach dem Essen zeigte mir Dr. Jagans Mutter das Fotoalbum. Es machte einen ausgiebig durchblätterten Eindruck. Die einzige interessante Fotografie war eine, die Dr. Jagan als Student aus Amerika geschickt hatte: Es war das von einem phantasielosen Fotografen aufgenommene Studioporträt eines umwerfend gutaussehenden jungen Mannes im Halbprofil, der sich seines Aussehens nicht unbewußt war, nicht das Gesicht eines Politikers oder eines Mannes, der einmal ins Gefängnis kommen sollte, weil er angeblich geplant hatte, Georgetown niederzubrennen. Wenn Mrs. Jagan stolz auf ihren Sohn war, so zeigte sie es nicht. Sie sprach kaum von ihm, und als wir das Fotoalbum zuklappten, machte sie sich sehr viel mehr Gedanken um meine Familie und mich. Ich rauchte zuviel, das schadete meiner Gesundheit; ob ich nicht versuchen wolle, aufzuhören? Und das Trinken: Das sei auch eine schlimme Sache, ich hielte mich in dieser Beziehung hoffentlich zurück. Während wir miteinander redeten, holten Udits Kinder ihre Schulbücher hervor und machten beim Licht einer Kerosinlampe am Eßtisch ihre Aufgaben. Das Haus war elektrifiziert und verfügte über Glühlampen, aber die Stromversorgung lag in den Händen verschiedener Unternehmer der Siedlung, die Kleinkraftwerke betrieben, und es gab anscheinend gewisse Probleme bei der Regelung des Ganzen. Früher am Tag hatte mir jemand von einem Angestellten der Plantage erzählt, der zu »eingebildet« sei, um den Betrieb seines Kraftwerks auszuweiten.

Dr. Jagan sollte am nächsten Morgen nach Port Mourant zurückkehren, um in einer öffentlichen Veranstaltung im

Roopmahal-Kino darüber zu reden, wie das Neubesiedelungsprojekt im einzelnen funktionierte. Als ich dorthin aufbrach, bat mich Udits Frau, ihn dazu zu bewegen, daß er »herkommt und Tee trinkt«. Die Bitte mußte zurückgestellt werden, denn Dr. Jagan befand sich bereits auf dem Podium des Kinos, zusammen mit einer ganzen Reihe von Regierungsbeamten – Schwarzen, Portugiesen und Farbigen –, die hinter ihm auf Klappstühlen saßen. Die Verwaltungsbeamten trugen Anzüge, die Ingenieure Khakishorts und weiße Hemden.

Fragesteller wurden aufgefordert, aufs Podium zu kommen, und immer wieder mußte Dr. Jagan Leuten, die sich erfolglos um Land beworben hatten, erklären, daß die Bewerbungen sogfältig geprüft und die Bedürftigsten bevorzugt würden. Endlich begannen auch die Landbesitzer aufs Podium zu steigen. Sie standen in korrekter Haltung, die Hemdsärmel am Handgelenk zugeknöpft, den Hut hinterm Rücken in den Händen, und sie sprachen leise, als spürten sie die Feindseligkeit der Landlosen, die den größten Teil des großen Publikums ausmachten. Manche beschwerten sich über Einmischungen von seiten des Staates; manche ließen sich nicht gern sagen, wo sie ihr Vieh zu weiden hatten; manche hatten etwas gegen die vorgesehene Begrenzung des Grundbesitzes.

DR. JAGAN: *Wieviel Land haben Sie?*

DER FRAGESTELLER *nuschelt. Im Publikum Getuschel:* »Nun *guckt euch den an! Seht ihr ihn? Wie still er auf einmal wird?«*

DR. JAGAN: *Sie haben* vierzig *Hektar?*

Entgeistertes Luftschnappen im Publikum, teils echt, teils gespielt, gemischt mit Vergnügen über die öffentliche Aufdeckung eines längst bekannten Geheimnisses. Der Fragesteller schlägt sich hinterm Rükken den Hut gegen die Oberschenkel und starrt Dr. Jagan unverwandt an.

DR. JAGAN: *Und wieviel von diesen vierzig Hektar bestellen Sie?*

DER FRAGESTELLER *nuschelt.*

DR. JAGAN: *Fünf. Sie haben vierzig Hektar, und Sie und Ihre Söhne bestellen fünf. Da brächte ja ich allein mit einem Hackmesser mehr zustande. (Nun wechselt Dr. Jagan vom Gesprächs- zum Rednerton.) Das ist der Fluch dieses Landes. So viele Menschen ohne Land. Und so viel gutes Land wird nicht genutzt, liegt einfach brach. Das ist eines der Dinge, mit denen diese Regierung aufräumen wird.*

DAS PUBLIKUM *gibt ein beifälliges Raunen von sich, das ins Spöttische abgleitet, während der Fragesteller, der seinen Hut knüllt, mit auf die Stufen gerichtetem Blick vom Podium herabsteigt. Ein weiterer Fragesteller geht nach oben und spricht einige Zeit. Das Publikum gebärdet sich immer noch spöttisch, und Dr. Jagan hebt Schweigen gebietend die Hand.*

DR. JAGAN: *Gut. Sie bestellen Ihre sechs Hektar. Sie arbeiten schwer auf Ihrem Land, Sie ernähren Ihre Frau und Ihre fünf Kinder, und Sie sehen nicht ein, warum die Regierung oder sonstwer daherkommt und Ihnen vorschreibt, was Sie tun oder wo Sie Ihre Kuh weiden lassen sollen. Gut. Wir wissen, daß Sie schwer arbeiten. Aber sagen Sie mir eines: Wem zertrampeln Ihre Kühe das Reisland? Und wo leiten Sie Ihr Wasser ab? Bei Ihrem Nachbarn, stimmt's? Und wo bleibt er?*

Zustimmendes Johlen für die Geschicklichkeit, mit der Dr. Jagan ein Argument zunichte gemacht hat, das zunächst richtig und unanfechtbar erschienen war.

Und so ging es weiter, bis zum Höhepunkt. Eingeleitet wurde er auf den hinteren Plätzen vom Gekicher einiger Landloser, die vielleicht außerdem Parteimitglieder waren. Eine »Type«, barfuß, in Khakihose und -hemd, im Auftreten eine Andeutung von Beschwipstheit und komischer Zögerlichkeit, erstieg, von launigem Beifall begleitet, das Podium. Dort angekommen, hielt er eine zugleich leidenschaftliche und beherrschte Ansprache für die Landlosen. Es war eine glanzvolle Darbietung, angefangen von der einleitenden Bemerkung – »Ein ungebildeter Kerl wie ich versteht sich nicht auf schöne Reden« – bis hin zu den allgemein bekannten lokalen Witzen und zur vernichtenden Brandmarkung von Egoismus und Gier, welche die Wurzel der Probleme Guayanas seien. Als er fertig war, blieb nichts mehr zu sagen. Der Ingenieur in weißen Shorts mußte nur noch Landkarten hochhalten und einige Formalien erklären.

Dennoch wurde Dr. Jagan nach der Veranstaltung von Leuten umringt und mußte ein weiteres Mal Punkte durchsprechen, die bereits erklärt worden waren. Einer hatte eine besondere Klage: Die Behörden ließen ihn für sein Taxi eine Omnibuskonzession bezahlen, und Dr. Jagan sollte das korrigieren. Das Taxi stand im Hof des Kinos – es war ein Kleinbus, der zehn Fahrgästen Platz bot.

Mittlerweile war es nach zwölf Uhr. Wir hatten keine Zeit, bei Udits Frau Tee zu trinken. Um fünf mußte Dr. Jagan in Georgetown eine Maniokfabrik eröffnen; sein Sohn, der in New Amsterdam auf uns wartete, wollte rechtzeitig zur Frühvorstellung eines Cowboyfilms zurück sein. Mit einigen Regierungsbeamten brachen wir nach New Amsterdam auf und fuhren rasch die Straße entlang, die hier asphaltiert und glatt war. Wir hörten ein Klopfen. Es dauerte an, wurde lauter. Mir war das Geräusch aufgrund eines Erlebnisses vertraut, das ich unmittelbar vor meiner Abreise aus Trinidad gehabt hatte. Wir hielten an und untersuchten die Räder. Die Vorderräder waren fest montiert; die hinteren wakkelten, wenn man mit der Hand dagegenstieß. Als wir die linke Radkappe abnahmen, stellten wir fest, daß sämtliche Muttern gelöst worden waren und nur noch ganz locker auf den Gewinden saßen. Es war äußerst verwirrend.

»An diesem Wochenende haben Sie Politik im Rohzustand erlebt«, sagte Dr. Jagan beim Lunch im Government House von New Amsterdam zu mir. »Wenn Sie auch nur ein bißchen nachdenken wollen, müssen Sie ins Ausland gehen.«

Dr. Jagan ist für jeden etwas anderes. Für manche ist er nicht vertrauenswürdig, weil er Kommunist ist; für andere ist er nicht vertrauenswürdig, weil er kein Kommunist mehr ist, sondern bloß irgendein machtbesessener Kolonialpolitiker. Für manche ist er der Führer einer Volksgruppe. Für manche besteht sein Versagen gerade darin, daß er das nicht ist. (»Ich hasse Cheddi«, sagte ein wohlbestallter Inder zu mir. »Je mehr ich von ihm mitbekomme, desto mehr hasse ich ihn. Eines Morgens werden die Inder dieses Landes aufwachen und feststellen, daß Cheddi sie mit Haut und Haaren verkauft hat.«) Und für andere – daran erinnerte mich ein Schwarzer (es war ein Punkt, den man leicht vergaß) – repräsentiert Dr. Jagan einen radikalen Wandel: Er ist nicht weiß. So wie das Kolonialsystem beschaffen ist, finden viele Braune und Schwarze – braun und schwarz, aber »achtbar« – dies schwer verzeihlich.

Die koloniale Situation Westindiens ist einzigartig, weil Westindien in all seiner rassischen und gesellschaftlichen Komplexität so vollständig ein Werk des Empire ist, daß der Rückzug des Empire fast keine Bedeutung hat. In einer solchen Situation ist der Nationalismus die einzige revitalisierende Kraft. Meiner Überzeugung nach gab es 1953 in Britisch-Guayana hinter dem Überschwang und dem Draufgängertum einen positiven Nationalismus. Er ist das Verdienst der Jagans, Mr. Burnhams und ihrer Kollegen, und er wurde durch die Außerkraftsetzung der Verfassung in jenem Jahr und – unnötige Demütigung – durch eine Truppenentsendung zunichte gemacht. Koloniale Gesinnungen, erst unlängst überwunden, feierten fröhliche Urständ. Wie die westindische Bevölkerung von London während der Unruhen von Notting Hill spaltete sich das Land in seine Bestandteile auf. Und die schon gebündelte Energie, die in eine geordnete und überfällige soziale Revolution hätte einfließen müssen, wurde mit Rassenrivalitäten, Fraktionskämpfen und schlichter Angst vergeudet und schuf die Verwirrung, die für Guayana heute gefährlicher ist als die angebliche Verschwörung von 1953.

Das Deprimierende ist die Verschwendung, die Sinnlosigkeit. Denn wenn man an Guayana denkt, so denkt man an ein Land, dessen unzureichende Ressourcen in jeder Hinsicht überbeansprucht werden, ein Land, dessen Geographie eine Verwaltung und ein staatliches Bauprogramm erzwingen, die in keinem Verhältnis zu seinen Einnahmen und seiner Bevölkerungszahl stehen. Man denkt an den unentwegt durchbrochenen und in Reparatur befindlichen Deich, an die wegen Geldmangels aus Erde errichteten Dämme, die unbefestigten Straßen und ihre gelegentlichen provisorischen Beläge, an die Straßen, die notwendig wären, aber noch nicht gebaut sind, an die heruntergekommenen Eisenbahnen (»Drei Viertel der Personenbeförderungskapazität«, heißt es in einer nüchternen Anmerkung des Regierungspapiers zum Entwicklungsprogramm, »sind überaltert und nähern sich dem Punkt, jenseits dessen weitere Reparaturen unmöglich sind«) und an die drei überlasteten Dakotas und die zwei Grumman-Wasserflugzeuge der British Guiana Airways. Und man denkt an die Straßen von Albouystown, auf denen es von Kindern wimmelt wie auf einem Schulhof in der großen Pause.

Der Amerikaner mittleren Alters mit dem verdrießlichen Bauerngesicht lehnte an einem Pfeiler der Galerie im baufälligen Gebäude der British Guiana Airways auf Atkinson Field. Daß er Amerikaner war, riet ich aufgrund seiner Kleidung. Der Strohhut und die enge Khakihose waren kennzeichnend, desgleichen die Brille. Außerdem hatte er einen Fotoapparat bei sich und kaute unentwegt. Sein Gepäck lag in Polyäthylenbeuteln um ihn herum; bei jedem Standortwechsel nahm er die Beutel mit. Die Vorsichtsmaßnahme erschien übertrieben, denn wir waren nur wenige Passagiere und wollten alle ins Landesinnere fliegen: ein halbes Dutzend Diamantensucher, Dr. Talbot und ich. Dr. Talbot war, was das Landesinnere anging, ein »alter Hase«, dessen höchstes Glück es war, im Busch zu sein und Indianern Zähne zu ziehen. Seine zwei, drei Gepäckstücke waren mit Seilen verschnürt. Er hatte einen Schirm – der sich zu seinem weißen Panamahut merkwürdig ausnahm – und ein Paket Bücher dabei, in denen es im wesentlichen um Ärzte ging.

Wir wollten nach Kamarang im Südwesten, in der Nähe vom Mount Roraima, wo die Grenzen von Britisch-Guayana, Brasilien und Venezuela sich treffen. Kamarang war ein Indianerreservat, das erst kürzlich zugänglich gemacht worden war. Man brauchte allerdings immer noch eine Genehmigung der Regierung, um dorthin zu gehen, und den Diamantensuchern war lediglich die Durchreise auf dem Weg zu den Diamantenfeldern gestattet.

Die Dakota kam aus Rupununi, entlud ihre Fracht – in Sackleinwand verpacktes Rindfleisch –, und wir gingen an Bord. Der Amerikaner, der jede Hilfe des Laders zurückwies, behängte und beschnallte sich mit seinen diversen Paketen und Säcken und ging wankend zum Flugzeug. Dort schnallte und hängte er seine Pakete langsam und sorgfältig ab, verstaute sie im Heck des Flugzeuges, suchte sich einen Platz aus, staubte ihn mit einem Taschentuch ab, setzte sich und konzentrierte sich auf das Anlegen seines Sicherheitsgurtes, wobei er die ganze Zeit kaute und sein bedächtiges Vorgehen mehrmals durch abrupte Schlag- und Schnappbewegungen unterbrach, als wollte er eine Fliege totschlagen, die er schon seit einiger Zeit beobachtete.

Binnen Minuten lag der Küstenstreifen hinter uns. Wir überflogen Bartica und erhaschten einen Blick von der roten Straße zu den Goldfeldern von Potaro. Wir sahen die unzähligen bewaldeten Inseln, die den Mazaruni verstopften. Und dann kam nur noch Wald und noch mehr Wald. Wir hörten auf, durch die kleinen, länglichen Fenster hinauszuschauen, und lauschten bloß dem Flugzeuggeräusch. Der Diamantensucher neben mir, ein Schwarzer, las den in Georgetown erscheinenden *Chronicle*. Er ertappte mich beim Mitlesen und gab mir die Zeitung. Der Aufmacher auf der Titelseite handelte von den chaotischen Zuständen im Abbaugebiet von Cuyuni. Die Diamantensucher dort hatten offenbar weder einen Arzt noch einen Verwaltungsbeamten und waren auf die venezolanischen Behörden angewiesen. Informant des *Chronicle* war ein Diamantensucher namens Agrippa, der mit den Worten zitiert wurde: »Wenn dort einer bei einer Keilerei was abkriegt, kümmert sich kein Arzt und keine Polizei um ihn.«

Ebenso abrupt wie auf dem Weg zum Rupununi begannen die Berge. Hier aber hatten sie flache Gipfel, was an ein Plateau denken ließ, das stellenweise abgesackt und abgebröckelt war, so daß steile graue Steinwände wie vom Schloß eines Riesen zurückblieben, mit sauberen Aussparungen und sauberen Türmen, einer ganz viereckig, viele vollkommen rund; und diese Wände hinab rannen dünne, zu Gischt zersprühende weiße Wasserläufe. »Wundersam ist dieser Mauerstein; vom Schicksal gesprengt, sind die Schlösser zerfallen; das Werk von Riesen zerbröckelt.« Nach Jahren tauchte die Seminarlektüre wie von selbst wieder auf; aber der angelsächsische Dichter sprach von der verlassenen Stadt Bath, und das hier war die versunkene Welt von Conan Doyle.

Wir schickten uns zur Landung an. Ich gab den *Chronicle* seinem Besitzer zurück, der sagte: »Dann haben Sie's also gelesen, wie? Ich bin Agrippa. Hab den Zeitungen die Geschichte gesteckt, Mann. Nicht zu spaßen mit so was.«

Bill Seggar, der District Commissioner, holte uns am Flugzeug ab. Dr. Talbot sollte bei ihm übernachten. Der Amerikaner und ich mußten uns ein Zimmer im Gästehaus teilen. Ein paar Indianerjungen schafften unser Gepäck dorthin, und der Amerikaner gab jedem von ihnen pflichtschuldig ein Trinkgeld. Während ich meine Sachen verstaute, ging der Amerikaner auf die Veranda; als ich das Zimmer verließ, ging er hinein. Wir sprachen nicht miteinander.

Die Siedlung bei Kamarang Mouth ist um die Landepiste herum angeordnet, die am Zusammenfluß des Kamarang und des Mazaruni liegt. Von der Veranda des Rasthauses aus ging der Blick auf den schwarzen, glasigen Mazaruni am Fuß des Steilufers, stilles Wasser zwischen Baumwänden, die sich auf einer Seite klar und auf der anderen dunkel spiegelten, während sich weit weg am Ende des Flusses der blaue, abgeflachte Mount Roraima erhob. Ich kletterte hinunter zum Ufer. Auf einem Felsen saßen tuschelnd und kichernd drei Indianermädchen, die ersten lächelnden Indianer, die ich sah. Zwei kichernde Jungen paddelten in einem Rindenkanu vorbei, das übers glatte, dunkle Wasser zu gleiten schien. Das Ganze glich der Illustration eines Kinderbuches über Kinder mit komplizierten Fertigkeiten in fernen Ländern.

Unter einem der rohen Holzhäuser der Siedlung traf ich auf drei der Diamantensucher, die mit uns geflogen waren. Einer war Inder, die anderen beiden waren Schwarze, der eine hell, der andere dunkel. Der Inder – unter seinen wenigen Habseligkeiten erspähte ich eine Flasche gelber Pfeffersauce – zeigte sich sofort redselig; auch der hellhäutige Schwarze sprach; der dunkle dagegen blieb stumm und sah mich kaum an. Jeder kennt die Diamantensucher, die »porkknockers«, von Guayana, und diese Männer, die mich als informierten Touristen erkannten, verhielten sich wie Leute, die einem bestimmten Ruf gerecht werden müssen. Der Inder erzählte mir, er sei Taucher. Ich brachte die Ehrfucht zum Ausdruck, die nach meinem Dafürhalten erwartet wurde. »Beste Möglichkeit für einen armen Mann, sich seine Brötchen zu verdienen«, sagte der gesprächige Schwarze. Der Inder redete übers Tauchen. Manchmal könne man einen halben Tag unter Wasser bleiben. »Kommt ganz auf die Konsekution an«, sagte der gesprächige Schwarze. »Wer keine Konsekution hat, muß schon nach einer halben Stunde wieder rauf.« Ich fragte ihn, ob er aus Georgetown komme. Er wurde verlegen; er sagte, er komme »aus einer anderen Gegend«. Das hieß, er stammte von einer der kleinen Inseln. Ich forschte nicht weiter. Etwas flog zu einem der groben Holzpfähle und blieb oberhalb meiner Hand sitzen: Es war eine

Spinne, die ihren großen weißen Eiersack unterm Abdomen trug. Ich verabschiedete mich von den Diamantensuchern, während sie es sich für den Abend in ihren Hängematten bequem machten, unter sich schwarz den Mazaruni, schwach in der Ferne den Roraima.

Bill Seggar hatte mich zum Abendessen eingeladen. Er hatte auch den Amerikaner eingeladen, aber der hatte gemurmelt, er wolle anderer Leute Vorräte nicht in Anspruch nehmen, und abgelehnt. Als ich am Gästehaus vorbeikam, erhaschte ich einen Blick von ihm, wie er auf der Küchenveranda sorgfältig Konservendosen aus einem seiner Polyäthylenbeutel öffnete. In Bill Seggars schlichtem, mit Büchern und Zeitschriften wohlversehenen Holzhaus, dessen ungestrichene Wände indianisches Kunsthandwerk schmückte, war Dr. Talbot beim Lesen. Er hatte bereits eine Reihe Zähne gezogen. Seggar rief mir von der Dusche aus zu, ich solle mir etwas zu trinken nehmen. Ich nahm mir ein Bier aus dem Kühlschrank – alles, hielt ich mir schuldbewußt vor Augen, wurde von der Küste eingeflogen –, und Dr. Talbot erläuterte das indianische Blasrohr, die Pfeile mit den schwarzen Spitzen und die Perlenbeutel, »die heute leider *unter* der Kleidung getragen werden«. Dr. Talbot war ein Romantiker. Er mißtraute jeglichem technischen Fortschritt und trauerte den Tagen nach, als eine Reise ins Landesinnere wirklich noch eine Reise ins Landesinnere und kein Vergnügungsflug mit einer Dakota gewesen war. Nicht einmal Außenbordmotoren fanden Gnade vor seinen Augen; am nächsten Morgen wollten wir mit der missionseigenen Barkasse den Kamarang hinauf zur Missionsstation von Paruima an der venezolanischen Grenze fahren, und er hätte die Strecke lieber zu Pferde zurückgelegt.

Mit uns aß der hochgewachsene, schlanke portugiesische Pilot, der die Diamantensucher am nächsten Tag mit der kirschroten, einmotorigen Maschine, die ich auf der Landepiste gesehen hatte, zu den Dimantenfeldern fliegen sollte. Der Pilot mochte es nicht, wenn die Diamantensucher länger als nötig in einer indianischen Siedlung blieben, und er erzählte mir, daß Dionysus, der Inder, der sich mit mir übers Tauchen unterhalten hatte, gar nicht bis ins Diamantengebiet gelangen würde. Dieselbe Dakota, die ihn von Georgetown herbefördert hatte, hatte auch die Nachricht gebracht, daß er nicht eingestellt werden sollte.

Bill Seggar kam aus der Dusche, und unsere Tischgesellschaft war komplett, als Mr. Europe, der schwarze Apotheker, von seiner Apotheke auf der anderen Seite der Landepiste herüberkam. (Agrippa, Dionysus, Mr. Europe – ich glaubte diese Kamarang-Namen einfach nicht.) An Seggars großem, schlichtem Holztisch unterhielten wir uns zum heiseren Geschrei der Fledermäuse im Dach über die Probleme Guayanas. Mr. Europe sprach von Rasse und Sklaverei; er erinnerte uns ohne Bitterkeit daran, daß Indianer entlaufene Sklaven zur Strecke gebracht hatten, und wir sprachen von Indianern.

Sie erzählten mir davon, welche Wirkung Alkohol auf den Indianer hat: Er erinnert sich plötzlich lebhaft an lange zurückliegende Beleidigungen und Ungerechtigkeiten, die er längst vergessen hatte, und wird gemeingefährlich. Und ich hörte vom *kanaima*, dem gedungenen Mörder, dem Schrecken aller Indianer. Der *kanaima* hat sich völlig seiner Arbeit verschrieben; er lebt einsam; er fastet vor einem Mord, der auf gräßliche Weise verübt wird und mit einem Verknoten der Därme des Opfers verbunden ist. Der *kanaima* verliert seine Macht, wenn er erkannt wird. Er gibt sich deshalb nur seinem Opfer zu erkennen. Daher sind Indianer an einsamen Orten lieber in Gesellschaft, obwohl auch das nicht gefahrlos ist, denn – wer weiß? – vielleicht ist ja der andere der *kanaima*. Für den Indianer gibt es jedoch kein Entrinnen vor dem *kanaima*, weil der *kainama* mehr ist als ein Mörder: Er ist der Tod selbst. Indianer sterben niemals eines natürlichen Todes: Sie werden stets vom *kanaima* umgebracht.

In der Station gab es einen Hund, ein mächtiges, wunderschönes Tier, das in ständiger panischer Angst lebte. Es fürchtete sich vor der Dunkelheit, vor Insekten und vor plötzlichen Bewegungen. Als der Pilot und ich Seggars Haus verließen und beim Licht einer Taschenlampe zum Gästehaus gingen, hielt sich der Hund, der vorneweg lief, stets im zitternden Lichtkegel, wie ein Schauspieler, der sich in unruhiges Scheinwerferlicht hineinbewegt. Beim Rasthaus angekommen, rieb sich der Hund schutzsuchend an unseren Beinen. Die Lichter blinkten dreimal – Seggars Ankündigung, daß er den Strom abstellen würde –, und gleich darauf senkte sich Dunkelheit und, mit ersterbendem Motor, Stille über die Station. Widerstrebend ließ ich den Hund allein; er war von einem Käfer erschreckt worden und lag zwischen meinen Füßen.

Mein Amerikaner schlief unter einem an Reifen und Haken aufgehängten Moskitonetz, das er in einem seiner Polyäthylenbeutel mitgebracht hatte. Mein Bett hatte kein Moskitonetz, und ich hatte nur Seggars Wort darauf, daß es keine Moskitos gab. Ich wollte gerade ins Bett, als mir einfiel, wie der Amerikaner irgendwann am Nachmittag sein Bett aufgeschlagen und gründlich untersucht hatte. Diese Erinnerung an amerikanische Vorsicht beunruhigte mich nun. Mit unnötiger Heftigkeit schlug ich die Decke zurück und untersuchte mit meiner Taschenlampe das Bett, wobei ich so leise wie möglich zu Werke ging.

Um sieben Uhr morgens kamen die Bootsführer von Paruima in ihren Gummistiefeln heraufgestapft. Der Amerikaner, fix und fertig angezogen, seine Sachen gepackt, sein Moskitonetz abgebaut, war noch damit beschäftigt, einen seiner Polyäthylenbeutel zu verschnüren, und entschuldigte sich bei den Bootsführern dafür, daß er noch nicht fertig war: Er sei erst um halb sieben aufgestanden. Ich wollte auch mit. »Wenn ich gewußt hätte, daß Sie auch mitkommen«, sagte der Amerikaner, und es war das erste Mal, daß er mit mir sprach, »hätte ich Sie geweckt.« Ich sprang aus dem Bett, machte im Waschraum Katzenwäsche, trank eine wegen meiner Hast lauwarme Tasse Nescafé und rannte zu Seggars Haus hinüber, um Dr. Talbot zu holen. Der setzte sich gerade vor ein umfangreiches Frühstück, hatte es offenbar überhaupt nicht eilig und äußerte starkes Mißfallen über den Amerikaner. Ich schlenderte zum Fluß hinunter. Der Amerikaner saß, umgeben von seinen Polyäthylenbeuteln, ganz allein in der Barkasse. Ich ging zum Rasthaus zurück, trank eine Tasse Kakao und spazierte dann zur Apotheke hinüber, wo Mr. Europe, der außerdem Postmeister war, Kamarang-Briefmarken abgab. Bei ihm waren Agrippa und ein weiterer Diamantensucher, ein älterer, an einen Schullehrer erinnernder Mann mit Brille, der ein Glasröhrchen hervorholte und mir die Diamanten zeigte, die man fand, wenn man Glück hatte: Sie glichen Stein- und Glassplittern und abgebrochenen Bleistiftspitzen und waren auch so groß wie diese.

Endlich waren wir soweit. Aber das Boot ging vom Kamarang aus ab, und der Amerikaner mußte die Barkasse, in der er die ganze Zeit standhaft ausgeharrt hatte, wieder verlassen und sich ohne seine Gepäckstücke den Hügel hinauf, über die Landepiste und ans Ufer des Kamarang hinabbegeben.

Wir legten ab. Ein Indianer stand im Bug. Später saß er auf einem Paddel quer überm Bug und rührte sich nicht ein einziges Mal. Seine Reglosigkeit faszinierte mich, und die Faszination wurde durch die Langeweile der Bootsfahrt fast unerträglich: eintönige Geräusche, eintöniger Fluß. Stunde um Stunde sollte ich den in blauem Jersey steckenden, breiten Rücken direkt vor mir haben, die reglosen Gummistiefel, die auf das Paddel gedrückten Hände. Ich machte Fotos von ihm; ich zeichnete ihn; dann machte ich wieder Fotos. Seine Aufgabe bestand darin, vor Hindernissen, insbesondere vor knapp unter der Wasseroberfläche liegenden Baumstämmen zu warnen, mit denen die Flußufer übersät waren. Entweder er oder wir hatten Glück, denn er gab den ganzen Tag keinen einzigen Warnruf von sich.

Das glatte Wasser war schwarz mit warmen braunen Verschattungen; der schmale Fluß, mit Wald zu beiden Seiten, hatte etwas Hermetisches. Manchmal passierten wir Indianer in ihren Booten; sie waren hellhäutiger und stattlicher als die Indianer des Rupununi. Ein vertäutes Rindenkanu oder ein Einbaum und ein holpriger, zu braunen, lehmigen Stufen ausgetretener Pfad die Uferböschung hinauf verriet eine menschliche Unterkunft. Ein niedriges, an ein Fußballtor erinnerndes Gebilde aus drei Ästen bezeichnete einen Lagerplatz. Vögel, stets in Paaren, umtanzten unser Boot: große, graue Vögel und kleine mit blauschwarzen Flügeln und weißer Brust. Dr. Talbot sagte, daß die grauen Vögel bei seiner ersten Fahrt den Kamarang hinauf die ganze Zeit beim Boot geblieben seien. Nun flögen sie etwa hundert Meter vorneweg, weil die Indianer zum Vergnügen auf sie schössen. Und tatsächlich kam, vom erwartungsvollen Raunen und Plappern seiner Freunde begleitet, von achtern ein Indianer mit einem Gewehr, und das Boot fuhr langsamer, damit er seine Position im Bug, vor dem reglosen Ausguck, einnehmen konnte. Er drehte sich um und lächelte uns an. »Beachten Sie ihn nicht«, sagte Dr. Talbot gereizt und wandte sich ab. »Er macht das bloß, um anzugeben.«

Also beachtete ich ihn nicht und versuchte statt dessen, mit Flußwasser, das, wie Dr. Talbot beinahe mit Besitzerstolz sagte, ganz sauber sei, Kakao zu machen. Der Amerikaner, der hinter uns saß, lehnte kurz angebunden ab: Er wolle anderer Leute Vorräte nicht in Anspruch nehmen. Dr. Talbot verlor seine Tasse, als er Wasser aus dem Fluß zu schöpfen versuchte. Dennoch wurde kalter Kakao gemacht – das Flußwasser hatte, könnte man sagen, die Farbe von Roséwein –, und ich führte gerade die Tasse zum Mund, als ich den Gewehrschuß hörte und mir den Kakao über Hemd und Hose kleckerte. Die Indianer seufzten vor Enttäuschung: Der Vogel war nicht getroffen worden. Beim Versuch, meine leere Tasse auszuspülen, verlor ich sie. In meinem Rücken hörte ich den Amerikaner pusten und an einer Tasse heißen Kaffees aus der Thermoskanne schlürfen, die er am Morgen zubereitet hatte. Außerdem aß er zierliche Sandwiches aus luftdichten Zellophanverpackungen.

Mittags legten wir bei einem Dorf an, das – ein Dämpfer für die anspruchsvollen Erwartungen, die man als Reisender hat – über ordentliche Häuser aus Holz und Wellblech verfügte. Es handelte sich um eine Nebenstelle der Mission von Paraima. Der Amerikaner machte Fotos und widmete sich dann mit komplizierter Umschweifigkeit, die viel verdutztes Interesse auf sich zog, gewissen natürlichen Verrichtungen. Die Indianer kauften Kassavebrot, weiße, aufgebogene Scheiben von etwa sechzig Zentimeter Durchmesser und anderthalb Zentimeter Dicke, mit denen sie äußerst beiläufig umgingen: Sie falteten sie und stopften sie in die Ecken von Körben. Dr. Talbot kaufte auch eine; sie wurde von einem kleinen Knirps, den sie halb verdeckte, zum Boot gebracht. Ich probierte ein Stück. Es war hart und grob, roch säuerlich und hatte fast keinen Geschmack. Der Ausguck in blauem Jersey hatte sich Fleisch zwischen zwei dieser Brotbretter geklemmt. Sein Gesicht war reinstes Entzücken. Er ließ sich auf dem Paddel nieder; irgendwer reichte ihm einen Emailleteller mit rot getüpfeltem Reis, und er aß zu jedem Mundvoll Reis einen Fetzen Maniokbrot.

Große braune und graue Felsen, riesige zerklüftete Blöcke, gerundet und ausgehauen, erschienen nun an den Flußufern. Manchmal waren sie eckig, gewaltig und rissig: Ruinen, so schien es, der Festungsanlagen von Riesen. Und auf diesen Felsen, auf nur zentimeterdicker Erde, wuchsen die großen Bäume des Waldes, deren Wurzeln sich seitlich ausbreiteten, so daß die Erde aus Wurzeln zu bestehen und die Bäume aus nichts zu wachsen schienen. Viele Bäume waren in den Fluß gestürzt, und ihre grünen, weißen und schwarzen Stämme bildeten vollkommene Vs mit ihren Spiegelbildern, die ihrerseits komplizierte Muster aus abgebrochenen Ästen und dem einen oder anderen kahlen weißen Strunk schufen. An der Waldwand hingen Lianen wie ein Gewirr weißer Kabel, die manchmal senkrecht herabfielen und sich in ihrem Spiegelbild verlängerten. Das war keine Landschaft für die Kamera: Besser als durch die Stahlstiche in den Reisebüchern des vorigen Jahrhunderts läßt sich ein Eindruck vom tropischen Wald nicht vermitteln.

Wir waren bald eingelullt. Dr. Talbot las einen Taschenbuch-Roman, von dem ich noch nie gehört hatte. Ich holte mein Buch hervor, die Penguin-Ausgabe von *Der Immoralist* – es geschah mir recht, daß ich aus Pflichtgefühl heraus las –, und machte mir sogleich Gedanken über die mögliche Unschicklichkeit des Titels. Denn Dr. Talbot hatte mich früher über die Verbote in der Mission aufgeklärt, in deren Boot wir reisten: keine Zigaretten, kein Alkohol, kein Kaffee, kein Tee, kein Pfeffer, kein Fleisch, kein Fisch, kein Singen oder Pfeifen, es sei denn von geistlichen Liedern. Gegen ein paar Regeln hatten wir schon verstoßen. Der Amerikaner hatte Kaffee und ich, gegen mein Unbehagen in den kakaofeuchten Kleidern, unentwegt Whisky getrunken. Geraucht hatte ich auch.

Wir glitten nun, während bei Indianern an den Ufern vom Boot aus brüllend alles mögliche bestellt wurde, immerzu zwischen Felsen dahin und erreichten schließlich die Portage. Wir hörten das Tosen der Wasserfälle. Die Sonne erleuchtete nur ein Ufer, und das Wasser, das im Schatten schwarz war, erglühte wie ans Licht gehaltener Rotwein, mit tanzenden, leuchtenden Gespinsten. Die Barkasse wurde entladen. Dr. Talbot und ich vertrauten unser ganzes Gepäck den Indianern an und arbeiteten uns zwischen hohen, geraden weißen Bäumen mühsam durch den Morast. Ein-, zweimal glitten wir aus. Der Amerikaner erlaubte niemandem, seine Polyäthylenbeutel anzufassen; er schnallte sie allesamt an sich fest und stelzte langsam, ganz langsam und noch wackeliger als bei seinem Marsch zu der Dakota auf Atkinson Field, durch den dicken, schmatzenden Morast. Auf der anderen Seite warteten wir auf ihn; und als er viele Minuten später auftauchte, ließ sein verkniffenes, erschöpftes Gesicht weder Stolz auf das Geleistete noch Groll über die Zumutung erkennen.

Unsere Fahrt war fast vorüber. Binnen Minuten waren wir in Paruima. Das Dorf lag zu unserer Linken; am anderen Ufer hatte man eine Landepiste angelegt. Palmer, der englische Landwirtschaftsbeauftragte, ein schmächtiger Mann Anfang Zwanzig, der Khakihosen, Leinenschuhe und einen ausladenden Strohhut trug, hieß uns am Flußufer willkommen. Besonders herzlich begrüßte er Dr. Talbot: Es gab zahlreiche Krankheitsfälle in der Mission, und auch der Pastor und seine Familie waren betroffen. Dr. Talbot stieg mit seinen Büchern und seinem Schirm aus; er kam im Haus des Dorfvorstehers unter. Wir anderen gingen ein paar hundert Meter zur eigentlichen Mission weiter. Und dort am Ufer spielten in Badehosen zwei Kinder, weiß, blond und sommersprossig und nach einem Tag Fluß, Wald und indianischer Gesichter ganz und gar verblüffend.

»Wer seid ihr?« fragte der größere Junge und nahm mir damit die Worte aus dem Mund. Sein amerikanischer Akzent trug noch zur Unwirklichkeit der Begegnung bei und verlieh der einfachen und berechtigten Frage einen Hauch von Unverschämtheit.

Sein Vater, der Pastor, ziemlich jung, hochgewachsen, schlank und mit Brille, kam die hohe Böschung herunter ans Ufer des schwarzen Wassers.

»Winter heiße ich«, sagte mein Amerikaner und streckte eine fleckige und überraschend große Hand aus. Als ich seinen Akzent mit dem des Pastors verglich, merkte ich erst, wie übertrieben südstaatlich der von Mr. Winter war.

Wir stiegen das Ufer hinauf. Die Mission, ein Komplex hölzerner, in einem Kreis angeordneter Gebäude, stand auf einem Hang am Rande einer großen Lichtung, die noch von Baumstümpfen starrte, was eher an Verwüstung als an Entwicklung denken ließ. In den Boden eingebettet waren große Findlinge, wie man sie am Fluß gesehen hatte. An zwei, drei Stellen brannten Baumwurzeln: Ich sah keine Flamme, nur dicken weißen Rauch.

Die Amerikaner schienen sich gegenseitig zu stimulieren. Mr. Winter, mit einemmal nicht mehr so besorgt um seine Gepäckstücke, redete vage und weitschweifig drauflos, als müsse er alles von sich geben, was sich in den letzten zwei Tagen an Worten in ihm aufgestaut hatte. Der Pastor gab sich lauter und herzlicher, sein Akzent trat schärfer hervor. Er lud uns zum Essen ein und sagte, er wünschte, er könnte mehr für uns tun.

»Wenn meine Frau nicht krank wäre«, meinte er, »hätten wir Sie bei uns zu Hause aufgenommen.«

Jäh verstummte Mr. Winters Gedröhne. Als der Pastor, zur Erklärung, beiläufig von Gelbfieber sprach, irrte Mr. Winters Blick wie auf der Suche nach seinen Polyäthylenbeuteln umher. Sein Gesicht wurde wieder verdrießlich, und er sagte, er nehme ungern anderer Leute Vorräte in Anspruch.

Wir sollten uns ein Zimmer in einem groben, unfertigen Holzhaus teilen, das immer noch herb nach frischer tropischer Zeder roch. Der Pastor befestigte meine Hängematte. Es freute mich ein bißchen, daß Mr. Winter trotz all seiner Polyäthylenbeutel keine Hängematte hatte. Er besaß eine Matratze, und das einzige, worauf er sie ausbreiten konnte, war eine niedrige Werkbank, die etwa dreißig Zentimeter kürzer war als er selbst. Während er, wieder einmal autark, seine Beutel verstaute, wehrte er die Entschuldigungen des Pastors ab, und das Ganze glich einem verzweifelten Abwehrkampf gegen den Pastor selbst.

Ich wollte vor Sonnenuntergang noch schwimmen gehen. Der Pastor sagte, das Wasser sei zu kalt für den Säge-zahn-Piranha, und bot als Garantie dafür an, mit mir zum Fluß hinunterzugehen. Mich interessierten die riesigen Findlinge im Boden. Sie wiesen saubere Rinnen auf, als wären sie mit einer Gußform gefertigt – vermutlich die Wirkung von Wasser –, und diese Rinnen verliefen ihrer-seits in Einkerbungen, die sehr viel breiter waren, was dar-auf hindeutete, daß die Felsen früher noch erhabener und schroffer gewesen waren. Ich fragte den Pastor nach dem Alter der Findlinge. Er sagte, die Adventisten gäben nichts auf »den Hokuspokus der Geologen«; die Welt sei sechs-tausend Jahre alt. Das Wasser war braunschwarz, und es war unheimlich, in der Dämmerung und der Waldesstille in diese flüssige Schwärze einzutauchen. Man sah die Schwärze nicht. Man hatte das Gefühl, als hätte man die Augen geschlossen, als befände man sich im leeren Raum.

Hier und da brannten Lichter in den Häusern am Fuße der schwarzen Waldwand. Die brennenden Baumstümpfe glommen; ihr Geknister trug weit. Unser rohes Zimmer lag im Dunkeln. Mr. Winter hatte sein Bett gemacht – es wirkte so klein wie eine Krippe – und es mit seinem Mos-kitonetz beschirmt. Er verzehrte beim Licht seiner elek-trischen Taschenlampe Kaffee und Sandwiches. Ich nahm einen Schluck Whisky, ging zum Haus eines der schwar-zen Lehrer hinüber – Regale mit Büchern religiösen Inhalts und Schulbüchern, die Familie (einschließlich Großmutter) schweigend beim Essen an einem Tisch mit Wachstuch-decke – und borgte mir eine Laterne. Eingedenk meiner Whiskyfahne fragte ich den Lehrer, ob das Rauchen verbo-ten sei. Die Großmutter sah mich an. Der Lehrer meinte, der Pfarrer sei tolerant, aber ob ich denn nicht die Gelegen-heit nutzen wolle, damit aufzuhören. Ich versprach, es zu versuchen, und eilte mit der Laterne von dannen.

»Na, so was, danke«, sagte Mr. Winter. Er saß im Stock-dunkeln auf der Kante seines Bettes und fummelte an den Knöpfen eines Transistorradios herum.

Das von einem niedrigen weißen Holzzaun umgebene Haus des Pastors, von außen gestrichen und beeindruckkend, war innen von pionierhafter Roheit. Es roch tröstlich nach frischer Farbe: tröstlich, weil Mr. Winter etwas davon gemurmelt hatte, wie ansteckend Gelbfieber sei. Die Familie des Pastors – hübsche Tochter, sommersprossige blonde Jungen und dazu noch die kleine Deborah Sue, die ihre Puppe, deren Kinderwagen und ihren Teddybär herbeiholte – entsprach dem, was man sich aufgrund von Büchern, Filmen und amerikanischen Touristen unter einer amerikanischen Familie vorstellte. Nur ihr Vegetariertum kam unerwartet. Wir aßen ein Nußgericht aus der Dose, Kekse und Sauersack. Dazu tranken wir Milch.

»Du hast mir nicht genug gegeben«, sagte der jüngere der beiden Knaben, als das Nußgericht aufgetragen wurde.

»Hey«, sagte der Pastor mit gutmütigem Spott, »angeblich magst du das Zeug doch gar nicht, weißt du noch?«

Der Pastor erzählte mir, die Mission sei vor fünfundzwanzig Jahren am Fuße des Mount Roraima, auf der venezolanischen Seite der Grenze, gegründet worden. Als die Behörden sie auf Druck der katholischen Kirche zum Verlassen des Landes aufgefordert hätten, seien sie über die Grenze nach Britisch-Guayana gegangen, und die Indianer seien gefolgt.

Wir befanden uns im Gebiet der höchsten Wasserfälle der Welt – der höchste, in Venezuela, maß etwa tausend Meter –, und der Pastor meinte, ich würde vielleicht gern zu den Utshi-Fällen gehen. Mit ihren zweihundertdreißig Metern Höhe waren sie unbedeutend, nicht höher als die Kaieteur-Fälle, aber sie waren nur sechs Stunden entfernt.

Auf dem Rückweg vom Pastor machte ich bei dem schwarzen Lehrer halt. Bei ihm war ein Chinesenjunge, einer meiner Nachbarn in dem rohen Holzhaus. Keinem von beiden gefiel der Gedanke einer Wanderung zu den Utshi-Fällen. Sie sprachen von Schlangen, Tigern und Wildschweinen. Wildschweine jagten in Rudeln, man könne ihnen nur entkommen, wenn man schleunigst einen Baum hinaufklettere, und die geraden, astlosen Bäume des Waldes seien nicht leicht zu erklettern. Ich entsann mich der anschaulichen Geschichte eines guayanesischen Autors, in der ein Junge von Wildschweinen angefallen und von den Füßen her aufgefressen wird, und zwar so schnell, daß er nicht umfällt, sondern nur immer kleiner zu werden scheint.

Früher am Tage, in der Apotheke von Kamarang, hatte ich Dr. Talbot nach den Verhältnissen in Paruima gefragt. »Stadtleben«, hatte er abfällig bemerkt. »Wo die Musikboxen nur geistliche Lieder spielen«, hatte ich gesagt. Agrippa hatte gelacht, aber Dr. Talbot hatte gemeint: »*No llames bocazas al cocodrilo hasta que cruzes el rio.* Nenne das Krokodil nicht Großmaul, ehe du den Fluß überquert hast.« So unrecht hatte ich jedoch gar nicht, denn ich wurde am nächsten Morgen vom heiseren Kirchenliedgesang des Chinesenjungen im Nebenzimmer geweckt. So ging es den ganzen Tag: Die Leute summten nur geistliche Lieder, und der Chinesenjunge schmetterte unentwegt erbauliche Choräle.

Nach dem vielen Gerede über ansteckende Krankheiten erwachte ich mit einem leichten Unwohlsein; außerdem tat mir von meinem die ganze Nacht währenden Kampf mit der Hängematte alles weh. Mr. Winter hatte in seiner Krippe unterm Dach des Moskitonetzes ebenfalls eine unangenehme Nacht gehabt, denn er hatte versucht, mit angezogenen Beinen zu schlafen.

»Guten Morgen«, sagte er kläglich, in seiner Unterwäsche auf der Bettkante sitzend. »Wie – sind – Sie – denn – in Ihrer – Hängematte – zurechtgekommen?« Er sprach so langsam, daß ich angestrengt den Worten lauschte, weil ich jedesmal erwartete, das nächste sei besonders wichtig. »Ich weiß noch«, fuhr er fort, »wie *ich* das erste Mal in einer Hängematte geschlafen habe.«

Ich unterbrach das Verknoten meiner Schnürsenkel und hörte zu.

»Es war –«
Ich wartete.
»– ziemlich schwierig.«

Mir wurde nicht gerade leichter zumute, als der Chinesenjunge sagte, er habe auch schon Gelbfieber gehabt, und Palmer vom Dorf herüberkam und erzählte, Dr. Talbot gehe es nicht besonders. Mr. Winter und ich rückten enger zusammen. Ich wurde ein ebenso fanatischer Wasserabkocher wie er, und selbst das beruhigte mich nicht völlig, denn wir mußten den Wasserkessel der Mission und deren Gemeinschaftsherd benutzen. Ich gab meine guten Vorsätze auf und trank den ganzen Tag über prophylaktisch Whisky in kleinen Schlucken. Mr. Winter lehnte meinen Whisky ab; er nahm statt dessen bestimmte Tabletten und trank heimlich und unaufhörlich heißen Kaffee. »Eine Tasse Kaffee ist wirklich was Feines«, sagte er, als er bei seiner zehnten oder zwölften Tasse war.

In der Mission bereitete man sich auf die Samstags-Ruhezeit vor, indem man im voraus kochte und backte. Der Missionsladen war voller Indianer, darunter auch die Bootsführer, die darauf warteten, ihren Lohn zu bekommen und ihn auszugeben. Zu ebener Erde, zwischen den riesigen Bananenbüschen, die in diesem Weltteil wuchsen, schrummte jemand auf der Gitarre. Es war ein spanischsprechender Indianer aus Santa Helena in Venezuela. Wir unterhielten uns ein wenig, und von da an folgte er mir, wohin ich auch ging, sprach nur, wenn er angesprochen wurde, und genoß ansonsten unsere stumme Zwiesprache.

Mr. Winter hatte den Vormittag damit zugebracht, Erdproben zu sammeln, die er auf der schmalen Tischlerwerkbank in unserem Zimmer auf weißen Papierrechtecken ausgelegt hatte. Dies, so erfuhr ich, war der Zweck seiner Reise. »Die Erde hier ist wahnsinnig interessant«, sagte er, in der Stimme fast so etwas wie Häme. »Wahnsinnig interessant.«

Als ich am Nachmittag, weil es an einem Stuhl fehlte, in

meiner Hängematte lag, machte mich die Schwarze aus dem angrenzenden Zimmer auf die Affen in den Bäumen am Rande der Lichtung aufmerksam. Tatsächlich, dort kreischten und hüpften sie herum. »Sie kommen immer um diese Zeit heraus«, sagte die Frau. Sie war keine Guayanesin, sondern kam von einer der Inseln; ihr Mann bereitete sich darauf vor, Geistlicher zu werden. Nachdem ich gebeichtet hatte, daß ich kein Christ war, unterhielten wir uns über Religion. Sie hatte einmal einen Hindu kennengelernt und festgestellt, wie sehr sich hinduistische von adventistischen Anschauungen unterschieden: So glaubten die Adventisten beispielsweise, daß die Welt in buchstäblich sechs Tagen erschaffen worden sei. Sie tränken weder Tee noch Kaffee, weil beides Koffein enthielt. Einmal habe es jemand in der Mission mit Malzkaffee probiert, weil der angeblich kein Koffein enthielt, aber der Pastor habe das verboten. Sie kochte mir etwas Wasser, und ich bat sie außerdem um ein wenig Zucker. Dann fiel mir ein, was sie über die Krankheit in der Mission gesagt hatte (»Sie müssen vorsichtig sein. Nur wer mit anderen zusammensteckt, ist krank geworden« – eine Bemerkung mit unerwarteten rassistischen Untertönen), und ich verwendete den Zucker nicht, sondern spielte nur ein bißchen damit herum, um anzudeuten, daß ich mir davon genommen hatte. Statt dessen öffnete ich meine Dose Kondensmilch.

Später an diesem Nachmittag nahm ich ein kurzes Bad im Fluß. Mr. Winter kam in Shorts mit seinem Eimer herunter und begoß sich mit Wasser. Auf einem der Felsen im Fluß wuschen ein paar Indianerinnen Wäsche. Ich fand sie pittoresk, für Mr. Winter jedoch waren sie Anlaß zu noch größerer Sorge. Er glaubte, der ganze Fluß sei verunreinigt. In düsterer Stimmung gingen wir durch die Dunkelheit zu unserem Zimmer zurück. Es gab kein Entkommen aus Paruima, außer mit der Barkasse der Mission, und die fuhr erst wieder in vier Tagen. Ich aß Schmelzkäse und trank eine Tasse Kaffee, zu der Mr. Winter das kochende Wasser beisteuerte. Der Chinesenjunge sang lauthals Kirchenlieder. Unsere Laterne hatte kein Öl mehr, und als ich zu dem schwarzen Lehrer hinüberging, um mir welches zu besorgen, fand ich die ganze Familie beim Absingen geistlicher Lieder. Die lichtlose Laterne in der Hand, wartete ich auf der Treppe und sah dabei zu, wie sich die Nacht über die Lichtung senkte, wie die Baumstümpfe glommen und Farbe gewannen und das Haus des Pastors hell erstrahlte.

Um acht hatten wir uns im Schummerlicht der Laterne zur Ruhe begeben – ich in meiner Hängematte, Mr. Winter in seiner Krippe – und unterhielten uns über die Wanderung zum Utshi, zu der ich am Sonntag, nach der Samstagsruhe, aufbrechen wollte. Ich hatte mit Palmer über die Wildschweine gesprochen. Er sagte, er sei einmal einem Rudel über den Weg gelaufen; die Guayanesen in seiner Begleitung seien in Panik geflüchtet und hätten sich beim Versuch, nicht zu erkletternde Bäume zu erklettern, selbst verletzt; er dagegen, der die Horrorgeschichten nicht kannte, habe seinen Fotoapparat hervorgeholt und das zu beiden Seiten an ihm vorbeipreschende Rudel fotografiert: Seine Mutter lebe in der Umgebung von London und bekomme gern Fotos vom tropischen Wald und von wilden Tieren.

»Ich würde wirklich wahnsinnig gern mitkommen«, sagte Mr. Winter von Zeit zu Zeit. »Wirklich wahnsinnig gern. Aber ich bin zu alt. Ich würde Sie bloß aufhalten. Die ersten ein, zwei Stunden trödle ich bloß herum. Laß alle anderen vorausgehen. Trödle einfach bloß herum, bis ich den zweiten Atem kriege. Übrigens, wissen Sie, was bei solchen Wanderungen gut für die Ausdauer ist? Puffmais. In Ecuador hab ich immer welchen dabeigehabt. Getrödelt. Eine Handvoll Puffmais gegessen. Getrödelt. Noch eine Handvoll Puffmais gegessen. Bis ich den zweiten Atem gekriegt habe. So hab ich das in Ecuador gemacht. Ich würde Sie allerdings bloß aufhalten. Mitkommen würde ich wahnsinnig gern. Jammerschade, daß man so weit kommt und dann diese Wasserfälle verpaßt. Sagen Sie mal, würden Sie mir einen Gefallen tun? Könnten Sie mir ein Foto von den Wasserfällen schicken?«

Der Samstag in der Mission kam einem wie der Sonntag vor: Alles trug Feiertagskleider, und es tat sich nicht sehr viel. Der Chinesenjunge blieb in seinem Zimmer und sang aus voller Kehle. Mr. Winter bot mir Schinken zum Frühstück an, und endlich war die Reihe an mir, abzulehnen. Er wollte wissen, warum. Ich erklärte meine semi-vegetarische Erziehung, und er sagte, er selbst trinke aus religiösen Gründen nicht.

»Wir machen uns das Leben wirklich schwer«, sagte er. »Meinen Sie, es macht denen was aus, wenn ich mir auf ihrem Herd was von dem Schinken brate? Die Leutchen stellen sich wirklich an, wenn man Sachen macht, gegen die sie was haben.«

»Ich glaube schon, daß es ihnen was ausmacht«, sagte ich, »wenn ich so an meine Qualmerei denke –«

»Und meine Kaffeetrinkerei.« Sein Mund öffnete sich leicht, und ein Lächeln von reiner Schalkhaftigkeit legte sich über sein rissiges Gesicht. »Aber eine Tasse Kaffee ist wirklich was Feines. Möchten Sie eine?«

Danach gingen wir ins Dorf hinüber und trafen Dr. Talbot zu unserer Erleichterung beim Zähneziehen an. Er trug sein Gebiß nicht und war ausgezeichneter Stimmung; er hatte lediglich eine Erkältung. Die meisten Indianer waren in der Sabbatschule. Von den Männern trugen viele Sergehosen, ein oder zwei sogar einen Anzug. In einem erst im Rohbau fertigen Holzhaus spielten zwei Jugendliche auf einem Grammophon Calypsos von Sparrow.

In der Mission zeigte die Schwester des Pastors am Abend im Freien Farbdias, und die Indianer kamen vom Dorf herüber: weiße, über den Waldweg und das Missionsgelände verteilte Gestalten, jede mit einer Taschenlampe, so daß sich, als Dämmerung zu Nacht wurde, ein Zug hüpfender Lichter ergab. Die ersten Dias waren von Holland. Das Publikum gab entgeisterte Laute von sich, als es dermaßen zusammengedrängte Häuser sah, und es wurden ungläubige und mitleidige Ausrufe laut, als die Schwester des Pastors über einen Dolmetscher – stolzer Nacherzähler von Wundern – erklärte, daß der winzige Vorgarten alles sei, was die meisten Holländer an Land besäßen. Dann kamen Bilder von Paruima selbst. Das Publikum lachte bei allen Szenen und Gesichtern, die es kannte. Als, mit undeutlichen Zügen, die schwarzen Lehrer auf der Leinwand erschienen, leuchteten die Indianer sie mit ihren Taschenlampen an, wie um sie aufzuhellen. Das geschah in spöttischer Absicht und war beunruhigend.

Erschwert wurde die Wanderung zum Utshi lediglich durch den Morast und die nur von einzelnen Baumstämmen überspannten Schluchten, die zuweilen felsig und steil waren. Die Indianerjungen in meiner Begleitung liefen leichtfüßig über die Stämme, ich bewältigte sie rittlings. Die Tierwelt machte sich leider rar. Wir sahen nur Spuren von Wildschweinen, und Lucio und Nicholas gaben grinsend Laute von sich, um sie anzulocken. »Schlange!« schrie Lucio einmal – ich hatte nichts gesehen. Er schnitt einen jungen Baum ab, entfernte die Zweige und schlug damit drei-, viermal ohne Bösartigkeit auf die Schlange ein, um sie dann zur Seite zu werfen. Der Pfad war zeitweise nur für die Jungen auszumachen und führte gegen Ende über ein Wirrwarr umgestürzter Baumstämme. Wir hörten die Wasserfälle, erhaschten durch die Wipfel der hohen Bäume einen Blick von ihnen und hatten dann mit einemmal den Wald hinter uns gelassen und standen im Freien: die schon grandiose Natur noch grandioser, die Wasserfälle in der Mitte einer gewaltigen, gebogenen Steinwand, oben ein einzelner kleiner Baum, über allem feine Gischt, das Gras dicht, elastisch und hüfthoch, die Gischt wie Rauch aus dem tosenden Abgrund quellend. Lucio stieg zu den Stromschnellen hinab, und als ich ihn wiedersah, hatte er eine blaue Badehose an, kletterte die Felswand hinauf und arbeitete sich so dicht wie möglich an die herabstürzenden Wasser heran. Im oberen Bereich war die Schlucht, obwohl schroff und zerklüftet, mit Gras bedeckt und sah so saftig wie eine Weide aus. Nicholas stieg nach Lucio ab. Anhand der beiden ließ sich die Größe der Geröllbrocken und der steil abfallenden Steinwand ermessen.

Später, am Fluß Utshi, bauten sie mehr schlecht als recht eine Laubhütte. Sie taten es nur, weil ich darauf bestand (es wurde spät, aber jeder von ihnen kostete mich immerhin drei Dollar am Tag). Ich schwamm nackt im Fluß, nachdem ich mich vor ihnen ausgezogen hatte. Sie waren schamhafter und kleideten sich in einiger Entfernung von mir an und aus. Dann aßen wir. Sie nahmen von allem, was ich anbot, ohne Freude oder Mißfallen, ohne Kommentar; und dann holten sie ihr Kassavebrot hervor, öffneten Sardinendosen und langten mit erkennbarem Genuß zu. An meiner Whisky-flasche zeigten sie mehr Interesse. »Ist das Rum, Sir?« – »Nein.« – »Whisky?« – »Nein. Das ist etwas zum Einreiben gegen Insektenstiche.« Lucio leckte sich die Oberlippe.

Am Feuer, das Geräusch des Flusses im Rücken, unter-hielten wir uns. Lucio war siebzehn; er wollte Französisch lernen. Ich sagte ihm ein paar Wörter, und er wiederholte sie mit guter Aussprache. Ein allgemeines Gespräch aber gestaltete sich schwierig. Wie es schien, war ihre Zeitvor-stellung beschränkt: Sie konnten die unmittelbare Gegen-wart erfassen, aber weder weit zurück- noch weit voraus-schauen. Wenn das, was ich in Kamarang gehört hatte, stimmte, weckte nur der Alkohol – an den er nicht ge-wöhnt war – das Zeitgefühl des Indianers. Lucio konnte mir nur wenig von sich und seiner Familie erzählen, nur daß sein Vater tot war.

»Woran ist er gestorben?« Und sofort bereute ich die Frage, denn ich kannte die Antwort und wollte sie nicht hören.

»*Kanaima* hat ihn umgebracht«, sagte Lucio und warf einen Stecken ins Feuer.

An die Zukunft dachte er nicht. Natürlich würde er gern heiraten, aber er wollte keine Indianerin, und wer sonst würde ihn heiraten? »Indianerinnen nicht gut. Sie wissen nichts.«

Als erstes muß der Missionar Selbstverachtung lehren. Auf ihr beruht der Glaube des bekehrten Heiden. Und hier in Westindien, wo das spirituelle Problem sich weitgehend auf das Problem der Selbstverachtung reduziert, muß man das Christentum als Teil der kolonialen Konditionierung betrachten. Es war die Religion der Sklavenhalter und anfänglich das exklusive Bekenntnis einer Rasse. Es machte alle, die sich zu ihm bekannten, rechtschaffen. Es erlaubte den Holländern in Guayana, ihre Bevölkerung in Christen und Neger zu unterteilen: Der Sklavenaufstand von Berbice im Jahre 1762 war ein Krieg zwischen Christen und Aufständischen. Den gefangenen Aufständischen machte man wegen »Christenmord« den Prozeß, und es ist aufschlußreich, den Bericht vom Tode Attas, ihres Anführers, zu lesen:

Hernach wurden fünf von ihnen in kleinem Feuer verbrannt oder vielmehr geröstet und fortwährend mit Zangen gezwickt; ein weiterer stand auf dem Holzstoß und starb sogleich. Daraufhin wurde langsam das Feuer um Atta herum entfacht, auf daß seine Qualen länger währten; weshalb er denn auch, obwohl das Feuer um elf Uhr entzündet wurde, eine halbe Stunde später immer noch lebte. Überraschend war, daß sie sich alle brennen, aufs Rad flechten, henken etc. ließen, ohne zu schreien oder zu stöhnen. Das einzige, was Atta sagte, galt dem Gouverneur, denn er rief in seiner Negersprache mehrmals aus: »Mein Gott, was habe ich getan? Der Gouverneur hat recht. Was ich erleide, habe ich verdient. Ich danke ihm!« Das war das Ende jenes berüchtigten Ungeheuers, dessen Blutdurst und Grausamkeit den Tod so vieler Christenmenschen und die kaum mehr zu behebende Zerstörung dieser Kolonie herbeiführten.

Noch während ich in Georgetown war und diesen Bericht von Hartsinck über den Sklavenaufstand von Berbice las, protestierten Christen in Britisch-Guayana gegen das Vorhaben der Regierung, die konfessionellen Schulen ihrer Aufsicht zu unterstellen. Das Christentum in Britisch-Guayana sei in Gefahr. Die Nachkommen von Attas Aufständischen hielten Massenkundgebungen ab; ein Missionar schrieb einen Leserbrief an *Time*. So rasch hat man sich in Positur geworfen und den *dschihad* verkündet; so rasch hat man die jüngste Geschichte vergessen. Und diese Geschichte bleibt bedeutsam. Obwohl das Christentum sich seit der Sklavenbefreiung behauptet und die Kolonialgesellschaft in vieler Hinsicht vor dem völligen Verderben bewahrt hat, hat es seine rassischen Zusammenhänge, seine Verbindung zu Macht, Prestige und Fortschritt, nicht verloren. Von den Geistlichen wurde, wie von den leitenden Beamten, erwartet, daß sie weiß sind. Erst seit kurzem heben sich die weißen Kragen von Kirche und Beamtenschaft hin und wieder von schwarzer Haut ab. Die Hinwendung zum mittlerweile nachsichtigen Glauben einer unnachsichtigen Rasse hat zwangsläufig tiefe psychologische Störungen hervorgerufen. Sie hat den Bewohner der Kolonie in seiner Rolle als Imitator, als Reisenden, der niemals ankommt, bestätigt. »Indianerinnen nicht gut. Sie wissen nichts.« In seiner Einstellung zu seinem Volk sprach Lucio nicht nur für den indianischen Konvertiten, sondern auch für den Ostinder. Wie für die Nachkommen von Attas Aufständischen ist diese Haltung ihr wichtigster Glaubensartikel.

Ich war froh, daß ich auf der Hütte bestanden hatte, denn in der Nacht begann es zu regnen: ein angenehmes Geräusch auf den schützenden Blättern. »Entschuldigen Sie, Sir«, hörte ich Lucio sagen, »dürfen Nicolas und ich unsere Hängematten hier aufhängen?« Sie hatten im Freien geschlafen; und ihr Anblick in Pyjamas war ebenso verblüf-

fend wie die Tatsache, daß sie am anderen Morgen Zahn-
bürsten und Colgate-Tuben hervorholten.

Auf dem Rückweg trafen wir auf einen alten, unter einer
gewaltigen Last in seinem *warishi*-Tragegestell gebeugten Indianer. Zu meiner Enttäuschung handelte es sich bei den
Packkisten um Heineken-Bierkartons, und die ganze Ladung wurde von einem nagelneuen Panamahut gekrönt.
Eine gute halbe Stunde später begegneten wir dem Rest der
Familie beim Überqueren eines felsigen Flußbetts: zwei
uralte Frauen und zwei Mädchen, alle barfuß, alle Lasten
tragend. Eine der Frauen hatte eine Rumflasche mit einer
weißen Flüssigkeit und der Aufschrift »The Mixture« auf
dem Etikett in der Hand. Der Wald schien an diesem Morgen voller Indianer zu sein. Ein wenig später fanden wir an
einem kühlen, flachen Flüßchen, das über Steine, so groß
und flach wie Pflastersteine, rann, den Gitarrenspieler aus
Santa Helena, der mit Familie und Hund auf den hohen,
trockenen Felsen am Ufer rastete. Sie wollten nach Santa
Helena zurück; die Wanderung würde eine Woche dauern.
Sie hatten auf einem der Felsen ein Feuer angezündet, und
der Gitarrenspieler, der eine Messerkette, Schuhe und Sok-
ken trug, war damit beschäftigt, mit seinem Messer eine Art
warishi für seine zwei Pappkoffer zu basteln. Er bat um eine
Zigarette. Dann ging er ganz plötzlich, wie es die Indianer
an sich haben, und der Hund folgte ihm zitternd durch das
flache, aber rasch strömende Flüßchen und wedelte wie ra-
send mit dem Schwanz, als er es nach zwei vergeblichen
Anläufen schaffte, das andere Ufer zu erklimmen.

In der Nähe von Paruima traten wir aus dem Wald auf
eine Lichtung, auf der in einer kleinen Kultur von riesigen
Plantainbananen und riesigen Zuckerrohrbüscheln eine
niedrige, zerbröckelnde Lehmhütte stand. Davor saß auf
dem gelben Lehmboden eine Familie in der Sonne. Das
kleine Mädchen und die Frau, beide in schmutzigen, sack-
artigen Baumwollkleidern, flohen in die Dunkelheit der
Hütte. Zwei winzige rosafarbene Gummipuppen blieben

zwischen zerkauten Zuckerrohrstücken auf der Erde zurück. Der Mann saß entspannt im Schmutz und aß Zuckerrohr: Er biß ab, kaute, saugte, schluckte, spie aus. Wir wechselten Grüße und gingen weiter. Als die Hütte etwa fünfzig Meter hinter uns lag, sagte Lucio: »Würden Sie hier auf uns warten?« Sie waren zum Essen eingeladen worden. Wir gingen zurück. Die Jungen legten ihre *warishis* ab und setzten sich auf niedrige Bänke vor der Hütte. Die Frauen stellten eine Reibe auf den Boden, legten eine Strohmatte auf die Reibe und Kassavebrot auf die Strohmatte. Sie brachten verschiedene Emailletöpfe: einen mit Gemüse in einer öligen Sauce, einen mit Kolokasie und einen mit Schwarzaugenerbsen. Lucio und Nicolas tunkten Maniokbrotstücke ein und aßen aus den Töpfen. Dann tranken sie, aus einem anderen Topf und mit großer Befriedigung, eine dicke weiße Flüssigkeit. Ihre Gastgeber sahen beifällig zu, der Mann lachend und plappernd vor der Hütte, die Frauen schweigend darinnen. Ich bekam Bananen und Zuckerrohr.*

»Na, so was, hallo!« rief Mr. Winter, als ich den Hügel heraufkam. Und er hatte sofort Fragen über Fragen. Die Wildschweine, wie es damit ausgesehen habe? Und mit den Baumstämmen über den Schluchten? (Der Chinesenjunge hatte von diesen Baumstämmen gesprochen und Mr. Winter, glaube ich, ebenso angst gemacht wie mir.) Ob es mit den Jungs geklappt habe? Ob sie mich auch einmal abgehängt hätten? Ob ich müde gewesen sei, als ich dort ankam? Wie lange es gedauert habe, bis ich den zweiten Atem bekommen hatte?

»Zwei Stunden, stimmt's? So hätte ich es gemacht. Die zwei Stunden einfach bloß getrödelt. Sagen Sie mal, wie

---

* »Es gibt zwar keinen Beweis dafür, daß das Zuckerrohr ursprünglich in Amerika heimisch war, aber es ist gleichwohl auch in den entlegensten indianischen Siedlungen zu finden, und zwar in Sorten, wie man sie heutzutage auf keiner Plantage mehr sieht. Sie entwickelten sich vermutlich aus Ablegern, welche die Indianer von den ersten Siedlern erhielten.« Vincent Roth: »Amerindian Influence on Settlers«. Kolumbus nahm bei seiner zweiten Reise Zuckerrohrableger nach Westindien mit.

war eigentlich das Wasser da oben? Klar oder schwarz? Allmählich reicht mir das schwarze Wasser hier wirklich. Bei der Wascherei, die hier stattfindet, ist bestimmt der ganze Fluß verschmutzt.« Er erzählte mir ein wenig von seinen Erlebnissen. Er war ein Stück weit flußaufwärts gerudert und auf einen Bach mit klarem Wasser gestoßen. Dort hatte er endlich ein richtiges Bad nehmen können. »Sagen Sie mal, was halten Sie eigentlich von diesem Gelbfieber, von dem die die ganze Zeit reden? Ich glaube, das ist überhaupt kein Gelbfieber. Das ist Hepatitis.«

Das Wort kannte ich nicht.

»Seien Sie froh. Ich habe mal einen gekannt, der Hepatitis hatte. Zwölf Fälle gab es damals dort. Und das reicht für eine mittelgroße Stadt. Ich weiß, es gehört sich nicht, daß man deren Essen nicht ißt und solche Sachen. Aber wenn ich Sie zu mir in die Vereinigten Staaten einlade – und ich würde mich über Ihren Besuch wirklich freuen – und ich hätte Hepatitis, dann würde ich Sie nicht in mein Haus bitten. Ich würde Sie in ein Restaurant einladen oder so.« Die Einladung des Pastors erbitterte ihn immer noch. »Wissen Sie«, fügte er verschwörerisch hinzu, »daß ich sogar in meinem Hotel in Georgetown das Wasser abkoche? Ich koche es ab und stelle es in den Kühlschrank. Zum Abkühlen.«

Im Zimmer nebenan unterhielten sich der schwarze Lehrer und der Chinesenjunge über gekochte Eier. Offenbar hatte jeder nur Essen im Kopf.

Als ich am anderen Morgen aus meiner Hängematte kletterte, war Mr. Winter schon angezogen und hatte gepackt. Sein Moskitonetz war abgenommen und zweifellos in einem seiner Polyäthylenbeutel verstaut. Wir tranken Kaffee und unterhielten uns, während wir auf die Barkasse warteten, über das Wasser- und das Hygieneproblem.

»Die kriegen hier noch ein gewaltiges Hygieneproblem. Die Latrine stinkt jetzt schon, und es gibt dort massenhaft Fliegen. Ich weiß nicht, wie das werden soll, wenn die fünf-

undzwanzig Jungen kommen, von denen die Rede war.
Fünfundzwanzig Jungen in vollem Saft. Die kriegen hier
ein Riesenproblem.«

Um elf Uhr war noch immer nichts von der Barkasse
zu sehen. Wir machten noch einmal Kaffee. Während wir
ihn tranken, im Mund den Geschmack des schwarzen
Flußwassers, sprachen wir davon, wie köstlich reines, ge-
schmackloses Wasser sei. Ich bot ihm von der Papaya an,
die mir der Pastor von einem seiner eigenen Bäume ge-
pflückt hatte.

»Nein, danke! Weiches Obst rühre ich nicht an.«

Aber er nahm eine von den Bananen des Indianers. Wir
aßen langsam und schweigend. Die Banane half weder
dem Durst noch dem Verlangen nach frischem Wasser ab.

»Wissen Sie«, sagte er nach einiger Zeit, »wissen Sie, ich
sag's im Augenblick wirklich nicht gern – aber Sie kennen
doch diese Dosen mit Orangensaft aus Trinidad? Diese
großen Dosen mit dem Etikett in Schwarz und Orange? So
eine hätte ich jetzt gern. Nächstes Mal, wenn ich so eine
Fahrt mache, decke ich mich mit diesen Dosen ein. Die
sind zwar schwer, aber es lohnt sich wirklich.«

Während ich um eine der übergroßen, überreifen Kokosnüsse der Mission feilschte, wurde die Barkasse an-
gekündigt. Wir rannten zum Fluß hinunter, stiegen in das
offene Boot und setzten uns. Es gab Verzögerungen. Die
Sonne brannte heiß, das Wasser blendete, und es regte sich
kein Hauch.

»Wahrscheinlich«, sagte Mr. Winter – und mittlerweile
bewunderte ich ihn für seine Beherrschtheit –, »wahrscheinlich gehen sie jetzt noch ins Dorf und trödeln dort
ein bißchen herum.«

Genauso war es, und nach einer Weile schlossen wir uns
ihnen an. Im Dorf sahen wir auch den Grund für die Ver-
zögerung: ein neues, einmotoriges Flugzeug auf der am ge-
genüberliegenden Flußufer gelegenen Landepiste. Es gehörte der Mission und war gerade eingetroffen, geflogen

von einem Amerikaner in grüner Hose und grünem Hemd, der den portugiesischen Piloten aus Kamarang Mouth als Passagier mitgebracht hatte. Mittlerweile war es halb zwei und extrem heiß. Ich unterhielt mich mit Palmer über Akkerbau, allerdings ohne Begeisterung. Selbst wenn wir gleich aufbrächen, würden wir Kamarang Mouth an diesem Tag nicht mehr erreichen. Wir konnten nur bei Tageslicht auf dem Fluß reisen und würden in dem Indianerdorf auf halber Strecke übernachten müssen. Da schlug der Pastor vor, wir sollten mit dem Flugzeug nach Kamarang Mouth zurückkehren.

Eine halbe Stunde später, nach ausgiebiger Betrachtung der launischen Windungen und Schleifen des Kamarang, für die wir einen Tag gebraucht hätten – der Portugiese und der Amerikaner unterhielten sich die ganze Zeit über Flugzeuge und Flugrouten, so wie sich andere Männer über Autos und Umgehungsstraßen unterhalten –, waren wir in Kamarang Mouth.

Ich belud einen Indianerjungen mit meinen Taschen und begab mich beinahe im Laufschritt zu Seggars Kühlschrank. Ich trank zwei Bier, das erste rasch, das andere langsam. Während ich die kalte, beschlagene Flasche in der Hand spürte, genoß ich die Hitze. Zum erstenmal seit Tagen schmeckte Tabak wieder nach etwas. Ich inhalierte tief und schluckte und blickte den Mazaruni hinab zu dem Punkt, wo, in Dunst gehüllt, der Roraima aufragte. Als ich zum Gästehaus hinüberging, fand ich Mr. Winter quer über dem Bett auf dem Rücken liegen, mit baumelnden Beinen, der Hut verrutscht, aber nicht abgenommen, im Gesicht einen Ausdruck von Seligkeit und Erfüllung. Er hob eine schlaffe Hand und deutete auf den Tisch.

Darauf stand eine Dose Orangensaft aus Trinidad.

»Da ist er«, sagte er. »Ich hab Ihnen was übriggelassen.«

Ich sagte ihm nichts von dem Bier. Aber was er mir an Orangensaft übriggelassen hatte, entsprach kaum zwei Zentimetern in einem Glas.

»Ach, übrigens«, sagte er, als ich die Dose ausgetrunken
hatte, »trinken Sie, soviel Sie können. Trinken Sie ruhig
alles. Ich mag nichts mehr.«

Etwa eine Stunde später, als wir beide unsere Gelassenheit wiedergefunden hatten und uns wieder einmal zu
einer Abreise anschickten – eine außerplanmäßige Dakota
würde uns noch am Nachmittag an die Küste bringen –,
sagte Mr. Winter: »Dieser Orangensaft war wirklich prima.«
Ein Lächeln erschien und breitete sich langsam auf seinem
Gesicht aus. »Hab mehr als genug getrunken.« Er fing zu
lachen an. »Hab mehr als die Hälfte getrunken. Hab fast die
ganze Dose ausgetrunken. Haben Sie noch was abgekriegt?«

Ich zeigte ihm, wieviel.

»Mann, das tut mir aber leid.« Aber er lächelte. »Sieht so
aus, als hätte ich mehr als genug getrunken.«

Ich beichtete mein Bier.

»Das hat vielleicht gut geschmeckt. Jungejunge! Ich freu
mich schon richtig auf Georgetown. Ich hab dort zwei Flaschen im Kühlschrank. Abgekocht. Stehen jetzt schon eine
ganze Woche lang im Kühlschrank. Zwei Flaschen. Sobald
ich da bin, trinke ich massenhaft Wasser.«

»Kein Bier?«

»Alkohol rühre ich nicht an. Aber Wasser trinke ich für
mein Leben gern.«

4
SURINAM

– Die Sprache, in der wir uns unterhalten, ist
seine, und dann erst meine. Wie verschieden uns
die Worte *Zuhause, Christus, Ale, Master* von den
Lippen gehen! Ich kann diese Worte nicht ohne
geistige Unzufriedenheit sprechen oder schreiben. Seine so vertraute und so fremde Sprache
wird für mich stets ein erworbenes Idiom bleiben. Ich habe ihre Worte weder gemacht noch
akzeptiert. Meine Stimme hält sie in Schach.
Meine Seele ängstigt sich im Schatten seiner
Sprache.   James Joyce: *Jugendbildnis des Dichters*

Im Jahre 1669 schrieb ein Bürger der Insel Barbados
(430 Quadratkilometer) in einem Brief von einem »Ort,
darumb in neuer Zeit viel Aufhebens gemacht wird; wir
haben ihn von denen Holländern und heißet Neu York«.
Die Verachtung war berechtigt, denn noch fünfzig Jahre
später exportierte Barbados fast ebensoviel nach England
wie alle amerikanischen Kolonien zusammengenommen.
Vorausgegangen war, daß die Holländer 1667, im Vertrag
von Breda, New York an die Briten abgetreten und dafür
Surinam bekommen hatten. Die Holländer glaubten damals, das bessere Geschäft gemacht zu haben, und sie glauben es noch heute, denn die Briten, so lernen es holländische Schulkinder, haben New York verloren, während die
Holländer Surinam noch immer besitzen.
Surinam, das frühere Niederländisch-Guayana, liegt neben Britisch-Guayana an der Nordostküste Südamerikas;
und obwohl der Corentyne, Britisch-Guayanas östlichste,
und Nickerie, Surinams westlichste Region, viel mehr miteinander als mit ihren jeweiligen Hauptstädten gemeinsam
haben, verunsichert einen der einstündige Flug von Georgetown nach Paramaribo stärker als ein Flug von London

nach Amsterdam. Denn plötzlich wird Holland, das auf Trinidad und in Britisch-Guayana außer als Exporteur von Bier und Milchpulver nahezu unbekannt ist, wichtig, viel wichtiger, als es England für Trinidad oder Britisch-Guayana ist. Das hat nicht nur mit der Überraschung darüber zu tun, daß man Schwarze und Ostinder, die denen von Britisch-Guayana und Trinidad allem Anschein nach völlig gleichen, holländisch sprechen hört oder daß man, in westindischer Kulisse, die *Ingang-* und *Uitgang-* und *Niet-Roken-* und *Verboden-Toegang-*Schilder sieht, die man zuvor nur von Holland kannte; auch nicht mit den gediegenen holländischen Verwaltungsgebäuden in der Dr. J. C. de Mirandastraat. Überall ist von »Hol-lond« und »Omsterdom« die Rede. In Surinam ist Holland Europa; Holland ist der Mittelpunkt der Welt. Selbst Amerika tritt in den Hintergrund. »Als erstes«, sagte ein amerikanischer Beamter zu mir, »müssen Sie sich von der Vorstellung verabschieden, Sie wären in Lateinamerika. Hier haben ja nicht mal bei den Wahlen die Läden geschlossen. Das höchste der Gefühle war, daß ein paar Oppositionelle, die verloren haben, außer Landes gegangen sind. Und zwar nach Holland.« Ungeachtet dessen, daß Surinam seit 1955 praktisch unabhängig, ein neben den Niederländischen Antillen, Neu Guinea und Holland gleichberechtigter Partner ist, kommt es einem nur wie eine tropische, tulpenlose Erweiterung Hollands vor. Manche Surinamer nennen es Hollands zwölfte Provinz.

Fast jeder Gebildete ist in Holland gewesen, und die Zuneigung zu Holland ist echt. Von dem rassistischen Ressentiment, das der Einwohner Britisch Westindiens aus England mitbringt, ist hier nichts zu spüren. Die Atmosphäre wirkt entspannend. Mit Schwarzen, Indern, Holländern, Chinesen und Javanern hat Surinam eine gemischtere Bevölkerung als Britisch-Guayana und Trinidad, nicht aber die Rassenprobleme dieser Länder, obwohl es zwangsläufig eine wachsende Rivalität zwischen den Schwarzen und den Indern, den beiden größten Gruppen, gibt. Mit holländischem Wirklichkeitssinn haben die Surinamer Rassenkonflikte nicht dadurch vermieden, daß sie Gruppenunterschiede ignorierten, sondern dadurch, daß sie sie offen eingestanden. Zwar wendet sich jede politische Partei an eine bestimmte Rasse, aber die Regierung besteht aus einer Koalition dieser Parteien. Deshalb liegt jeder Gruppe an der Entwicklung des Landes. Die Holländer beklagen sich über Feindseligkeit von seiten der Schwarzen, aber diese Klagen klingen, ebenso wie die Bekundungen von Feindseligkeit, gedämpft; und trotz allem, was in Indonesien und Holland vorgefallen ist, sind die Beziehungen zwischen den Holländern und den Javanern herzlich.

Da es spannungsträchtige politische Fragen und akute Rassenprobleme nicht gibt und der holländische Staat zwei Drittel (je zur Hälfte als verlorenen Zuschuß und als Darlehen) des für die Entwicklung des Landes verwendeten Geldes aufbringt, sollte man die Entstehung eines Nationalismus eigentlich für unwahrscheinlich und widersinnig halten. Dennoch ist ein Nationalismus entstanden, der die etablierte Ordnung verunsichert, weil er beweist, daß die Gegnerschaft zum Kolonialismus in Westindien nicht nur ökonomisch, politisch oder, wie viele glauben, schlicht rassisch begründet ist. Der Kolonialismus verzerrt die Identität des unterworfenen Volkes, und besonders der Schwarze ist verwirrt und gereizt. Rassengleichheit und -integration sind attraktiv, unterstreichen jedoch nur den Verlust, denn mit der Integration akzeptiert man in gewisser Weise eine permanente Unterlegenheit. Der Nationalismus in Surinam, der sich weder aus rassischen noch aus ökonomischen Ressentiments speist, ist die profundeste antikoloniale Bewegung in Westindien. Er ist eine idealistische Bewegung und eine recht traurige, denn er zeigt, wie sehr der Westinder von seiner kolonialen Kultur gefangengehalten wird. Europa, sagt der Nationalist in Surinam, ist als einziger Quell der Aufklärung abzulehnen; Afrika und Asien sind ebenfalls zu berücksichtigen. Aber Europa steckt dem Nationalisten in den Knochen, und er empfindet Afrika und Asien als verächtlich und lächerlich. Die holländische Sprache ist abzulehnen – denn »meine Seele ängstigt sich im Schatten seiner Sprache« – und soll ersetzt werden durch – ja, wodurch? Einen begrenzten einheimischen Dialekt, der früher *talkie-talkie* hieß.

Corly holte mich am Flughafen ab und hieß mich im Namen des Presse- und Informationsamtes von Surinam offiziell willkommen.

»Sie sind Schriftsteller und Dichter«, sagte er.

»Dichter nicht.«

»Ich habe sofort gewußt, daß Sie es sind. Ich habe so ein Zittern gespürt.«

Corly war selbst Dichter. Er hatte just an diesem Tag – auf eigene Kosten und in einer limitierten Auflage von vierhundert Stück – seinen zweiten Gedichtband veröffentlicht. Er hatte ein Paket davon in seinem Büro und versprach, mir einen zu geben, sobald wir in Paramaribo waren. Mit Corly zum Flughafen gekommen war Theresia, ein hochgewachsenes hübsches Mischlingsmädchen mit schönen Händen und Fesseln. Sie sprach, für mich etwas überraschend, nur wenig Englisch; und während wir im Mondschein die gerade, glatte (während des Krieges gebaute) amerikanische Straße entlangfuhren, erläuterte Corly das Sprachenproblem in Surinam und den allgemeinen Kulturkampf, von dem der Rest der Welt keine Ahnung habe. Corly liebte Holland, die holländische Literatur und das holländische Volk und hatte Schwierigkeiten mit den Nationalisten, weil er auf holländisch und nicht im einheimischen Dialekt über Themen schrieb, die nicht speziell Surinam betrafen. Daß die holländische Zeitschrift *Elseviers* sein Werk als »eine Bereicherung der holländischen Dichtkunst« bezeichnet hatte, hatte ihm das Leben nicht leichter gemacht.

Es war noch nicht spät, als wir nach Paramaribo kamen,

aber die Stadt schien zu schlafen. Wir fanden eine *pension* – die schwarze Eigentümerin wirkte ein wenig überrascht – und fuhren dann weiter zu Corlys Dienststelle. Auf einem Schreibtisch sah ich die Fahne Surinams im Miniaturformat: fünf Sterne – schwarz, braun, gelb, weiß und rot – zur Versinnbildlichung der verschiedenen Rassen, verbunden durch eine elliptische schwarze Linie auf weißem Grund. Ich fragte Theresia, welcher Stern der ihre sei. Sie deutete unsicher auf den braunen, und in einer der Broschüren, die Corly mir gab, las ich denn auch: »In gewisser Weise ist der braune Stern vielleicht auch der, dem eine verborgene Bedeutung innewohnt, denn seine Farbe könnte auch ein erfolgreiches Experiment versinnbildlichen: die harmonische Vermischung vieler Rassen zu einem Volk, die Stütze der Bevölkerung von Surinam.« Endlich öffnete Corly ein in braunes Papier eingeschlagenes Paket und zog sein Buch hervor. Ein oberflächlicher Blick zeigte, daß die Kritik der Nationalisten gewirkt zu haben schien. Surinam kam in den Gedichten häufig vor. Corly erzählte mir außerdem, er habe einen Namen für die ideale Surinamerin erfunden. Er lautete »Surinette« und war der Titel eines seiner Gedichte.

Begegnung mit der Presse. Corly war, vielleicht aufgrund seiner Arbeit, vom Nutzen der Publicity überzeugt und wollte, daß ich in dieser Beziehung in Surinam nicht zu kurz kam. Er fand, daß meine Ankunft eine Nachricht war, die in die Morgenzeitungen gehörte, und nachdem wir Theresia nach Hause gefahren hatten, nahm er mich in eine Zeitungsredaktion in einer ruhigen, von Palmen gesäumten Straße mit. Die Redaktion lag, glaube ich, neben einer Bäckerei. Durch einen Nebeneingang gelangten wir über einen Flur in einen kleinen, hell erleuchteten Raum, wo ein großer, pfeiferauchender Holländer in Hemdsärmeln, der sich mit einem Bleistift über Korrekturfahnen beugte, mir mit überraschter Miene die Hand schüttelte. Corly sprach, der Holländer antwortete. Wir waren zu spät dran. Die Zeitung war schon in Druck gegangen. Und tatsächlich, am Ende des vollgestopften Raumes, hinter irgendwelchen technischen Geräten, wurde gerade die Zeitung gedruckt: Ein gartentor-ähnliches Gitter schlug hin und her und bedruckte jeweils eine Seite eines Bogens. So kam ich nicht in die Morgen-zeitungen.

Britisch Westindien hatte das Pech, daß der britische Impe-rialismus mit einer Periode armseliger britischer Architektur zusammenfiel. Trollope war von Kingston entsetzt, meinte jedoch: »Wir haben vielleicht kein Recht, guten Geschmack zu erwarten, wo es weit und breit keine Schule gibt, die gu-ten Geschmack lehrt; mancher mag vielleicht auch sagen, wir haben zu Hause selbst so viel gesündigt, daß wir zu diesem Punkt besser schweigen.« Die holländischen Kolo-nien haben mit den Holländern mehr Glück gehabt, und ob-wohl Paramaribo nicht so schön ist wie Georgetown, strahlt es mit seinen von Palmen gesäumten Straßen und staubi-gen Bürgersteigen, seinen dicht zusammenstehenden Holz-häusern, deren Veranden sich im Obergeschoß befinden, seinem ruhigen, von Amtsgebäuden, *dem* Hotel und *dem* Klub umstandenen Hauptplatz, eine schäbige, provinzielle Eleganz aus.

Wie in so vielem, so sind die westindischen Territorien auch in der Architektur auf das Mutterland fixiert, und die Folgen – man vergleiche nur Rotterdam mit irgendeiner neuen britischen Stadt – sind für die britischen Territorien bis heute so katastrophal, wie sie für die holländischen glücklich sind. Federation Park in Port of Spain ist ein schon fast zynisch anmutendes Beispiel von Geschmack-losigkeit; gleiches gilt für die Gebäude des University Col-lege of the West Indies auf Jamaika. Paramaribo dagegen verfügt über ein halbes Dutzend moderner öffentlicher Gebäude, auf die jede europäische Großstadt stolz sein könnte. Doch diese Gebäude, die den Eindruck einer Me-tropole vermitteln sollen, sind in der Hitze, dem Staub und der Nachmittagsstille fehl am Platze. Denn Paramaribo ist provinziell. Paramaribo ist fade.

Ein bißchen provinziellen Trubel erlebte ich an meinem ersten Morgen, als ich von einer Militärkapelle geweckt wurde. Der kleine Zug weißer und schwarzer Soldaten in Schwarz und schwarzer Polizisten in Schokoladenbraun marschierte dreimal unter meinem Fenster vorbei. Vergleichbares hatten die Straßen nie wieder zu bieten. Genaugenommen passiert in den Straßen von Paramaribo nach Mittag sehr wenig. Wegen der Hitze öffnen Büros und Geschäfte um sieben Uhr morgens und schließen endgültig um halb zwei. Demzufolge geht alles früh zu Bett, und den ganzen Vormittag über sieht man Leute in Büros essen.

Auf dem neuen Gebäude von Radio Apintie hatte ein Dachgarten eröffnet. Laut Corly handelte es sich um einen Klub, aber als Ausländer fände ich ohne Schwierigkeiten Einlaß. Es gab keine Schwierigkeiten. Wir wurden vom Barkeeper willkommen geheißen, der keine anderen Gäste hatte und sich über unsere Gesellschaft freute. Wir blickten auf die stille Stadt. Auf der Rückseite der meisten vornehmen und nicht ganz so vornehmen Privathäuser standen ganze Reihen von Nebengebäuden. Herrschaftshaus und Mieter dicht nebeneinander: ein Relikt der Sklaverei, die hier erst 1863 abgeschafft wurde.

»Was«, fragte Corly, »machen die Surinamer, wenn sie nichts machen?«

In Georgetown hatte ich mich nach der Lebhaftigkeit von Port of Spain gesehnt. Jetzt sehnte ich mich nach Georgetown, und die Leute von Paramaribo sagten mir, ich wisse nicht, was Fadheit sei: ich solle nur einmal über die Grenze nach Französisch-Guayana gehen.

Der Mann von der Kriminalpolizei. Den Inspektor von der Sonderabteilung der Kriminalpolizei hatte ich in einer der schönen neuen Banken kennengelernt, in der ich meine Britisch Westindischen Dollars sehr zu meinem Nachteil in

Gulden umtauschte. Er lud mich ein, ihn im Polizeipräsidium zu besuchen, und als ich es tat, traf ich ihn in einem kleinen weiß gestrichenen Büro an, in dem sich Zeitungen aus verschiedenen westindischen Territorien stapelten. Der Inspektor las diese Zeitungen sorgfältig. Er war mit der Sicherheit Surinams befaßt, und seine Aufgabe bestand darin, politische Tendenzen in benachbarten Territorien zu studieren. Er wollte nach Britisch-Guayana, um die Wahlen zu »beobachten«.

Unter der Nachmittagsruhe hinter den geschlossenen Fensterläden freilich prallten die Leidenschaften aufeinander. Vierzehn Tage zuvor war ein »Beratungsgremium für kulturelle Zusammenarbeit zwischen den Ländern des Königreichs der Niederlande« mit dem Ziel ins Leben gerufen worden, in Surinam »das Interesse an der und das Wissen über die abendländische Kultur, insbesondere in ihren holländischen Ausformungen« zu fördern. Die Nationalisten hatten heftig reagiert, und ihr vierseitiges Manifest, das während meines Aufenthalts erschien, enthielt ihre Anklagen und Resolutionen zusammen mit dem Text eines Radiobeitrags von Dr. Jan Voorhoeve. Es ist typisch für die Fairneß und Urbanität der holländisch geprägten Regierung (die die einzige nicht korrumpierbare Polizei der westlichen Hemisphäre geschaffen hat), daß die Nationalisten Zugang zu einem Radiosender haben; und es überrascht nicht, daß Dr. Voorhoeve selbst Holländer und außerdem Mitglied der Niederländischen Bibelgesellschaft ist. Voorhoeves intelligenter, gemäßigter Beitrag war insbesondere wegen seiner Analyse der Kolonialgesellschaft interessant.

Eine Kolonie ist eine eigenartige Gesellschaft, eine Gesellschaft ohne Elite ... Die führenden Persönlichkeiten kommen aus dem Mutterland, sind Menschen mit einer anderen Kultur ... Das kulturelle Ideal der Kolonie hat für den einzelnen ausgesprochen fatale Folgen. Es ist nämlich ein unerreichbares Ideal ... Ein paar außergewöhn-

liche Menschen ... leisten Großes, verlieren dadurch aber ihre Na-
tionalität ... Und was für sie gilt, gilt nicht für zehntausend andere,
die seelenloser Nachahmung verhaftet bleiben und nie etwas eigenes
leisten. Was ihnen eigen ist, lernen sie zu verachten, aber sie bekom-
men an seiner Stelle nichts. So gab es nach dem Krieg in Surinam
viele, die sich den gewöhnlichen Menschen weit überlegen wähnten,
weil sie imstande gewesen waren, die holländische Sprache und die
holländische Kultur aufzunehmen. Manchmal schrieben sie ein hüb-
sches kleines Gedicht à la Kloos oder malten ein hübsches kleines Bild
oder spielten nicht ohne Geschick eine Mozartsonate; aber zu einer
wirklichen kulturellen Leistung waren sie nicht fähig. Als die Ange-
hörigen dieser neuen Generation nach dem Kriege in größerer Zahl
nach Holland reisen konnten ... entdeckten sie mit einem Schlag ihre
kulturelle Leere. Sie kamen mit der weiten Welt in Berührung, mit
der Gemeinschaft der Nationen, und standen mit leeren Händen da.
Sie besaßen keine eigenen Lieder; Mozart besaßen sie kaum. Sie be-
saßen keine eigene Literatur; sie besaßen nur Kloos. Sie hatten gar
nichts, und sie waren wertlose Elemente im Leben der Nationen. Was
einmal Anlaß zu Stolz gewesen war – »Surinam ist die zwölfte Pro-
vinz Hollands« –, war nun Anlaß zu Scham und Schande.

Eine Auseinandersetzung auf diesem Niveau könnte in Britisch Westindien kaum öffentlich stattfinden. Gewiß, man
redet von westindischer Kultur, aber diese Rede ist naiv,
wo sie nicht politisch ist, und außerdem in der kolonialen
Gesinnung verwurzelt, die alles, was nicht vom weißen
Mutterland ausgeht, als barabarisch verwirft. Daß eine koloniale Gesellschaft eine Gesellschaft ohne Elite sein könnte,
ist so entsetzlich, daß man es nicht einmal denken kann.
Ein Grund für diese britisch westindische Passivität liegt
darin, daß die Briten niemals versucht haben, die Bewohner ihrer Kolonien in Engländer zu verwandeln. Die An-
nahme, im Mutterland herrschten gleiche Chancen – von
der der Bewohner Niederländisch oder Französisch Westindiens ganz selbstverständlich ausging –, hat sie nachge-
rade irritiert. In ihrem Empire waren die Briten »Europäer«,

und die westindische Vorstellung vom Mutterland hat in England Belustigung, Bestürzung und Beunruhigung hervorgerufen. Die Holländer haben die Surinamer in letzter Zeit zu dem Gedanken ermutigt, sie könnten Holländer werden; und man erzählte mir von einem Klub in Amsterdam, wo diese surinamischen Holländer beim Genever mit Bedauern vom Verlust Indonesiens sprechen. Das Paradoxe ist, daß der holländische Idealismus zu Ablehnung führt, während aus dem britischen Zynismus eine einigermaßen entspannte Beziehung zwischen den Bewohnern der Kolonie und der Metropole entstanden ist.

Die Holländer haben Integration angeboten, sie aber nicht zur Pflicht gemacht. Ihre Toleranz und ihr Verständnis für fremde Kulturen ist größer als die der Briten und das genaue Gegenteil der französischen Arroganz, die die Inseln Französisch Westindiens für alle außer den Frankophilen unerträglich macht. Und man muß es einfach als unfair empfinden, daß die kulturellen Gaben Hollands von seiner früheren Kolonie verschmäht werden. Surinam ist als das einzige wirklich kosmopolitische Land Westindiens aus der holländischen Herrschaft hervorgegangen. Der Kosmopolitismus Trinidads ist heute im wesentlichen nichts weiter als eine Rassenfrage; in Surinam bestehen, modifiziert, aber nach wie vor unverkennbar, verschiedene Kulturen nebeneinander. Die Inder sprechen immer noch Hindi, die Javaner leben, ein wenig verwirrt, in ihrer eigenen Welt und sehnen sich in diesem flachen, reizlosen Land nach den Bergen Javas, die Holländer existieren in ihrem autarken Holländischsein, die Kreolen in ihrem urbanen, von Surinam geprägten Holländischsein, und im Wald, an den Flüssen, haben die Buschneger Afrika neu erschaffen.

Die Surinamer freilich haben, obwohl so viel von Kultur die Rede ist, wenig Ahnung von der Vielfalt und dem Reichtum ihres eigenen Landes. Meine wiederholten Begeisterungsrufe ob der javanischen Trachten brachten meine kreolischen Freunde zum Lachen. Die Kreolen kennen nur

Europa; sie haben keinerlei Versuch gemacht, die Javaner oder die Inder kennenzulernen, und sie bemühen sich, vom Nationalismus angespornt, erst seit kurzem, die Buschneger zu verstehen. Ein Nationalist gab sogar zu bedenken, daß die Existenz einer javanischen und einer indischen Kultur in Surinam ein Hemmnis für die Entwicklung einer Nationalkultur darstelle! Es war dies ein Hinweis auf die Verwirrung und die unerwarteten rassistischen Affekte, die den Hintergrund der nationalistischen Agitation bilden. In Surinam ist das kulturelle Problem hauptsächlich für den Schwarzen ein Problem; nur er hat seine Vergangenheit und alles, was ihn an Afrika bindet, verworfen.

Für den Schwarzen von den Inseln ist Afrika nichts weiter als ein Wort, eine Emotion. Für den Surinamer liegt Afrika praktisch in seinem Hinterhof. An den Flüssen haben die Buschneger ihre rassische Reinheit, ihre afrikanische Schnitz-, Gesangs- und Tanzkunst, vor allem aber ihren Stolz bewahrt. Die Wiederentdeckung war nicht schwer.

Zu Hause. Der Minister, groß, schwarz und derb, spielte Buschnegerlieder auf dem Plattenspieler in dem mit einem Bebeeru-Holzboden versehenen Wohnzimmer seines schönen neuen Ministerhauses. »Vor ein paar Jahren hätten Sie diese Lieder noch in keinem Wohnzimmer gehört«, sagte er. Danach erzählte er, wie zur Hervorhebung der neuen Ära, Witze in der einheimischen Sprache, die für den Respektlosen *talkie-talkie*, für den Korrekten *negerengels* – Negerenglisch – und für den Nationalisten *Surinam* heißt. Später verfügte er sich mit den zwei anderen Ministern unterschiedlicher Rasse zu einer politischen Unterredung an die Bar in der Ecke des Zimmers. Unterdessen machten die drei Ehefrauen Witzchen über die Politik und das Verhalten von Politikern.

Die Nationalisten hoffen, das Holländische durch Negerenglisch zu ersetzen, und Mr. Eersel, der viel über die

Sprache gearbeitet hat, erläuterte mir in seinem *Volkslecturing*-Büro deren Möglichkeiten. Ich schätzte Mr. Eersel auf Mitte Vierzig; er war ernsthaft und überaus liebenswürdig, mit einem jener plastischen Negergesichter, bei denen jeder Zug wie für sich geformt wirkt, so daß man das Gesicht Zug für Zug studiert. Er sagte, das Holländische werde von der Mehrheit der Surinamer weder richtig verstanden noch richtig gesprochen, Negerenglisch dagegen verstehe jeder. Man habe bereits ein Wörterbuch des Negerenglischen verfaßt; und die Sprache wachse: Jeden Tag würden gesprächsweise neue Wörter erfunden. Diese Sprache zu übernehmen, sagte ich, hieße, daß jedes bedeutende Werk der Weltliteratur übersetzt werden müsse: Ob es denn die dafür erforderlichen Mittel gebe? Man werde schon zurechtkommen. Aber was sei mit den Schriftstellern? Könne man billigerweise von ihnen verlangen, in einer Sprache zu schreiben, die nur von einer Viertelmillion Menschen gesprochen werde? Das sei kein Problem, sagte Mr. Eersel; wenn sie gut seien, würden sie übersetzt. Ob denn in dieser Sprache Feinheiten möglich seien? Ob darin Lyrik möglich sei? Mr. Eersel forderte mich auf, ihn auf die Probe zu stellen. Aus einer fehlerhaften Erinnerung schrieb ich:

> *They flee from me that some time did me seek*
> *With naked foot stalking in my chamber*
> *I have seen them gentle, mild and meek*
> *That now do scorn to remember*
> *That they have taken bread from my hand.*

Er übersetzte umgehend:

> *Den fre gwe f'mi, d'e mek' mi soekoe so,*
> *Nanga soso foetoe waka n'in' mi kamra.*
> *Mi si den gendri, safri,*
> *Di kosi now, f'no sabi*
> *Fa den ben nian na mi anoe.*

Mein Gedächtnis hatte Wyatts schlichte Zeilen verstümmelt und vereinfacht, und Mr. Eersel hatte sie noch weiter vereinfacht, aber die Frische und der Rhythmus der Sprache waren nicht zu leugnen. Ich hätte gern gesehen, wie sie etwas Abstrakteres bewältigte, aber mein Gedächtnis ließ mich völlig im Stich.

Ich kann kein Holländisch und genieße die Sprache, weil sie so unwirklich erscheint und etwas erst kürzlich und willkürlich Erfundenes an sich hat. *Oost woost thoos boost* – Laute wie diese gibt man von sich, und gesagt hat man »Osten, Westen, zu Haus' ist es am besten«. Während das Englische Dialekte hervorbringt, die erkennbar englisch sind und die Standardsprache kaum abwandeln, bringt das Holländische wegen seiner Schwierigkeit oder Unwirklichkeit neue und eigene Sprachen hervor, die das Holländische bald zunichte machen. Es gibt das Küchenholländisch Südafrikas, das Papiamento der Niederländischen Antillen, das *negerengels* Surinams. Eines der hervorstechenden Merkmale von Regionalstolz in holländischen Territorien ist die Leidenschaft für fehlerhafte Grammatik. In dem zu Surinam gehörenden Bezirk Nickerie, der für seinen Unabhängigkeitssinn bekannt ist, gibt es eine im Handabzug vervielfältigte Zeitung namens *Wie for Wie*. Die Zeitung ist in zweifellos untadeligem Holländisch geschrieben. Aber ihr Name, der schlicht und einfach grammatikalisch falsches Dialektenglisch ist – »we for we« –, proklamiert den Dialekt als Exklusivbesitz.

Die Bedeutung des Englischen in Surinam bleibt ein Rätsel, bis man sich bewußt macht, daß Britisch-Guayana gleich nebenan liegt – in Nickerie wird sogar Kricket gespielt – und daß Surinam bis 1667 britisch war. Grundlage des in Surinam gesprochenen Negerenglisch ist nämlich das vor dreihundert Jahren in den Köpfen der Sklaven zurückgebliebene Englisch. Und darin besteht das eigentliche Wunder. Obwohl Trinidad bis 1797 spanisch und danach aufgrund der Einwanderung von den französischen Inseln für ein Dreivierteljahrhundert französischsprachig war, ist das Spanische auf Trinidad tot, und das Französische hat nur in ein paar Wendungen und Konstruktionen überdauert. In Surinam jedoch gibt es noch nach dreihundert Jahren eine Form des Englischen. Zunächst erscheint das englische Element in Mr. Eersels Übersetzung unerheblich; aber dieser Eindruck verdankt sich nur einer korrumpierten Aussprache.

Ah dee day day we. Das ist, so unwahrscheinlich es klingt, fast komplett englisch und stammt zudem aus dem englischsprachigen, kultivierten Trinidad. Entschlüsselt: *I did there there, oui: I did find myself there (to there, to find oneself, to be),* ja: Ich *war* dort. Wenn man bedenkt, was für ein Englisch die Sklaven in Surinam 1667 gesprochen haben müssen und was für eine Aussprache zu jener Zeit in England galt, ist es bemerkenswert, daß immer noch so viele Wörter erkennbar sind. Wie sich die Sprache hundert Jahre später, in den siebziger Jahren des achtzehnten Jahrhunderts, entwikkelt hat, erfahren wir aus Stedmans *Narrative of a Five Years' Expedition against the revolted Negroes of Surinam.*

In einem der kleineren Gefechte dieses Krieges wurde eine militärische Einheit im Urwald von den aufständischen Sklaven niedergemacht, die, wie damals üblich, begannen, den toten Soldaten die Köpfe abzuschneiden. Ein Soldat jedoch stellte sich nur tot, und ehe die Reihe an ihn kam, legte der Kopfabschneider sein Hackmesser aus der Hand und sagte: »*Sonde go sleeby, caba mekewe liby den tara dogo tay tamara. – The sun ist going to sleep. We must leave these other dogs till tomorrow.* – Die Sonne geht schlafen. Wir müssen die anderen Hunde bis morgen liegenlassen.« In der Nacht entkam der Soldat. Obwohl der Satz zweimal wiedergegeben wurde, zuerst von dem holländischen Soldaten und dann von Stedman, muß man ihn nur rasch sprechen, um ihn als Englisch zu erkennen, Englisch aus dem Mund eines Westafrikaners.

You no sabi waar she iss? Das Holländische mutet so ausgedacht an, daß es zuweilen einen Übermut hervorruft, der einem das Gefühl gibt, alles, was man mit holländischem Akzent sagt, würde verstanden. In einem Restaurant in Arnhem ertappte ich mich einmal dabei, wie ich reines Kauderwelsch mit einer Kellnerin redete, die irreführenderweise immer weiterlächelte. Und etwas Ähnliches passierte, als ich eines Nachmittags Theresia besuchen wollte. Eine Frau aus einem der Mietshäuser im Hinterhof (Relikt der Sklaverei, wie ich mich erinnerte) sagte mir, Theresia sei nicht da. Mit improvisiertem Akzent – woher die Worte kamen, weiß ich nicht – fragte ich: »You no sabi waar she iss?« – »*Ik weet niet waar ze is*«, erwiderte die Frau in sorgfältigem Holländisch und warf den Kopf zurück. »*Ik spreek geen talkie-talkie, Mijnheer.* Ich spreche kein *talkie-talkie.*« Ich hatte also kein Kauderwelsch geredet; ich hatte *negerengels* gesprochen.

Für Minister und andere mag es klug sein, *negerengels* zu sprechen, aber für das Proletariat, dem es leicht fällt, bleibt es eine Erniedrigung. Bis vor kurzem, so Dr. Voorhoeve, wurden Kinder, deren Mütter sie dabei erwischten, wie sie *negerengels* sprachen, gezwungen, sich den Mund mit Seife zu waschen.

Hundert Kilometer südlich von Paramaribo, an einem Ort namens Brokopondo, baute ein amerikanischer Aluminiumkonzern ein Wasserkraftwerk für eine Aluminiumhütte. Der Konzern hatte mehr von dem Projekt als Surinam, aber es galt als Teil der Entwicklung des Landes, und das Informationsamt veranstaltete eine Besichtigungsfahrt in einem großen amerikanischen Wagen, einem Kombi.

In einem wichtigen Hotel holten wir einen wichtigen schwarzen Beamten aus Aruba und seinen Fotografen ab. In einer staubigen, von Palmen gesäumten Straße, in einer *pension*, die weniger imposant war als meine, holten wir Alberto ab. Alberto war ein italienischer Zeitschriftenfotograf, der eine Blitzreise durch Südamerika machte. Einige

Tage vor meiner Abreise aus Britisch-Guayana hatte ich in Georgetown in der Zeitung von seinem Eintreffen in dem Land gelesen, und ich glaube, seine Abreise ging meiner voraus. Nun war er, auf dem Weg nach Französisch-Guayana, für ein paar Tage in Surinam, und er hoffte, rechtzeitig zum Karneval in Rio zu sein. Alberto war schlank, von mittlerer Größe, und seine Bewegungen waren von italienischer »Eleganz«. Er hatte dichtes, gewelltes braunes Haar, das er unentwegt kämmte, einen dichten Schnurrbart in einem pausbäckigen, rötlichen Gesicht und lebhafte Brauen über großen, strahlenden Augen. Er war Anfang Zwanzig, wirkte jedoch – das lag vielleicht am Schnurrbart und an der typischen Selbstbeherrschung des Journalisten – mindestens wie fünfunddreißig. Seine Stimme war heiser.

Wir machten es uns gerade für die lange Fahrt bequem, als wir in einer bürgerlichen Vorstadtsiedlung anhielten und aus einem Haus fröhlich drei Frauen auf den Wagen zugerannt kamen. Sie sollten mitkommen, und so wurden Alberto, der Fotograf aus Aruba und ich von unseren bequemen Mittelplätzen ins Heck verbannt, wo wir dicht gedrängt mit dem Gesicht nach hinten saßen. Nichts entschädigte uns dafür. Eine der Frauen war Brasilianerin, dick, mit häßlichen weißen Schenkeln und einem häßlichen weißgelben Strohhut, der mit unzähligen Klemmen an ihrem unordentlichen Haar befestigt war. Eine war Holländerin, jung und von schwerfälliger Mädchenhaftigkeit. Eine war hochgewachsen und ernst, verheiratet, älter als die anderen beiden, ihnen gegenüber ein wenig mütterlich und ebenfalls Holländerin.

Sobald wir losfuhren, stimmten die Frauen irgendein unverständliches Lied an. Wir starrten grollend auf die Straße. Aus Asphalt wurde Erde, und bald befanden wir uns auf der roten Straße durch den Wald. Wir sahen den Wald nicht, wir sahen nur roten Staub. Er wehte uns ins Gesicht, und wir drehten die Heckscheibe hoch. Roter Staub rieselte das Fenster herab und verschmutzte es;

gleich darauf hatten sich winzige, die Sicht behindernde Staubverwehungen und Staubbänke gebildet, die wir alle drei zu beseitigen versuchten, indem wir ständig mit der flachen Hand gegen das Fenster schlugen, eine disharmonische Begleitung zu den Liedern in unserem Rücken. Feiner Staub war durch die mit Gummidichtungen versehenen Ritzen gedrungen und hatte sich so sanft auf uns gelegt, daß wir es gar nicht merkten. Wir sahen nicht bestäubt, sondern gefärbt aus, und die Färbung wurde immer intensiver. Die beiden jüngeren Frauen versuchten sich mittlerweile an Liedern im Barbershop-Stil. Bei jedem falschen Ton brachen sie in kleinmädchenhaftes Gekicher aus.

Trotz all unserer Bitten ließen die Frauen ihre Fenster geschlossen, um sich vor dem Staub zu schützen, den die ab und zu überholenden Autos aufwirbelten. Wir glaubten zu ersticken. Alberto büßte sein frisches, gepflegtes Aussehen vom Vormittag ein. Staub rötete sein zerzaustes Haar. Er hörte auf, von seinen Reisen zu reden (»'Aiti war wirklich widerlich«), und saß zusammengesunken in seiner Ecke. »Was ich durchmache!« sagte er. Die heisere Stimme verriet seine Qual. Ich dachte, er wolle, daß wir anhielten, und war zu verlegen, um darum zu bitten. Aber in diesem Augenblick fing die Dicke mit dem Strohhut mit einem portugiesischen Lied an; und Alberto, der langsam die Augen zur Seite drehte und die Stirn runzelte, so daß der Staub von seiner Stirn rieselte, rief aus: »Gott, was ich durchmache!«

Ein Drink im Gästehaus von Brokopondo erfrischte uns. Alberto gewann seine journalistische Energie und Rücksichtslosigkeit zurück. Ob er den Fluß überqueren könne? Ob es in der Gegend Buschneger gebe? Ob man ihn zu einem Buschnegerdorf führen könne? Und während der Mann vom Informationsamt ein paar Nadeln von der Honduras-Pinie im Garten des Gästehauses abzupfte und sie dem Offiziellen aus Aruba – der Fotograf aus Aruba knipste drauflos – und mir zum Riechen hinhielt, kraxelte Alberto hierhin, dahin und überallhin und machte Fotos.

Einmal sah ich ihn weit unten auf einem der Felsen in dem breiten, seichten Fluß.

Als er wieder bei uns war, fuhren wir zum Staudamm weiter. Am Flußufer trat die Dicke in eine Schlickpfütze und verlor ihren Schuh. Sie gab kleinmädchenhafte Schreie des Unbehagens von sich. Alberto bedachte sie mit einem Blick zorniger Verachtung und machte sich die Erdanschüttung hinauf davon, wobei er sich bei all seiner italienischen Eleganz und Haarekämmerei flott und gewandt bewegte. »Keine Fotos!« schrie der Mann vom Informationsamt. »Das ist verboten!« Alberto hörte ihn nicht; er war verschwunden. Als wir ihn wiedersahen, befand er sich am anderen Ende der Baustelle, eine winzige, sich niederhokkende und wieder erhebende Gestalt, die sich rasch, mit geschlossenen Knien, in kurzen Schritten vorwärtsbewegte, bei denen nur die Unterschenkel arbeiteten.

Zwei Buschneger, lila-schwarz, glänzend und nackt bis auf rote Lendenschurze, näherten sich in einem Kanu und versuchten, uns eine Wassermelone zu verkaufen. Ich hatte vorher noch nie Buschneger gesehen, aber ihr Anblick war mir dennoch vertraut: Ich kannte ihn von unzähligen Postkarten in Paramaribo.

Wir warteten im Schatten der riesigen neuen Brücke auf Alberto. Endlich kam er und erfuhr von den Buschnegern. »Aber *ich* wollte doch Buschneger sehen«, sagte er eingeschnappt. Und die Worte wurden zum Refrain: »Können Sie mir keine Buschneger zeigen? Ich will Buschneger sehen. Ist das da ein Buschneger?«

Ins Gästehaus zurückgekehrt, duschten wir beide vor dem Lunch, der rasch eingenommen wurde. Die Dicke mit dem Strohhut aß Berge von Kartoffeln. Das Gespräch wandte sich allgemeinen Themen zu. Man stellte sich einander vor – der Fotograf aus Aruba knipste drauflos – und nannte seinen Beruf.

Die junge Holländerin, immer noch von energiegeladener Mädchenhaftigkeit, sagte, sie habe zwölf Kinder.

»Zwölf Kinder«, sagte Alberto, der einfach nicht verstand, was daran lustig sein sollte, mitfühlend. »Das ist ja schrecklich.«

Das Mädchen versuchte es noch einmal. »Ich kenne einen Schriftsteller«, sagte sie. »In Rio.«

Treffer. Alberto, stets ganz wild auf nützliche südamerikanische Namen und Adressen, wurde schwach. Er zückte sein Notizbuch. »Ist er nett?«

»Er ist fünfzig.«

Alberto verlor die Beherrschung. »Ich verstehe Sie nicht«, sagte er und steckte sein Notizbuch weg. »Ich frage Sie, ob er nett ist, und Sie sagen mir, er ist fünfzig.«

Der Fotograf aus Aruba fotografierte den Offiziellen aus Aruba, der sich mittlerweile entspannt in den Zähnen stocherte und dessen dunkle Brille die wilde Landschaft aus Wald, Flüssen und Felsen spiegelte.

Nach dem Lunch bekam Alberto seinen Willen. Wir gingen zu einem Buschnegerdorf. Es lag abseits der Hauptstraße auf einer Lichtung: ordentliche Häuschen aus Deckbrettern zu beiden Seiten einer kurzen, staubigen Straße, überhaupt nicht das, was wir erwartet hatten: keine geschnitzten Türen, keine Spur von Kunsthandwerk im afrikanischen Stil, von dem wir gelesen hatten, nur flüchtig erblickte Radios in dämmrigen Innenräumen, Nähmaschinen und ein oder zwei gut in Schuß gehaltene Fahrräder. Der Mann vom Informationsamt erinnerte uns daran, daß das Dorf in der Nähe eines modernen Projekts lag; die Männer arbeiteten bei diesem Projekt und trugen richtige Kleider. Aber im Staub kugelten sich nackte Kinder, und die Frauen hatten die Brüste entblößt, Hängebusen wie ausgequetschte Papayas. Alberto fing an, drauflos zu knipsen. Die Frauen flohen lächelnd in ihre Häuschen. Der Beamte aus Aruba sah sich wohlwollend um und hatte mehr Glück. Er hatte keinen Fotoapparat, und ein Gulden bewog eine Frau, hinter ihrem Haus einen Tanz mit einem Hund aufzuführen. Als Alberto und ich, nichtzahlende Besucher, nahten, hörte sie auf.

»Ich muß ein Bild von diesen Buschnegern kriegen«, sagte Alberto. Aber er war nicht in der Lage oder nicht bereit zu zahlen. Wir gingen zwischen den Häusern umher, und vor uns stoben, die nackten Brüste schwingend und schlackernd, Frauen auseinander. »Das Mädchen ist völlig idiotisch. Ist er nett? Er ist fünfzig. Völlig idiotisch. Pst!«

Behutsam näherte er sich einer Frau an einer Nähmaschine. Sie raffte ihre Näharbeit zusammen und verschwand. Er kam wieder zu mir zurück. Dann machte er sich wieder davon, den Fotoapparat schußbereit, sein hohes, lockeres Haar von seinen raschen kleinen Schritten federnd. Diesmal hatte er mehr Erfolg. Ich sah ihn eine Hütte betreten. In diesem Moment sprangen die Mädchen auf. Die junge Holländerin stieß einen Schrei aus und rannte hinter Alberto her in die Hütte, aus der er umgehend überaus verärgert herauskam.

»Gott, was ich durchmache! Was ich alles durchmache!«

Wir brachen zur Rückfahrt auf. Alberto war untröstlich. »Meine Güte, ich wollte doch nur ein Bild von diesen Buschnegern.« Die ganze Fahrt nach Paramaribo über reagierte er seine Verärgerung mit Gerede ab. »Haben Sie den Mann am Staudamm gehört? Keine Fotos. Wieso eigentlich? Das ist eine völlig idiotische Vorschrift, und wenn etwas so völlig idiotisch ist, dann sagt der Italiener: Na schön, aber vielleicht kann man sich ja irgendwie einigen, damit ich ein paar Fotos machen kann. Gott sei Dank bin ich Italiener. Wieso fahren wir eigentlich so langsam? Die Straße ist frei. Wieso fahren wir so langsam?«

»Die Geschwindigkeitsbegrenzung«, sagte der Fotograf aus Aruba. »Außerdem ist das ein Regierungswagen.«

»Idiotische Vorschrift. In Italien würden wir sagen, *gerade weil* es ein Regierungswagen –« Er brach ab und befahl: »Stop!« Er sprang aus dem Wagen und fotografierte einen Bauxitbrecher. »Wenn ich bloß mehr Zeit hätte«, sagte er im Zurückkommen. »Dann würde ich gute Fotos machen. Hallo!«

Die junge Holländerin, die geradeaus schaute und lächelte, hatte ihm einen Zettel in die Hand gedrückt. Das Papier zeigte die Schulmädchenzeichnung eines Frauenprofils.

»Was soll ich damit?« fragte er. »Ich habe bloß meine Hand so gehalten, und schon kommt dieser Brief. Was soll ich machen?« Er steckte den Zettel in seine rotgestreifte Socke und flüsterte: »Ist das eine Beleidigung?«

»Gott«, sagte er später, »was ich heute durchgemacht habe!«

Kleiner Junge vermißt. Der Westafrikaner bezeichnet sich selbst als schwarzen Mann. Für manche Westinder, die stets bestrebt sind, aus schwarz weiß zu machen, ist das zu direkt: Es unterstellt, daß eine Entwicklung unmöglich ist. Die Euphemismen sind von Land zu Land verschieden, und in Surinam erzählte man mir von der Beschreibung eines Negerjungen, die in der Vermißtenmeldung einer Zeitung erschien: *een donkerkleurige jongen met kroes haar* - ein Junge mit dunklem Teint und krausem Haar.

Politischer Führer der Nationalisten und möglicherweise der umstrittenste Mensch in Surinam ist Eduard Bruma, ein schwarzer Anwalt Mitte Dreißig. Er ist dunkelbraun, von durchschnittlicher Größe und durchschnittlichem Körperbau, mit einem ungewöhnlich auffälligen Gesicht: Seine Stirn furcht sich rasch über dem Nasenrücken, und er hat hohe Augenbrauen, die sich über tiefliegenden, ernsten Augen steil nach außen emporschwingen. Wenn er in seinem monströsen grünen Chevrolet durch Paramaribo fährt, winken Jungen und Männer, und in ihrem Gruß liegt ein Anflug von Verschwörung. Denn obwohl die nationalistische Agitation ganz offen vonstatten geht, haben die Nationalisten bis jetzt noch keine offiziellen Positionen inne, und die Bewegung umgibt ein Hauch von Untergrund. Einmal sah ich, wie eine Frau mittleren Alters Eersel auf der Straße am Ärmel zupfte und ihn flüsternd beglückwünschte.

Ihren Anfang nahm die nationalistische Bewegung in Amsterdam, einer Stadt, die jeder gebildete Surinamer kennt. Bruma verbrachte dort sieben Jahre. Er genoß seinen Aufenthalt und behauptet, die Bewegung beruhe nicht auf rassistischen Ressentiments und richte sich nicht gegen irgendeine ethnische Gruppe. Nicht alle seine Anhänger, bei denen es sich hauptsächlich um Schwarze handelt, würden ihm darin zustimmen, ebensowenig wie die Holländer in Surinam. Und es ist schwer vorstellbar, wie sich rassistische Gefühle vermeiden lassen, denn das kulturelle Problem, das Bruma und seine Gefolgsleute umtreibt, ist im Grunde genommen ein Problem des Schwarzen in der Neuen Welt. In Trinidad und Britisch-Guayana ist die Erkenntnis, daß es ein solches Problem gibt, nicht sehr weit verbreitet, und man muß den Nationalisten von Surinam zugute halten, daß sie es ins öffentliche Bewußtsein gerückt haben, ohne so weit zu gehen wie die Zurück-nach-Afrika-Rastafaris auf Jamaika oder die Black Muslims in den Vereinigten Staaten. In ihrem Denken gibt es dennoch vieles, was den Biedermann erschreckt und die Forderung nach dem *dschihad* laut werden läßt. Ihre Sichtweise des Christentums ist historisch: Sie sehen es ebensosehr als Teil der europäischen Kultur wie die holländische Sprache.

Aber wodurch läßt sich das Christentum – für den Westinder mehr als ein Glaube, nämlich eine Errungenschaft – ersetzen? Durch Übernahme der bei den Buschnegern zu findenden Restbestände afrikanischer Religionen? Durch Übernahme des Islam? Religionen lassen sich ebensowenig verordnen wie Sprachen. Negerenglisch ist kein Ersatz für eine entwickelte Sprache. Die Buschneger sind interessant und in mancher Hinsicht bewundernswert, aber zwischen diesen Waldbewohnern und den weltläufigen kontinentalen Surinamern kann keine tiefe Sympathie aufkommen. Somit hat es den Anschein, als könne es entweder nur eine gewaltsame und extreme Lösung dieses Problems oder aber gar keine Lösung geben. Und vielleicht ist ja gar keine Lösung erforderlich. Vielleicht braucht es nur ein tiefes Bewußtsein davon, daß es Länder und Kulturen jenseits des weißen Mutterlandes, jenseits von Europa und Amerika gibt. Dieses Bewußtsein zu schaffen ist nicht einfach. Denn wie auf Jamaika inbrünstiger am Christentum festgehalten wird als beispielsweise in London, so findet auch die Provinzialität des Mutterlandes in der westindischen Kolonie extremeren Ausdruck: Für den biederen schwarzen Westinder ist Italien so fremd und lächerlich wie Japan oder Nigeria.

Ob die Nationalisten dieses Bewußtsein in Surinam schaffen können, ohne in einen sinnlosen schwarzen Rassismus abzugleiten, ist fraglich. Daß sie das Problem so deutlich erkannt haben, verdanken sie meines Erachtens, so paradox das klingt, ihrem holländischen Erbe und vor allem dem Besitz der holländischen Sprache. Englisch gehört allen, die es sprechen. Holländisch gehört so eindeutig den Holländern, daß der Bewohner einer Kolonie, der es als Muttersprache spricht, geradezu mit der Nase auf das Sonderbare einer Situation gestoßen wird, die für den Britisch Westinder ganz natürlich und in Ordnung ist. Als Sprecher einer von der Außenwelt kaum verstandenen Sprache haben die Holländer ein erhebliches Sprachgefühl entwickelt. Das gilt auch für die Surinamer. Englisch, Holländisch, Französisch, *negerengels* sind die Sprachen, die der gebildete Surinamer spricht; für den Inder kommt noch Hindi und für den Javaner Javanisch hinzu. Da dem Surinamer so viele Welten zugänglich sind, ist er nicht so kolonial-provinziell wie der Britisch Westinder und kann seine Lage deshalb objektiver sehen.

Eine wachsende Sprache. Ich zeigte Corly Eersels Übersetzung von Wyatts Zeilen und konnte sehen, daß er trotz seiner Differenzen mit den Nationalisten beeindruckt war. Er las die Übersetzung noch einmal. »*Gendri*«, sagte er endlich. »Was ist denn das für ein Wort? Ich weiß nicht, was es bedeutet. Das gibt es erst seit vierundzwanzig Stunden.«

Nicht weit vom internationalen Flughafen bei Zanderij gibt es ein Buschnegerdorf namens Berlin. Corly, Theresia und ich fuhren eines Samstagnachmittags hin – nicht um die Buschneger zu sehen, die, weil sie so dicht bei der Hauptstadt leben, verstädtert, korrumpiert und keine echten Waldbewohner mehr sind. Wir fuhren wegen des Schwarzwasserbaches hin, denn diese Schwarzwasserbäche – schwarzes Wasser in schneeweißem Sand – sind der Ersatz des Surinamers für die Badestrände, die die schlammige südamerikanische Küste nicht zu bieten hat. Wir paddelten in dem von Lilien gesäumten Bach, und das durch die Bäume einfallende Sonnenlicht verwandelte das Coca-Cola-Wasser (so die Bezeichnung des Surinamers) in Wein. Theresia, schöner als eines von Rembrandts Modellen, vollendete das Rembrandt-Bild.

Später gingen wir durch das Dorf, in dem es nichts gab, was es als Buschnegerdorf gekennzeichnet hätte. Holzhäuser im holländischen Stil säumten die unbefestigte Straße, hier und da waren Hecken zu sehen, und es gab sogar eine Imbißbude mit ein, zwei Reklameplakaten. Zwei Kinder wälzten sich nackt auf der staubigen Straße, aber sonst war jeder bekleidet. Vom Ende der Straße her hörten wir Trommeln. Theresia geriet sofort ganz aus dem Häuschen. Sie lief in einen Hof und zog auf *negerengels* Erkundigungen ein; sie bekam gekränkte Antworten auf holländisch und sagte, als sie zu uns zurückkam, etwas, das wie »*Hit iss in de bos*« klang. Also gingen wir Richtung *bos*.

Der Busch begann gleich am Ende der Straße. Und dort, ein Stück weit jenseits eines kurzen, undeutlichen Pfades durch hohes Gras, waren die Tänzer in einem kleinen Schuppen mit Wellblechdach. Corly war nervös; er sagte, er habe Leute fragen hören: »Zu wem wollen diese *bakra*

234

(Weiße, Ausländer)? Was haben sie hier zu suchen?« Aber die Männer und Frauen, die nicht tanzten, waren durchaus freundlich, und wir setzten uns auf eine Bank vor dem Schuppen und sahen zu. Von Zuschauern zu Tänzern und umgekehrt wurde Whisky herumgereicht, desgleichen Bier in Gläsern. Die Trommler, Stockschläger und Blechschläger saßen an einem Ende des Schuppens, und vor ihnen traten wie vor einem Altar die Tänzer auf, jeder in seinen individuellen Tanz versunken: Einer gab so etwas wie einen Kosakentanz zum besten, ein anderer saß in der Hocke und tanzte nur mit den Zehen, eine alte Frau vollführte mit geschlossenen Augen stilisierte Koitalbewegungen. Die staubigen Füße der Tänzer wurden von den Zuschauern unentwegt mit feuchten Zweigen abgebürstet.

Bislang war jeder Tänzer in seiner Ecke des Schuppens geblieben, aber mit einemmal warf sich ein dicklicher Mann auf den Boden, wo er sich stöhnend hin und her wälzte. Ich dachte zunächst, er tue das uns zuliebe, aber der Schweiß, der ihm im Gesicht ausbrach, war durchaus echt. Er wälzte sich zu einer Stelle, wo eine alte Frau in blauem Kleid saß. Sie stand auf, um ihm Platz zu machen, und lächelte uns freundlich an. »Mir gefällt das nicht«, sagte Corly, das Gesicht bleich vor Widerwillen und Besorgnis. Zwei Männer lieferten sich einen Scheinkampf, aber ihr Gesichtsausdruck und ihr Verhalten hatten nichts Spielerisches. Corly wollte, daß wir gingen, aber Theresia, die zu dem Getrommel mit dem Fuß klopfte, weigerte sich.

Und dann erschienen zwei eindrucksvolle Gestalten, ein Mann und eine Frau, Gesichter und Körper mit weißer Kreide eingerieben. Die Frau trug ein blaues, sariähnliches Gewand, das ihre Schultern frei ließ, der Mann einen roten Sarong und eine rote Mütze. Sie tanzten kaum. Inmitten all dieser Energie zeigten sie ihre Schwäche, und von Zeit zu Zeit mußte der Mann von einem der Tänzer gestützt werden. Das kreideweiße Gesicht war bar jeder Emotion, und er rieb sich fortwährend neu mit Kreide ein, die er manchmal der Frau weiterreichte. Der Tanz war intim geworden, und mir wurde allmählich so bang wie Corly. Ich dachte daran, daß wir dicht bei der Stadt waren, daß der Flughafen nah war (»Surinam gehört dem Jet-Zeitalter an«, stand in der Regierungsbroschüre), war aber dennoch froh, als Corly zu Theresias Verärgerung darauf bestand, daß wir gingen. Als wir aus dem Busch heraustraten, umarmte eine betrunkene Alte Corly, und ein Mann umarmte Theresia. Und Corly, der sich die ganze Zeit Sorgen darüber gemacht hatte, daß man ihm Alkohol anbieten könnte, wurde genötigt, ein kleines Glas Whisky zu trinken.

»Wenn ich noch eine halbe Stunde geblieben wäre«, sagte Corly, »hätte ich einen Herzschlag bekommen.«

Corly war in Paramaribo, nur vierzig Minuten entfernt, geboren, aber er konnte mir ebensowenig wie Theresia etwas über den Tanz sagen, den wir soeben gesehen hatten. Für beide war er ebenso neu wie für mich. Corlys Aufregung war mir trotz der Nähe des Flughafens keineswegs absurd erschienen, und die Quelle, die ich zu Rate zog,[*] lieferte keine vollständige Gewißheit. Wenn meine Beobachtung korrekt war und ich richtig gelesen hatte, dann handelte es sich um einen »spiritistischen« Tanz:

Botschaften an die Lebenden können auch von jemandem übermittelt werden, der beim Tanzen zu den Trommeln zum Besessenen geworden ist. Der Besessene übermittelt die Botschaft durch Gesang. Offenbar kann der Betreffende es spüren, wenn sein Gott durch ihn eine Botschaft an die Lebenden übermitteln will, und verfällt in Unruhe. Diese veranlaßt ihn, sich zunächst zu waschen und dann mit weißem Lehm zu beschmieren, denn Weiß ist die Farbe der Ahnen ... An einem geeigneten Tag beschmiert der Betreffende sich und vielleicht auch einige von den Teilnehmern der

[*] *Bush Negro Art: an African Art in the Americas* von Philip J. C. Dark (London 1954).

*Zermenonie erneut mit weißem Lehm und arbeitet dann darauf
hin, in Trance zu verfallen, damit der Gott durch ihn sprechen
kann. Der Rhythmus der Trommel hilft, den Zustand der Be-
sessenheit herbeizuführen.*

In Surinam wurde die Sklaverei 1863 abgeschafft; es könnte
also noch jemand leben, der als Sklave geboren wurde.
Nicht an die Sklaverei zu denken fiel schwer, und das nicht
nur, weil man in Gestalt von Haupthaus nebst Sklavenquar-
tier überall daran erinnert wird. So vieles in diesen westindischen Territorien erzählt, wie ich nun allmählich sah, von
Sklaverei. Sklaverei ist in der Vegetation: im Zuckerrohr,
das Kolumbus bei jener zweiten Reise mitbrachte, als er mit
seinem Vorschlag, die Indianer zu versklaven, Königin Isa-
bellas Zorn hervorrief, und in der Brotfrucht, einer billigen
Sklavennahrung – Captain Bligh brachte 1793 dreihundert
Bäume nach St. Vincent und verkaufte sie für tausend
Pfund, nachdem ein ähnliches Unternehmen vier Jahre zuvor wegen der Meuterei auf der *Bounty* fehlgeschlagen war.
Und so wie in den öden Savannenländern Britisch-Guayanas eine Gruppe Cashewbäume ein Indianerdorf anzeigt,
so zeigt auf Jamaika eine Gruppe Sternapfelbäume den
Standort eines Sklavengartens an. (Auf Trinidad mit seinen
nur vierzig Jahren Sklaverei findet man dementsprechend
weniger Sternapfelbäume als auf Jamaika.) Sklaverei ist im
Essen, im Salzfisch, den die Inselbewohner nach wie vor
lieben. Sklaverei ist im Fehlen eines Familienlebens, im Gelächter der Kinobesucher über Filme von deutschen Konzentrationslagern, in der Vorliebe für rassistische Beschimpfungen, in der physischen Brutalität des Starken gegenüber
dem Schwachen: Nirgendwo auf der ganzen Welt werden
Kinder so grausam geprügelt wie in Westindien.

Die Westinder haben Angst vor der Vergangenheit und
schämen sich ihrer. Sie wissen von Christophe und L'Ouverture auf Haiti und von den Maronnegern auf Jamaika; aber
sie glauben, daß die Sklaverei anderswo ein gefestigter,

mehr als zwei Jahrhunderte hindurch passiv hingenommener Zustand war. Es ist nicht allgemein bekannt, daß Sklavenaufstände in der Karibik im achtzehnten Jahrhundert ebenso häufig und heftig waren wie Wirbelstürme und daß viele nur durch den Verrat »treuer« Sklaven niedergeworfen wurden. Auf Trinidad weiß man fast nichts von den Buschnegern in Surinam, obwohl ihre Geschichte der Wiedergewinnung von Rassenstolz durchaus förderlich sein könnte.

In Surinam waren seit jeher Sklaven in den Busch geflüchtet – auf den kleineren Inseln gab es diese Möglichkeit nicht –, zur allgemeinen Bewegung weitete sich das jedoch erst 1667 aus, in dem Intervall zwischen dem britischen Rückzug und der Besetzung durch die Holländer. Die Bewegung setzte sich die nächsten hundert Jahre hindurch fort: Brutalität führte zu Flucht, Massakern, Vergeltungsmaßnahmen, noch größerer Brutalität. »Es wird als Schrecknis empfunden«, schrieb noch 1807 ein englischer Reisender, »einem Neger damit zu drohen, ihn an einen Holländer zu verkaufen«, und Stedmans *Narrative* macht deutlich, warum. »Die Kolonie Surinam«, schrieb Stedman, »stinkt und ist gefärbt vom Blute afrikanischer Neger.« Das war keineswegs nur eine Redewendung. Das erste, was Stedman bei der Landung sah (und für sein Buch skizzierte), »dämpfte« seine Freude darüber, in den Tropen zu sein. Es war:

... *eine junge Sklavin, die nur ein um die Lenden geknoteter Lumpen bedeckte, der wie ihre Haut an verschiedenen Stellen von Peitschenhieben aufgerissen war. Das Verbrechen, das dieses jämmerliche Opfer der Tyrannei begangen hatte, war die Nichtausführung einer Aufgabe, der sie offenkundig nicht gewachsen war, wofür man sie dazu verurteilte, zweihundert Hiebe zu empfangen und einige Monate lang eine mehrere Ellen lange Kette zu tragen, deren eines Ende um ihren Knöchel geschlossen und an deren anderem ein Gewicht von wenigstens hundert Pfund befestigt war ... Ich fertigte eine Zeichnung von der unglücklichen Leidenden.*

Die geschundene Sklavin mit der Kette, der Künstler mit seinem Skizzenblock: Es ist eine merkwürdige Szene. Man fragt sich, ob sie am Ort zu Gerede Anlaß gab. Stedman erwähnt nichts davon, und vielleicht rief sie ja auch nur jene belustigte Überraschung hervor, die der Einheimische angesichts der Ausrufe des Touristen empfindet. Die Folter war in Surinam alltäglich und spielte sich keineswegs im Verborgenen ab. Stedman sprach später mit einem Sklaven – er gab ihm ein paar Münzen –, der lebenslänglich in einem Heizungsraum angekettet war; er skizzierte einen Sklaven, den man bei lebendigem Leibe mit einem Eisenhaken an den Rippen aufhängte, bis er tot war.

Anfang des neunzehnten Jahrhunderts war das Buch des »guten, alten Stedman« – der Ausdruck stammt von Kingsley – in England wegen seiner naturgeschichtlichen Beschreibungen und wegen der Geschichte von Stedmans Romanze mit der Mulattensklavin Joanna populär, die Kingsley für »eine der lieblichsten Idyllen englischer Zunge« hielt. Und diese Popularität, dieses Gerede von Idyllen, ist ein Rätsel; nicht nur weil die Kultiviertheit des achtzehnten Jahrhunderts, besonders bei jemandem wie Stedman, dem sie ohnehin nicht leichtfällt, heute nicht mehr ankommt, sondern weil Stedmans Geschichte entsetzlich ist und mit ihrem Übelkeit erregenden Katalog von Scheußlichkeiten Berichten von deutschen Konzentrationslagern im letzten Krieg ähnelt. Stedman war kein Gegner der Sklaverei – er ging nach Surinam, um bei der Niederschlagung des Sklavenaufstandes von 1773 zu helfen –, und man kann sein Werk nicht als Propaganda abtun. Er gab sich alle Mühe, das Feingefühl an den Tag zu legen, das man seinerzeit bewunderte – so entschuldigt er sich etwa bei seinen »empfindsamen Lesern« dafür, daß er von Läusen spricht –, und man kann ihm keine Sensationshascherei vorwerfen. Dennoch braucht man einen kräftigen Magen, um Stedman heute zu lesen. Das Surinam, das er beschreibt, gleicht einem riesigen Konzentrationslager, mit dem Unterschied, daß Besucher sich umschauen, Notizen und Zeichnungen machen durften. Der Sklavenbesitzer hatte weniger Gewissensbisse als der Kommandant des Konzentrationslagers: Die Welt war in schwarz und weiß, Christen und Heiden unterteilt. Vom Weißen mochte man durchaus erwarten, daß er beim Umgang mit dem Schwarzen gewisse Skrupel zeigte; der Christ aber kannte keine derartigen Hemmungen im Umgang mit dem Heiden. Allerdings sollte man, um den Holländern nicht Unrecht zu tun, das oben Zitierte vollständig wiedergeben: »Es wird als Schrecknis empfunden, einem Neger damit zu drohen, ihn an einen Holländer zu verkaufen. Der Holländer indes kennt seinerseits ein ähnliches Schrecknis und droht damit, seinen Sklaven an einen freien Neger zu verkaufen.«

Die entflohenen Sklaven kämpften mit einem Mut, dem die holländischen Söldner oder die »treuen« Sklaven (Stedmans Regiment gehörten die Neger Okera und Gowsary an, die zehn Jahre zuvor Atta, den Anführer des Sklavenaufstandes von Berbice, verraten hatten) nichts entgegenzusetzen hatten, und sie wurden niemals besiegt. Gegen Ende des achtzehnten Jahrhunderts hörten die Feindseligkeiten auf, und die Unabhängigkeit der Buschneger wurde stillschweigend anerkannt. Im Wald organisierten die Buschneger ihr Leben nach afrikanischem Muster neu; Stämme wurden gebildet, Stammesgebiete demarkiert. Die Buschneger heirateten niemals außerhalb ihres Stammes oder ihrer Rasse und waren stolz auf ihre reine afrikanische Herkunft: Sie kennzeichnete sie als Abkömmlinge freier Menschen. An den Flüssen seßhaft geworden, entwickelten sie ihre herausragenden Flußfertigkeiten. Von der Welt isoliert, besannen sie sich auf ihre afrikanischen Schnitz-, Gesanges- und Tanztraditionen und ihre afrikanischen Religionen. Sie entwickelten ihre Sprache; weit im Inneren afrikanisierte sie sich. Und vor fünfzig Jahren entwickelten sie eine Schrift.

1916 sah Dr. C. Bonne, Arzt am staatlichen Krankenhaus von Pa-
ramaribo, einen seiner Patienten, einen Buschneger mit Namen
Abena vom Stamm der Aucaner oder Djuka, seltsame Zeichen
schreiben. Abena war durchaus bereit, ihre Bedeutung zu erklären,
und sagte, sie stammten von einem anderen Angehörigen seines
Stammes namens Afaka. Bonne lernte diesen Afaka kennen, der ihm
und Pater Morssink (einem katholischen Missionar) wiederholt er-
klärte, daß er zur Zeit des Halleyschen Kometen einen Traum gehabt
habe, in dem ihm eine Person mit einem Blatt Papier in der Hand er-
schienen sei und ihm befohlen habe, eine Schrift für sein Volk zu er-
sinnen. Aus dem ersten Zeichen ging das zweite, aus dem zweiten
das dritte hervor und so weiter. Dieser Vision folgend, habe er alle
zwei, drei Tage ein Zeichen ersonnen, bis er schließlich 56 Schriftzei-
chen gehabt habe, mittels derer er seine Gedanken aufschreiben könne.
1917 unternahm Bonne eine Reise ins Djuka-Land und konnte mit-
tels der neuen Schrift Nachrichten schicken, die verstanden und be-
*herzigt wurden.**

Zwar wurde Afaka, weil er es gewagt hatte, ohne Erlaubnis
eine Schrift herzustellen, vom Granman (die Etymologie
springt in die Augen) seines Stammes verstoßen und als
»*na wissi-wassi man*« – dieser Wischiwaschi-Mann – verur-
teilt, aber seine Schrift hat überdauert; 1958 sandte und er-
hielt Mr. Gonggrijp Nachrichten, die darin abgefaßt waren. Afaka Atumisi starb im Juli 1918. Auf seinem Grab
fand man ein Kreuz mit einem Epitaph in seiner Schrift:
»*Masa Atumisi fu da Santa Katoliki Kerki*«, Atumisi gehörte
zur Heiligen Katholischen Kirche. Das stimmte nicht ganz;
aber es waren seine christlichen Neigungen, die ihn den
Buschnegerhäuptlingen verdächtig gemacht hatten. Rätsel-
haft jedoch ist folgendes: Vierunddreißig von Afakas Zeichen finden sich auch in der Schrift des Vai-Stammes von
Liberia. Ist das ein Beispiel von Rassengedächtnis? Oder

---

* J.W. Gonggrijp: »The Evolution of a Djuka Script in Surinam«: *Nieuwe West-*
Indische Gids, 1960, p.40.

hatte Afaka etwas von dem Moses in Thomas Manns boshafter Erzählung *Das Gesetz?*

Eine Einladung zum Kaffee. Ich rief Corly an und lud ihn zum Kaffee in meine *pension* ein. »Ja«, sagte er, »ich komme zum Kaffee zu Ihnen, und zwar um halb acht. Wir werden bis acht Kaffee trinken. Aber worüber sollen wir nach acht reden? Über den Minister? Hat Ihnen Ihr Gespräch mit dem Minister gefallen? War es geistig profitabel? Nein? So gefällt mir das nicht. Wir müssen unseren Abend solide gestalten. Mal sehen. Genau! Bruma. Wir reden über Bruma.« Aber zu diesem Zeitpunkt hielt ich es für besser, die Einladung zurückzuziehen.

Ich konnte Surinam nicht verlassen, ohne den Bezirk Coronie zu besuchen, dessen Bewohner meine Zuneigung gewonnen hatten, weil sie in dem Ruf standen, die größten Müßiggänger von Surinam zu sein, und allgemein nur als *de luie neger van Coronie*, die faulen Neger von Coronie, bezeichnet werden.* Als die Sklaverei abgeschafft wurde, überließen die Kokosnußpflanzer ihre Plantagen den früheren Sklaven, die sich darauf in einer idyllischen, isolierten Existenz einrichteten (einzige Verbindung zwischen Coronie und Paramaribo war der Seeweg) und alle Neuan-

---

* Aus dem Artikel über Surinam im *Jahrbuch der Zeugen Jehovas von 1958:* »Trotz harter Reisebedingungen – zwei Flüsse mußten per Fähre überquert werden, und für das letzte Stück wurden schließlich alle Brüder auf Lastwagen verladen – erreichten hundertfünfundsiebzig erschöpfte, aber glückliche Zeugen den für die Versammlung vorgesehenen Ort, eine Kokosnußplantage mit Namen Coronie. Einer der Höhepunkte der Versammlung war der unerwartete Besuch von vierhundertacht Menschen bei dem öffentlichen Vortrag gegenüber der protestantischen Kirche. Der Anblick von etwa dreihundert Menschen, die der Taufe von zwölf neuen Brüdern in einem nahegelegenen Wasserlauf zusahen, ließ einen daran denken, wie es zur Zeit der Apostel gewesen sein muß.
Wir sind stolz auf einen unserer weltabgewandt lebenden Brüder, der neben seiner täglichen Arbeit als Fischer auf den Flüssen auch die Zeit findet, nach Menschen guten Willens zu fischen. Obwohl er hier der einzige Zeuge ist, verliert er nie den Mut, sondern ist für seine rege Predigertätigkeit bekannt.«

kömmlinge anderer Rassen vertrieben, darunter auch hundert Indianer, deren Energie die Ruhe von Coronie zu stören drohte: Bis auf den heutigen Tag verkaufen die Neger von Coronie Land nur an andere Neger, und zwar solche, die ihnen gleichen. Ab und zu brauchen sie Geld; dann sammeln sie ein paar Kokosnüsse und verkaufen sie an die Ölmühle. Die Mühle gilt lediglich als praktische Annehmlichkeit und ist selten voll ausgelastet. Die Planer verzweifeln, aber die Neger von Coronie, die mittlerweile auch das Wahlrecht haben und ihre Macht kennen, lassen sich nicht hetzen. Sie erlauben Chinesen, im Bezirk Läden zu betreiben, und haben aus irgendeinem Grund einer indischen Farmerfamilie gestattet, sich bei ihnen niederzulassen.

So jedenfalls geht in Paramaribo die Legende. Johnny, der Barkeeper des Palace Hotel, der Coronie und dessen einzige indische Familie kannte, bot an, mich zu begleiten, und so brachen wir eines Morgens früh zu der hundertsechzig Kilometer langen Fahrt auf. Außerhalb der Stadt hatte die Straße keinen Belag und war zu Rinnen ausgefahren, die von einem Panzer hätten stammen können. Fahrradfahrer trugen Masken gegen den Staub, und von den unzähligen Straßenarbeitern hatten viele eine Schutzbrille auf.

Das Terrain war flach, immerzu flach. Der Wald begann unmittelbar hinter den Hütten, die an der Straße aufgereiht standen. Surinam ist ein unterbevölkertes Land. Hier mutete es verwahrlost, verlassen und merkwürdig losgelöst von allem anderen an: Die Bewohner, hauptsächlich Javaner, verlieren sich in einer unvertrauten Landschaft, deren Monotonie nicht zur Erforschung einlädt. Aber jede Hütte hatte ihren Nutzgarten; das hier waren nicht die Heloten des Küstenlandes von Britisch-Guayana.

Kühle, mit weichen, verschwommen-weißen Lichtflekken getupfte Kokoshaine kündigten Coronie an. Wir hielten unter dem Dachvorsprung eines chinesischen Ladens, und ich sah mich nach *de luie neger* um. Auf der anderen

243

Straßenseite plauschten drei alte Männer im spärlichen Schatten eines Baumes. Verstohlen, der angeblichen Fremdenfeindlichkeit wegen, schickte ich mich an, sie zu fotografieren. Ich fing sie in Posen mit starrem Lächeln ein. Ein Mann füllte gerade ein Wasserfaß auf einem Ochsenkarren; auch er posierte und forderte seinen Sohn zum Lächeln auf. Ein anderer schob ein Fahrrad mit einem Sack Kokosnüsse auf der Lenkstange vorbei. Sonst war niemand zu sehen. Ich steckte meinen Fotoapparat weg. Wahrscheinlich hatte ich etwas Arkadischeres erwartet, etwas weniger Vertrautes als ein heruntergekommenes westindisches Dorf mit öffentlichen Gebäuden aus Beton und Lebensmittelläden aus Holz und Wellblech.

Unter einem hohen, heißen Himmel erstreckten sich die Felder nordwärts zum Meer, durchschnitten von langen, geraden Kanälen, in denen ein, zwei an Van-Gogh-Bilder gemahnende Boote mit Masten schief im Schlick steckten. Wir gingen zu Fuß zu den Kokosnußplantagen, wo das Gras dicht, die Gräben verstopft und die Moskitos groß und heimtückisch waren und mich durch meine Khakihosen und Terylensocken hindurch stachen. Kleine grauschwarze Holzhäuser auf kurzen Pfählen standen in sauberen, unbefestigten Höfen, deren Boden von der Sonne gebrannt war, und in diesen Höfen wuchsen Granatapfelbäume, pro Haus drei bis vier. In jedem Hof war ein Häufchen Kokosnüsse aufgeschichtet und ein kleiner Holzstand mit bescheidener Obstauslage aufgebaut: zwei, drei Orangen, vielleicht eine Melone, zwei, drei Granatäpfel, mehr nicht. Über den grasbewachsenen Fußpfad und die tiefen Gräben hinweg standen kleine Buden einander gegenüber. Gefährlich schmale Bohlen, manchmal auch nur ein behauener Kokosnußstamm, überbrückten die Gräben.

Johnny, der Barkeeper, hatte sieben Kinder und wollte etwas Obst nach Paramaribo mitnehmen. Er überquerte einen Graben, betrat einen Hof, erstieg die Vordertreppe eines Hauses und klopfte an die geschlossene Tür, auf deren Sturz in blauer Farbe *God is boven alles* stand. Ein Fenster wurde geöffnet; Johnny erklärte. Gleich darauf ging die Tür auf, ein Schwarzer kam, seine Kleider ordnend, barfuß in den Hof herunter, pflückte ein paar Granatäpfel aus den niedrigen Bäumen, wobei er sich ein-, zweimal auf die Zehenspitzen stellen mußte, gab Johnny die Früchte, nahm ein paar Münzen entgegen, wünschte uns höflich einen guten Tag, ging die Treppe hinauf und schloß die Tür wieder.

Die indische Familie aufzufinden bereitete uns einige Mühe, so sehr glichen sich die Pfade, Gräben, Häuser und Felder. Das Haus stand auf einem rechteckigen Grundstück und wirkte, mit Gräben auf allen Seiten, wie von einem Burggraben umgeben. Rostender Schrott in einem rostenden Wellblechschuppen, an einem Pfeiler das Rad eines Fahrrades, Hühner im Staub und trocknender Schlamm unter den ein, zwei zwergenhaften Kokosnußbäumen, ein übellauniger, kläffender Köter und in der feuchten Hitze Wolken von Moskitos. Eine junge, spastisch gelähmte Inderin in losem Baumwollkleid hielt den Hund fest. Wir überquerten den Burggraben und begaben uns auf die Rückseite des Hauses, wo, vor der Sonne ungeschützt, ein steinalter Mann mit weißem Haar und weißen Bartstoppeln auf dem Boden saß und sich mit Öl einrieb. Die Moskitos ließen ihn in Ruhe, ebenso wie Johnny. An mich aber hefteten sie sich, an mein Haar, mein Hemd, meine Hose und sogar die Ösen meiner Schuhe. Gefuchtel störte sie nicht, man mußte sie abstreifen.*

Der Alte freute sich darüber, daß er Besuch bekam. Er hatte vor kurzem einen bösen Unfall gehabt: Er war aus dem oberen Fenster seines Hauses gefallen. »Dreißig Gulden hat ihn das gekostet«, sagte Johnny. Aber der Alte erzählte die Geschichte, als wäre es die reinste Komödie. Seine eigene Klapprigkeit amüsierte ihn – sie sei ja nun

---

* Stedman tötete einmal mit einem einzigen Schlag zweiunddreißig Moskitos.

wirklich vollkommen albern –, und er forderte uns zum Mitlachen auf. Sein Gesicht war zwar eingefallen, sah aber immer noch gut aus; das Lebhafteste an ihm waren seine Augen. Er war in Indien geboren und als Kontraktarbeiter nach Britisch-Guayana gekommen. Er hatte seinen Kontrakt abgeleistet und war nach Indien zurückgekehrt, dann hatte er sich erneut verdingt. Er sprach Englisch oder so etwas Ähnliches und Hindi, aber kein Holländisch. Wie war er nach Surinam gekommen? Das war der allergrößte Witz. Er hatte in Britisch-Guayana geheiratet und war dann – seiner Frau weggelaufen! Das sagte er mehr als einmal. Diese vierzig bis fünfzig Jahre zurückliegende Schurkerei war das Tollste in seinem Leben und hatte niemals aufgehört, ihn zu amüsieren. Er war seiner ersten Frau weggelaufen!

Während er sprach, saß die Frau mit dem wütenden Hund ein Stück abseits im Schatten, sah zu uns her und spielte dabei mit ihrer lockeren Zahnprothese.

Was denn mit mir sei, wollte der Alte wissen. War ich im Ausland gewesen? Wie war es dort? Mußten die Leute arbeiten? Was für Arbeit machten sie im Ausland? Wie sah es im Ausland aus? Er wollte konkrete Einzelheiten von mir wissen. Ich gab mir Mühe. Ich kannte dieses Ausland also wirklich? Er war amüsiert, skeptisch, aber auch ehrerbietig: Er nannte mich *babu*. Eine Welt außerhalb Britisch-Guayanas und des Coronie konnte er sich kaum vorstellen – selbst Indien war bis auf die Erinnerung an einen bestimmten Bahnhof verblaßt –, aber er meinte, daß jene Welt die eigentliche, die Wunderwelt sei, ohne Schlamm, Moskitos, Staub und Hitze. Er würde bald sterben, hier auf diesem von einem Wallgraben umgebenen Flecken im Coronie; und er sprach vom Tod als einer lästigen Pflicht. Bis dahin verbrachte er seine Tage damit, in der Sonne zu sitzen; manchmal legte er sich auch in einen Verschlag, der wie ein Hühnerstall aussah. Ins Haus ging er nur nachts. Aber er habe ja ganz vergessen, daß wir Besucher seien: Ob wir nicht etwas mitnehmen wollten? Eine Kokosnuß?

Er stand auf, die Frau stand auf, der Hund knurrte. Aus dem Staub unter dem Haus hob er ein Hackmesser auf und schnitt uns ein paar Kokosnüsse ab.

Mein Rücken juckte. Er war mit geschwollenen Moskitostichen übersät, desgleichen meine Kopfhaut. Gegen die Moskitos von Coronie schützten weder italienische Baumwolle noch dichtes Haar.

Ein heruntergekommener Mann in einem heruntergekommenen Land; ein Mann, der sich überrascht und resigniert in eine Landschaft verschlagen fand, die, weil Ort eines erzwungenen und immer nur vorübergehenden Aufenthalts, niemals aufgehört hatte, unwirklich zu sein; Sklaven, von einem Kontinent verschleppt und auf den unprofitablen Plantagen eines anderen zurückgelassen, von dem es kein Entkommen mehr gab: Ich war froh, Coronie zu verlassen, denn mehr als faule Neger fand ich dort die ganze Trostlosigkeit, die jene befiel, welche die Mittelpassage zurückgelegt hatten.

5
MARTINIQUE

Mir lag noch nie etwas daran, mich zu verkleiden oder auf der Straße »herumzuhüpfen«, und der Karneval auf Trinidad hat mich stets deprimiert. In diesem Jahr waren außerdem die »Militärkapellen« nicht gerade lustig: Sie riefen lebhaft die Fotos von den tragischen Absurditäten im Kongo in Erinnerung. Mit dieser Karnevalsdepression flog ich nordwärts über die Karibik. Das Meer war türkisblau, mit verschwommenen weißen Sandbänken und blauen Tiefen; aus ihm erhoben sich braune Inselchen mit weißen Rüschen.

In der Gesellschaftsspalte des *Trinidad Guardian* hatte ich gelesen, daß sich schon wieder ein Amerikaner ein Stück der Insel Tobago gekauft hatte und es damit jenen nachtat, die sich Stücke von Barbados, Dominica und Montserrat gekauft hatten (die Regierung von Montserrat hatte eine Werbekampagne veranstaltet, um amerikanische Käufer anzulocken). Diese Inseln waren klein, arm und überbevölkert. Einst war ihres Reichtums wegen ein Volk versklavt worden; nun wurde ihrer Schönheit wegen ein Volk enteignet. Die Grundstückpreise waren kräftig gestiegen. Auf manchen Inseln konnten es sich kleine Bauern nicht mehr leisten, Land zu kaufen, und die Auswanderung in die ungastlichen Slums von London, Birmingham und einem halben Dutzend anderer englischer Städte nahm zu. Jedes arme Land nimmt den Tourismus als unvermeidliche Erniedrigung hin. Keines ist dabei so weit gegangen wie einige dieser westindischen Inseln, die sich im Namen des Tourismus in eine neue Sklaverei verkaufen. Die Elite der Inseln, deren Vergnügungen bezeichnenderweise die des Touristen sind, verlangt nicht mehr, als mit den weißen Touristen verkehren zu dürfen, und die Regierungen machen halbherzige Auflagen bezüglich der Rassenschranken.

»Und dann ist sie zur Damentoilette runtergegangen«, erzählte mir ein Taxifahrer auf einer der Inseln. »Und – Sie kennen ja diese Leute – die haben gedacht, sie wär bloß so 'n schwarzes Weib, und haben ihr gesagt, tut uns leid, aber hier ist nicht für Schwarze.« Der Taxifahrer kicherte. »Die wußten nicht, daß sie die Frau vom Minister war, Mann. Haben sich wie verrückt entschuldigen müssen. So was mögen wir hier nicht.« Für den Taxifahrer war es ein persönlicher Triumph, daß, wenn schon niemand anders, wenigstens die Frau des Ministers mit den Touristen »verkehren« durfte.

Wir machten einen kurzen Zwischenstop auf St. Lucia. Die Landebahn lag am Meer, und die Abfertigungsgebäude glichen einer Bahnstation. »Erinnert mich an das gute, alte Tobago«, sagte ein Tourist in Bermudashorts. Womit ich vollends in Depressionen verfiel.*

Martinique ist Frankreich. Wenn man aus Trinidad dort eintrifft, hat man das Gefühl, man habe nicht das Karibische Meer, sondern den Ärmelkanal überquert. Die Polizisten sind französisch, die blau und weiß emaillierten Straßenschilder sind französisch, die Cafés sind französisch, die Speisekarten sind französisch und in französischer Handschrift geschrieben. Die Landschaft ist, jedenfalls im Süden, nicht ausgesprochen tropisch. Gewelltes, durch Kultivierung geglättetes und unfruchtbar gemachtes Weideland mit vereinzelten, dunklen Baumtupfern und kleinen, ins klare Meer hinausragenden Landspitzen und -zun-

---

* »Auf der ruhigen, malerischen Insel Tobago, zwanzig Flugminuten nordöstlich von Trinidad, sagte uns der Bezirksbeamte, daß die bescheidenen Einwohner in puncto Höflichkeit und Entgegenkommen mit Abstand den ersten Platz in Westindien einnähmen. Es gibt auf Tobago viele schafsmäßige Menschen, und dank Jehovas unverdienter Milde werden sie vor Harmageddon versammelt werden.« Aus dem *Jahrbuch der Zeugen Jehovas von 1958*.

gen erinnert an ein sanfteres Cornwall. Im Gegensatz zu den anderen Inseln, die eine Hauptstadt haben, zu der alles gravitiert, ist Martinique voll kleiner französischer Dörfer, jedes mit Kirche, *mairie* und Kriegerdenkmal *(Aux Enfants de – Morts pour la France)*, jedes mit seiner Geschichte und seinen Berühmtheiten, für deren Nachkommen in der Kirche Bänke reserviert sind. Der Rundfunksender meldet sich mit »Radiodiffusion Française«. Die politischen Plakate – *Voter Oui à de Gaulle* (das Referendum lag noch nicht lange zurück) und *Meeting de Protestation: Les Colonialistes Ont Assassiné Lumumba* – sind die des Mutterlandes und haben in der Karibik kein Gegenstück. Die Tabakkioske führen Gauloises; geworben wird für Cinzano, St. Raphael und *Paris-Soir*. Nur die meisten Menschen sind schwarz.

Sie sind schwarz, aber sie sind Franzosen. Denn Martinique ist Frankreich, ein juristisch konstituiertes Departement Frankreichs, das dermaßen assimiliert und integriert ist, daß Frankreich oder das, was man allgemein unter diesem Land versteht, offiziell kaum einmal mit Namen erwähnt wird. »*Monsieur Césaire est en métropole*«, sagte der *chef-de-cabinet* zu mir, als wäre Monsieur Césaire schlicht für ein verlängertes Wochenende aufs Land gefahren und nicht 4500 Kilometer nach Pris geflogen. Der Mythos des Nicht-Getrenntseins wird so weit getrieben, daß sich *routes nationales*, die vorgeblich nach Paris führen, durch das ländliche Martinique schlängeln.

Laut Geoffrey Gorer in *African Dances* galt schon vor dreißig Jahren ein Bürger Martiniques in der französischen Armee in Westafrika offiziell als Franzose, der um einiges über dem von ihm abgesonderten, einheimischen Afrikaner stand. Die Zeiten haben sich geändert; auf Martinique lernte ich eine schwarze Bürgerin Martiniques kennen, die aufgrund des afrikanischen Rassismus – für sie eine unbegreifliche Erscheinung, ein Zeichen primitiver Verbohrtheit – ihr Zuhause im Senegal verlassen hatte. Sie äußerte sich mit einiger Schärfe und bezeichnete sich selbst als *une française.* In einem Restaurant sah ich, wie eine Weiße sich einem schwarzen Martiniquer mit Sonnenbrille zuwandte und sagte: »*Nous sommes les seuls français ici.*« – »Sind Sie Engländer?« fragte mich ein weißer Martiniquer. Nein, antwortete ich, ich käme aus Trinidad. »Ah!« sagte er lächelnd. »*Vous faites des nuances!*« Alexandre Bertrand, der martiniquische Maler, der mit den Verhältnissen auf Martinique nicht besonders zufrieden und so etwas wie ein Nationalist ist, fragte mich über die Rassenunruhen in England aus. Was habe sie verursacht? Er konnte nicht verstehen, wie es in einem Land wie England Rassenvorurteile geben könne. Ihm fiel beinahe die Pfeife aus dem Mund, als ich ihm von der Diskriminierung im Wohnungswesen und im Arbeitsleben erzählte; es war, als müßte man einem Außerirdischen die Erde erklären. »Ich bin froh, daß ich Franzose bin«, sagte er. Das Wort war ihm herausgerutscht. »Na ja, Martiniquer mit Zugehörigkeit zu Frankreich.« Mehr als England für den Britisch Westinder oder auch Holland für den Surinamer ist Frankreich für den Einwohner von Martinique das Mutterland. In Frankreich stehen ihm die höchsten Positionen offen; daß ein Französisch Westinder eine wichtige französische Stadt in der Nationalversammlung vertritt und eine Zeitlang verfassungsmäßiger Nachfolger von Präsident de Gaulle war, ist Anlaß zu Stolz, nicht aber zu Überraschung.

Dr. Saint-Cyr, der aus einer von Martiniques vornehmen farbigen Familien stammt, lud mich eines Tages zum Lunch in das Landhaus der Familie seiner Frau in Sainte Anne ein. Saint-Cyr war ein hochgewachsener, wohlbeleibter Mulatte; aber schon nach ganz kurzer Zeit vergaß man seine Rasse und nahm nur noch seine in Sprache, Art und Gesten zutage tretende französische Lebensart wahr. Auf dem Weg nach Süden trafen wir uns, um ihnen vorauszufahren, mit weiteren Gästen, zwei Franzosen und einer Französin aus dem Mutterland, die in ihrem Wagen am Straßenrand warteten. Wir kamen zu spät zu dieser Verabredung, und

Saint-Cyrs wortreiche Entschuldigungen wurden von einem der Franzosen geschickt beiseite gewischt: »*Mais c'est ma faute. On m'a dit qu'aux Antilles il est impoli d'arriver à l'heure.*« Nach diesem Austausch von Höflichkeiten brachen wir auf und hielten nur noch ein paar genau bemessene Minuten lang an zwei, drei Orten, um gewisse bewährte Aussichten zu bewundern. An den sanften braunen Hängen von La Monnerot vorbei kamen wir nach Vauclin, wo wie auf Saint-Cyrs Geheiß gerade die Fischerboote einliefen und wir einen weiteren Zwischenstop einlegten, um das pittoreske Gefeilsche zu bewundern. Dann endlich gelangten wir nach Sainte Anne.

Wir wurden Madame Saint-Cyr, ihrem Vater und ihren zwei Brüdern vorgestellt, die in Erscheinung und Charme nicht von Franzosen zu unterscheiden waren. Fortwährend kamen Gäste in neuen Autos die betonierte Einfahrt zwischen den schlanken Baumstämmen herauf und durch das alte Tor auf das weitläufige Grundstück des weitläufigen Hauses, das hundertfünfzig Jahre alt und damit nach den Maßstäben Trinidads ein historischer Bau war. Wir saßen auf der von einer niedrigen Mauer umgebenen Veranda, tranken Aperitifs aus Milch, Rum und Muskatnuß, knabberten pikante Fischhäppchen und blickten an einer rostenden Rumfabrik vorbei auf das Meer mit dem Rocher de Diamant in der Ferne, wobei sich das Licht, und mit ihm die Farbe von Wasser und Himmel, ständig änderte und der Diamantenfelsen jedesmal verschwand, wenn es zu nieseln begann.[*]

Der Präfekt, ein kleiner Korse mit derbem Gesicht, traf ein. Alles erhob sich, um ihn und seine gutaussehende, weißhaarige Frau zu begrüßen.

---

[*] Im Januar 1804, während des Krieges gegen Napoleon, wurde dieser wie ein Diamant facettierte, freistehende, öde Felsen von der aus hundertzwanzig Männern und Jungen bestehenden Mannschaft eines britischen Kreuzers besetzt und zum Kriegsschiff erklärt. Achtzehn Monate lang setzte H.M.S. *Diamond Rock* dem französischen Schiffsverkehr zu und ergab sich erst nach vierzehntägiger Blockade durch »zwei Vierundsiebziger, eine Fregatte, eine Korvette, einen Schoner und elf Kanonenboote«.

Dr. Saint-Cyr gab bekannt, daß, wer Lust habe, vor dem Essen kurz schwimmen gehen könne. Ich zog mich in einem der Schlafzimmer im ersten Stock um. Das Bett war hoch, breit und wuchtig. Auf einem Bord stand eine kleine Sammlung alter Bücher, darunter eine alte Ausgabe von *La Cathédrale,* so braun und durchdringend moderig, wie es nur alte französische Bücher sein können: Widerspiegelung eines einstmals wachen französischen Geschmacks, ließ es heute nicht an ein westindisches, sondern an ein französisches Haus denken, aus dem mit dem Altwerden der Eltern und dem Erwachsenwerden und dem Weggang der Kinder eine Lesetradition verschwunden war.

Wir fuhren mit zwei Autos zum Strand hinunter; und nach Begeisterungsrufen über die Schönheit und Wärme des Wassers, die Weiße des Sandes, die Vollkommenheit der am Strand zu findenden Sternkorallen – wobei jedes Vergnügen, so schien es, nur unserem Gastgeber zuliebe vermerkt und bestätigt wurde, der wirkte, als lenke und leite er unser Entzücken – und einem denkbar kurzen Bad kehrten wir zum Haus zurück, zogen uns um und tranken noch etwas, ehe wir an dem langen Tisch Platz nahmen, der für über zwanzig Personen gedeckt war.

Dr. Saint-Cyr saß an einem Ende des Tisches; am anderen saß, glaube ich, der Präfekt. Als erstes gab es Seeigel. Dann Hummer. Dann einen dritten Fischgang, wobei der große Fisch ganz, aber in Scheiben geschnitten, aufgetragen wurde. Es folgte das Fleisch. Als allererstes Reis mit Hackfleisch. Dann kam, begleitet von Seufzern und Ausrufen, ein Bediensteter herein, der eine riesige Platte mit einem ganzen Spanferkel trug. Das Ferkel wurde, unter ständigen Ausrufen und sogar spärlichem Applaus, von dem Bediensteten, der sich ein Lächeln verbiß, einmal um den Tisch getragen und jedem Gast gezeigt. Dann wurde es weggebracht, um gleich darauf, zerlegt, auf mehreren kleinen Platten wieder aufzutauchen. Zwischen den einzelnen Gängen erfrischte man uns mit Salaten; und von den See-

igeln bis zum Blancmanger unterschiedlicher Geschmacks-
sorten hörte der Champagner nicht auf zu fließen. Als Kaffee und Brandy serviert wurden, war es halb fünf. Madame
Saint-Cyrs Vater erzählte Geschichten aus seiner Jugend
und seinem frühen Mannesalter. Der Präfekt, der den Tisch
während des Essens mit der halboffiziellen Enthüllung ge-
schreckt hatte, daß Martinique unvorhergesehenen wirtschaftlichen Entwicklungen entgegensehe, erzählte Anek-
doten vom jüngsten Besuch Präsident de Gaulles. (Ich hatte
zuvor schon gehört, daß der Präsident derart überschweng-
lich begrüßt worden sei, daß er die Umstehenden ständig
gefragt habe: »*Mais sont-ils sincères? Sont-ils sincères?*« Die Insel
gehörte während des Krieges zu Vichy.) »*Vous m'avez trompé*«,
habe der Präsident zum Präfekten gesagt. »Sie haben mir erzählt, bis zum Hotel de Ville wären es bloß drei Schritte.
Dabei sind es nur zwei.« Am Tisch gab es Gelächter; Augen
wurden feucht.

Der Präfekt brach als erster auf; paarweise folgten die
anderen Gäste. Solange noch jemand da war, wurden Er-
frischungen gereicht: Kaffee, Brandy, Eis, ja sogar Tee. Als
die meisten Gäste gegangen waren, las Madame Saint-Cyr
einen Brief ihres Sohnes vor, der in Paris studierte. Er war
voller Kritik an Studenten und Professoren; seine Bilder-
stürmerei wurde mit Gelächter kommentiert.

Daß Martinique nicht nur äußerlich Frankreich ist und daß
Frankreich hier wie vielleicht nirgendwo sonst mit seiner
mission civilisatrice erfolgreich war, daran kann kein Zweifel
bestehen. Dieser Aspekt des französischen Kolonialismus
in Westindien hat englische Reisende von Trollope bis Patrick Leigh Fermor beeindruckt. »Es macht Frankreichs Verwaltung seiner Kolonien alle Ehre«, schrieb Leigh Fermor
1950, »daß seine überseeischen Gebiete dies (die Integration als Departements in die *métropole*) als ausgesuchtes
Kompliment und als den höchsten Gewinn ansehen, der
ihnen nur widerfahren konnte.«

Und doch gab es, acht Jahre nachdem dies geschrieben wurde, auf Martinique Rassenunruhen, bei denen drei Menschen ums Leben kamen; und diese Wirren wiederholten sich 1961, nur vierzehn Tage nachdem ich die Insel verlassen hatte. Mag sein, daß die Bewohner Martiniques allesamt Franzosen sind, aber schlicht Franzosen sein können die meisten von ihnen nur außerhalb Martiniques. Auf Martinique sind sie schwarze Franzosen, braune Franzosen oder weiße Franzosen.

Trotz allem, was über die französische Farbenblindheit gesagt wurde, ist die Rassenzugehörigkeit auf Martinique schon seit jeher von Bedeutung. Zur Zeit der Sklaverei war es den freien Farbigen gesetzlich verboten, Kleider zu tragen, die denen der Weißen ähnelten; und auf Stammbäume wird so genau geachtet, daß nicht die geringste Möglichkeit besteht, jemand mit einer winzigen Beimischung von Negerblut, und sei sie noch so unscheinbar, könnte als Weißer durchgehen. Eine der sinnlosen Fertigkeiten, die man sich unbewußt erwirbt, wenn man in Westindien aufwächst, ist die Fähigkeit, Menschen mit schwarzen Vorfahren zu erkennen. Ich glaubte in einigem Maße über diese Fähigkeit zu verfügen, bis ich nach Martinique kam. Immer wieder bekam ich dort zu hören, irgendein weißhäutiger, helläugiger, glatthaariger Mensch, den ich gerade kennengelernt hatte, sei in Wirklichkeit »ein Farbiger«. Solche Informationen machen ständig die Runde; auf diese Weise, dank dieser mündlichen Überlieferung, werden auf Martinique Familienlegenden bewahrt.

Trinidad ist humaner und läßt Menschen, die einigermaßen weiß aussehen, als weiß durchgehen. Human ist vielleicht nicht das richtige Wort, denn diese Großzügigkeit kann dem Bewohner Trinidads gelegentlich einen Zwang zur Verstellung aufbürden, den der Martiniquer, der sich in aller Offenheit als »farbig« bezeichnet, weil die ganze Insel weiß, daß er nur zu fünfzehn Sechzehntel weiß ist, niemals ertragen muß. Trollope erwarb sich ein Geschick darin,

Menschen zu erkennen, deren unvollständiges Weißsein sie zu Neurotikern machte; seine Tips sind noch heute gültig.* Gleichwohl herrscht auf Trinidad zumindest der Absicht nach eine Toleranz und allgemeine Laxheit, die einen Bewohner von Martinique entsetzen würde. Zwar werden auch auf Trinidad Farbunterschiede gemacht, aber sie sind niemals so repressiv wie auf Martinique. Das wird deutlich, wenn man Lloyd Braithwaites *Social Stratification in Trinidad* mit Michel Leiris' *Contacts de Civilisation en Martinique et en Guadeloupe* vergleicht. Braithwaite ist ein aus Trinidad stammender Schwarzer; in seiner bewundernswerten Arbeit bricht immer wieder das Komische durch. Leiris, ein Franzose mit liberalen Ansichten, führt seine Untersuchung mit nie erlahmendem Ernst durch, der sich bisweilen bis zur Empörung steigert.

Haben die Franzosen ihre Kultur nach Martinique exportiert, so gilt das auch für ihre Gesellschaftsstruktur. Die ausgeprägten gesellschaftlichen Vorurteile der mutterländischen Bourgeoisie haben sich mit den von der Sklaverei herrührenden Rassenunterscheidungen verquickt und die am starrsten formierte Gesellschaft Westindiens hervorgebracht. In dieser Gesellschaft kommt es auf Bildung, Geld und kultivierte französische Wesensart an, aber Negerblut ist wie eine unauslöschliche Gewöhnlichkeit, ein Zeichen sklavischer Herkunft, und in dieser Gesellschaft, deren einziger Maßstab das bourgeoise französische Selbstverständnis ist, sind gesellschaftliche Vorurteile (die möglicherweise Rassenvorurteile sind) von Bedeutung. Auf Trinidad spielt

* »Netter Bursche, dieser Jones, wie? Hochintelligent und sehr gute Umgangsformen‹, sagt irgendein Fremder, der nichts von Jones' Vorfahren weiß. ›Ja, durchaus‹, antwortet Smith aus Jamaika, ›ein sehr anständiger Bursche. Es heißt allerdings, daß er ein Farbiger ist; aber das wissen Sie bestimmt schon.‹ Wenn man Jones das nächste Mal begegnet, nimmt man ihn genau unter die Lupe und kann keine Spur von Äthiopier an ihm entdecken. Sollte er sich aber gleich darauf über die Reinheit des Blutes und die unerträgliche Unverschämtheit der Farbigen auslassen, dann – und erst dann – würde man zu zweifeln anfangen.«

im Grunde kein gesellschaftliches Vorurteil, keine gesellschaftliche Sanktion eine Rolle: Die Maßstäbe sind zu unterschiedlich, die Gesellschaft zerfällt in zu viele Cliquen. Zunächst auf Trinidad und dann als Außenseiter in England lebend, hatte ich nie zuvor die formierte, an einem einzigen Maßstab ausgerichtete Gesellschaft erlebt, in der man an Sanktionen zugrunde gehen kann; und auf Martinique fühlte ich mich wie erstickt. Dort hat man die Vorurteile en gros aus der *métropole* importiert. Ich konnte mich niemals daran gewöhnen, farbige Bewohner von Martinique genau wie Franzosen eines bestimmten Typs sagen zu hören: »Diese verdammten Juden gehören ins Ghetto.«

Der Klatsch bei Tisch war der scheinheiligste und infamste, den ich je gehört habe – der französische Beigeschmack des zweiten Adjektivs kommt nicht von ungefähr. Dies in Verbindung mit der, wie es ein amerikanischer Beamter mir gegenüber bezeichnete, »Moral der französischen Antillen«, nach der jeder Mann, der etwas auf sich hält, eine Geliebte, und jede Frau, die etwas auf sich hält, einen Liebhaber hat, wobei die ganze Insel genau weiß, wer mit wem schläft – dies alles weckte ihn mir die Sehnsucht nach der guten Laune, der Toleranz, der Amoralität und dem allgemeinen gesellschaftlichen Chaos von Trinidad.

Die Unterteilung der Gesellschaft von Martinique in Weiße (von nachweislicher Reinheit), Mulatten und Schwarze wird von allen Teilen als gültig und unveränderlich akzeptiert. Kein anderes Territorium in Westindien könnte einen populären schwarzen Song wie den folgenden hervorbringen:

> *Béké ka crié femme-li chérie,*
> *Mulâtre ka crié femme-li dou-dou,*
> *Neg-la crié femme-li salope.*
> *En vérité neg ni mauvais manière.*

Der Weiße nennt seine Freundin *chérie;* der Mulatte nennt seine Freundin *dou-dou;* der Nigger nennt seine Freundin elendes Luder. Nigger haben wirklich kein Benehmen.

> *Béké ka mangé dans porcelain,*
> *Mulâtre ka mangé dans faience,*
> *Neg-la mangé dans coui.*
> *En vérité neg ni mauvais manière.*

Der Weiße ißt von einem Porzellanteller; der Mulatte ißt von einem Steingutteller; der Nigger ißt aus einer Kalebasse. Nigger haben wirklich kein Benehmen.

Auf einer höheren Ebene, so könnte man sagen, hat St. John Perse in seinen Gedichten über seine Kindheit auf der nahegelegenen französischen Insel Guadeloupe sein Weißsein durchaus nicht vergessen; Aimé Césaires *Cahier d'un Retour au Pays Natal* dagegen hat das Schwarzsein zum Thema. Auf Martinique ist die Rasse auf allen Ebenen bedeutsam und unentrinnbar. Das ist vielleicht auch ein Grund dafür, warum alle Bewohner von Martinique Franzosen sind. Es können nicht alle weiß sein, aber alle können nach französischer Wesensart streben, und in ihr sind alle gleich.

Im Mutterland verlieren die Vorurteile von Martinique ihre Gültigkeit, und Franzosen aus dem Mutterland sind auf Martinique von den Rassenregeln der Gesellschaft ausgenommen. Eines der Paradoxa der Situation auf Martinique besteht jedoch darin, daß Animositäten sich gerade gegen Franzosen aus dem Mutterland richten. Die Politik der Integration, die idealistische und großzügige Absichten verfolgte, hat unglückliche Folgen gehabt. Sie hat Martinique keineswegs, wie Patrick Leigh Fermor schrieb, »die gleichen Privilegien, den gleichen Status und das gleiche politische Gewicht verliehen wie den *Bouches du Rhône* oder *Seine Inférieure*«. Die Sozialleistungen des Mutterlandes wurden nicht auf Martinique ausgedehnt: Das, so heißt es, würde die Wirtschaft der Insel nicht verkraften, und die Ausgaben wären ohnehin zu hoch. Investoren sind nicht nach Martinique gekommen. Mit der heftigen Eifersucht, die für kleingeistige, beschränkte, selbstgefällige Gemeinwesen typisch ist, schmäht und sabotiert jeder martiniquische Kapitalist nach Kräften jedes Projekt, an dem er nicht selbst beteiligt ist. Deshalb geschieht wenig, und martiniquisches Kapital wird statt dessen in Frankreich und anderswo investiert. Martinique ist arm, sagen die mittelständischen Einwohner. Es ist kaum irgendeine Entwicklung möglich, denn kein martiniquischer Industriezweig könnte mit einem französischen konkurrieren, und ohne seine Verbindung mit Frankreich wäre Martinique verloren.

So produziert Martinique nichts außer Zucker, Rum und Bananen. Aber könnte man nicht wenigstens sein eigenes Kokosnußöl für die Margarinefabrik produzieren, die sieben Leute beschäftigt? Auf Martinique könnten doch bestimmt Kokosnüsse wachsen? »Unmöglich«, sagt einer. »Der Mann ist verrückt. Achtet einfach nicht auf ihn«, sagt ein anderer. Und so zankt man sich weiter, und Kokosnußöl wird importiert und Milch mit dem Milchflugzeug der Air France aus Frankreich, aus den Vogesen, eingeflogen. Und weil Martinique ein Teil Frankreichs ist, kann sein einzigartiger Rum nicht direkt nach Nord- oder Südamerika exportiert werden, sondern muß zuerst den Atlantik nach Paris überqueren und von dort aus umdirigiert werden, was allen möglichen Zwischenhändlern die Taschen füllt. Die Integration hat Martinique nicht zu einem integralen Teil des wohlhabenden Frankreich gemacht, sondern die Insel zu einer hilflosen Kolonie erniedrigt, in der heute mehr denn je der Kommissionär der König ist.

Für den Beamten aus dem Mutterland ist Martinique ein erholsamer, aber kein bedeutender Posten, den er in Kürze zu verlassen hofft, um in der *métropole* höhere Aufgaben zu übernehmen. Für den Bürger des Mutterlandes oder den algerischen *colon*, der auch nur ein bißchen Geld hat, ist Martinique mit seinem unerschöpflichen Reservoir billiger Arbeitskräfte verlockend. Es kommt ständig zu Unerfreulichkeiten; und für die farbige Bevölkerung ist die Anwesenheit französischer Polizisten (die martiniquischen Polizisten dienen in Frankreich) eine zusätzliche Provokation.

Die Zuckerrohrernte war im Gange, und auf den mit Abfall übersäten Landstraßen patrouillierte ständig bewaffnete französische Polizei in Jeeps. Für Westindien war das ein ungewöhnlicher Anblick, aber ich schrieb es dem französischen Hang zur Melodramatik zu.

In einem Restaurant beugte sich eines Tages ein strammer junger Mulatte über meinen Tisch und sagte auf englisch und mit zähneknirschender Leidenschaft, er werde eine Revolution anfangen. Er nahm Anstoß daran, wie eine klägliche kleine Prostituierte mit ihrem aufgeputzten Baby bedient worden war. Es ärgere ihn, wenn Schwarze gegenüber Schwarzen unverschämt würden. Er sei kein Politiker, aber er werde diese Revolution anfangen, sämtliche Weißen verjagen und die Insel dann den Politikern übergeben. In kleinem Maßstab hatte er schon damit angefangen: Er hatte gerade in der Rue Victor Hugo einen Franzosen aus dem Mutterland geohrfeigt.

Und dann besuchte mich eines Morgens in aller Frühe ein junger Schwarzer im Hotel. Er wartete geduldig im Restaurant im Erdgeschoß. Er hielt mich wohl für einen Journalisten und wollte mir bestimmte Fakten über Martinique mitteilen. Er erzählte mir wenig, was ich nicht schon erfahren hatte – Rasse, Armut, Überbevölkerung –, in Erinnerung aber blieb er mir wegen seiner Verzweiflung. Er versprach wiederzukommen, tat es aber nie.

Der französische *chef-de-cabinet* trug einen blauen Anzug und sagte mit wilden französischen Gesten und offiziellem Lächeln, daß es auf Martinique keine ernsthaften Probleme gebe. Industrien würden gefördert und so fort. In seinem

Rücken hing ein großes, grelles Gemälde einer martiniquischen Szene. Der Stuhl, auf dem ich saß – einer von
dreien für Besucher –, stand so weit von seinem wuchtigen
Schreibtisch weg, daß ich mich vorbeugen mußte, während er sich zurücklehnte und unentwegt kreisende Gebär-
den mit beiden Händen vollführte. Am Ende eines jeden
langen Satzes kam die Bewegung der Hände zum Stillstand, und mir wurde ein kurzes, breites Lächeln zuteil.

Daß in den ländlichen Bezirken die Arbeiter streikten,
erfuhr ich von Monsieur Gratian, dem kommunistischen
Bürgermeister der kleinen Flughafenstadt Lamentin. Die
Kommunisten auf Martinique gewannen wieder an Stärke,
und Auftrieb bekam ihre Sache nicht zuletzt dank Monsieur Gratians Verwaltung von Lamentin. Sie war, wie jedermann einräumte, effizient und ehrlich und erwies sich
als Ärgernis für Gratians politische Gegner, die irgendwie
die Ansicht vermitteln mußten, ehrlich währe am kürze-
sten. Während er sein Enkelkind auf dem Knie schaukelte,
sagte Monsieur Gratian (er war Hauptredner bei dem *meeting de protestation:* »*Les colonialistes ont assassiné Lumumba*«
gewesen), der Streik sei das wichtigste Ereignis auf Martinique. Jedenfalls führte er ein paar Wochen später zu den
schwersten Unruhen.

Ich wußte nichts von dem Streik, weil es auf Martinique
keine Tageszeitung gibt. In Surinam gibt es sechs und
dazu noch mehrere Wochenzeitungen; auf Martinique
aber kommen die Zeitungen zusammen mit der Milch aus
Frankreich. Das hat unter anderem zur Folge, daß es einen
akuten Mangel an Einwickelpapier gibt, und so müssen,
besonders von den Bananenpflanzern, alte Zeitungen en
gros aus Frankreich importiert werden. Bananen sind empfindlich und müssen vor dem Transport sorgfältig verpackt
werden. Die Verpackung besteht aus einer äußeren Schicht
von steifem Packpapier und einem Innenpolster aus Stroh
in altem Zeitungspapier. Stroh, Packpapier und alte Zeitungen müssen sämtlich aus Frankreich importiert wer-

den.* Und nach Frankreich kehren sie umgehend zurück. Nur die Compagnie Générale Transatlantique darf Fracht zwischen Martinique und Frankreich befördern; eine Reederei, die dieselbe Fracht hin- und zurückbefördert und sich so ständig selbst Arbeit schafft, hat das große Los gezogen.

Im Inneren ist Martinique hübsch feudal, mit einem weißen oder farbigen Landadel und einer respektvollen Masse mit Strohhüten angetaner Schwarzer, die sich nur als »Bauern« – die literarische Entdeckung des 20. Jahrhunderts – bezeichnen lassen und deren sanftes Auftreten, Ergebenheit in ihren Status und allgemeinen Mangel an Ehrgeiz man als »Würde« interpretieren kann. Der Bauer lüftet seinen breitkrempigen Strohhut vor dem Herrn, aber ein Mann ist ein Mann, und es kränkt den Bauern, wenn der Herr ihm nicht die Hand schüttelt. Vor einem dieser Fischer-Bauern, der in beiden Händen lebendige, zappelnde Hummer trug, machte ich einmal lediglich eine Verbeugung, als ich ihm vorgestellt wurde. Dafür wurde ich später von meinem Gastgeber getadelt. Ich hatte den Bauern verletzt. Ich hätte ihm die Hand geben sollen; der Bauer hätte die Hummer weggehalten und mir den Unterarm, den Bizeps oder gar die Schulter geboten. So streckte ich später, als ich einem anderen Bauern, dessen Hände schlammbeschmiert waren, vorgestellt wurde, zuversichtlich die Hand aus. Und er bot mir tatsächlich den verschwitzten Unterarm.

In diesem Dorf war der Montag ein großer Tag für die Bauern, denn am Nachmittag gab es Hahnenkämpfe und

* Aus dem Artikel über Martinique im *Jahrbuch der Zeugen Jehovas von 1959*: »Es besteht die Gelegenheit, gegenüber den Lastwagenfahrern, die Bananenbüschel aus den zweiunddreißig Gemeinden der Insel zur Verladung auf spezielle Schiffe transportieren, Zeugnis abzulegen. Zuweilen wartet eine Schlange von mehr als fünfzig dieser Lastwagen vor der Einfahrt zu den Ladepiers. Der erfahrene Verkündiger wird sich der Zeitschrift *Erwache!* bedienen, sie dem Fahrer des ersten Lastwagens anbieten und sich von einem zum anderen durch die ganze Schlange arbeiten. Ein Pionier berichtete: ›Ich habe binnen einer Stunde mehr als dreißig Hefte abgesetzt.‹«

am Abend einen Volkstanz. Auf der steinigen, gefurchten, mit Schlaglöchern übersäten Straße, die zwischen dem triefenden Zuckerrohr verlief – es hatte geregnet –, überholten wir einen Bauern, der kerzengerade auf einem mageren Klepper ritt. Der Hahnenkampfplatz befand sich in einem feuchten, kahlen Hof, auf dem abgeplatteten oberen Rand eines flachen Abhangs, der sich direkt neben der Straße erhob. Es war ein kleiner Kampfplatz, ein hölzernes O, eingefaßt mit Pfählen, über die sich barfüßige Bauern mit Strohhüten und Tropenhelmen beugten und »Toa! Toa!« schrien. Um den Kampfplatz herum verliefen zwei erhöhte, stufenförmige Sitzreihen, die aus grob behauenen Ästen gefertigt waren, aber dort saß niemand bis auf zwei, drei Kinder, die in ihre eigenen Spiele vertieft waren. Die Hahnenkörbe standen auf einer Seite des Kampfplatzes.

Die Köpfe der Kampfhähne waren zerpickt, blutig und entstellt, desgleichen ihre Hälse und Bürzel, die rasiert waren und obszön wirkten. Die Hähne waren müde, und ich hatte das Gefühl, sie wollten gar nicht kämpfen; ein Einheimischer in unserer Gesellschaft sagte, sie seien von schlechter Qualität. Manchmal rieben die Hähne nur ihre blutigen Hälse aneinander. Manchmal spazierten sie voneinander weg; dann brachten die Schreie der Bauern sie wieder zueinander, und sie hüpften und pickten für ein paar Augenblicke mit ausgebreiteten Flügeln. Wenn ein Hahn zu Boden ging, gab es ein Brüllen wie bei einem K.o, der Kampf hörte vorübergehend auf, und die Besitzer kletterten über die Pfähle auf den Kampfplatz und hielten ihre Hähne fest, bis (glaube ich) die Glocke ertönte.

Irgendwie endete der Kampf – man sagte mir, die Zuschauer hätten kräftig gewettet, obwohl ich nichts davon bemerkt hatte –, und die ramponierten Hähne wurden weggebracht, die Köpfe hocherhoben, die Augen leuchtend und starr. Ihre Besitzer streichelten sie und flüsterten ihnen Koseworte zu. Es war ein unvermittelter Moment von Sorge, Verletztheit und Ruhe. Vogel wie Besitzer waren inmitten des Geschreis, das über den neuen Kampf ausgebrochen war, in sich selbst zurückgezogen. Mit Fingern wurde Blut von Bürzel, Hals und Schnabel gewischt. Dann steckte sich der Besitzer mit einem Flüstern wie von reiner Liebe den Kopf des Hahnes in den Mund, lutschte das dunkle, gerinnende Blut ab und spie es aus. Das wiederholte sich vier-, fünfmal. Eine Zitrone wurde geschält und die aufgerissene, rasierte Haut des Vogels sanft, wie bei einem Opferritual, damit abgerieben.

Am Abend war der Hof von Fackeln erleuchtet. Den Hahnenkampfplatz hatten Spieler mit Beschlag belegt, den abschüssigen Fleck feuchter schwarzer Erde zwischen Kampfplatz und Hütte barfüßige Tänzer. Die Tänzer taten so, als ob sie rangen, die Trommler trommelten, und alles sang: »*Votez oui, pas votez non*« – den schon zum Volkslied verarbeiteten Slogan der Gaullisten für das Referendum. Als der Herr sich unter die Tänzer mischte, applaudierten die Bauern, und sogar die Spieler auf dem Hahnenkampfplatz standen auf, sahen zu und klatschten.

Die Amerikaner kamen an Land, die Seeleute und Touristen in ihren jeweiligen Uniformen: Die Männer trugen Bermudashorts, kecke Hüte und kurzärmelige Hemden, und Männer wie Frauen hatten blaue Reisetaschen, auf denen »Caribbean Luxury Cruise« oder dergleichen stand. »Wo essen wir eigentlich?« rief einer. »Restaurant dee Europe«, las ein anderer laut vom Schild ab. Die französischen Gendarmen in ihren sehr kurzen Khakishorts zuckten sichtlich zusammen. Die Taxifahrer waren fieberhaft auf Beutezug, pirschten durch Straßen, lugten durch die Fenster von Cafés, sprachen jeden an, der nach Ausländer aussah, sogar die, sie sich im Restaurant de l'Europe niedergelassen hatten. Sehr bald waren die Touristen vom Hauptplatz verschwunden. Keine halbe Stunde später trudelten sie zufrieden wieder ein, jeder mit einer Tüte des Duty-free-Shops Roger Albert, jeder wie eine Standarte einen Steckling der *balisier*-Wildblume in der Hand. Ein amerikanischer Seemann trank weißen Rum direkt aus der Flasche und brüllte von einem Ende der Rue Victor Hugo bis zum anderen. Die Touristen betrachteten ihn angewidert. In der Bar verkündete der hochgewachsene Nordamerikaner mit dem humorvollen Gesicht, der seit dem Vorabend unentwegt trank und allen, die sich mit ihm unterhielten, Drinks spendierte: »Ich bin kein Yankee, ich bin Kanadier.«

Man hat die Karibik als Europas anderes Meer, das Mittelmeer der Neuen Welt, bezeichnet. Es war ein Mittelmeer, das sämtliche finsteren menschlichen Instinkte weckte, ohne daß sie, wie in älteren Ländern, durch das ausgleichende Streben nach dem Edlen und Schönen abgemildert worden wären, ein Mittelmeer, wo die Zivilisation zum Satanswerk wurde, das jene pervertierte, die es anzog. Und wenn man sich dieses Meer, das der Tourist heute mit seiner phantastischen Uniform belebt, als einen immerzu hungrigen Menschenverschlinger durch mehr als drei Jahrhunderte hindurch denkt – die einige Millionen starke Urbevölkerung ausgerottet; die unersättlichen Plantagen: dreihunderttausend Sklaven nach Surinam gebracht, dessen schwarze Bevölkerung heute neunzigtausend Menschen zählt; die endlosen Kriege: vierzigtausend britische Soldaten allein zwischen 1794 und 1796 gefallen und weitere vierzigtausend als nicht mehr tauglich entlassen –, so scheint es, daß in Westindien schon das schlichte Überleben ein Triumph ist.

Es gibt unterschiedliche Grade des Überlebens. Und hier und da in Westindien gibt es kleine Gruppen »armer Weißer« – Engländer, Iren, Franzosen und sogar Deutsche –, deren Armut noch ihr am wenigsten trauriges Attribut ist. Ihr Verlust ist größer: Sie haben vergessen, wer sie sind. In einem Geschichtsbuch, das ich in der Schule benutzte, stand, die Indianer seien »krank geworden und gestorben«; diese Europäer sind – in einer Epoche unangefochtener europäischer

Autorität – nur krank geworden und gleichen Menschen, die von ihrer Deportation auf die Inseln dieses satanischen Meeres immer noch wie betäubt sind. Ich hatte die Absicht gehabt, auf die Isles les Saintes, südlich von Guadeloupe, zu fahren, um die bretonischen armen Weißen zu besuchen, die Patrick Leigh Fermor in *The Traveller's Tree* schilderte:

Das Bemerkenswerte an ihnen ist, daß sie sich in allem außer der Hautfarbe in Neger verwandelt haben, und wenn alle Rassen des Karibischen Meeres in ihre Herkunftsländer repatriiert würden, so würden sich die Saintois heute eher im afrikanischen Dschungel als in der Bretagne heimisch fühlen. Sie haben die französische Sprache längst verlernt, sprechen nichts als das afro-gallische Patois der Neger und sind in korrektem Französisch ungeübter und unwissender als die niedrigsten schwarzen Bewohner der Savannen von Guadeloupe.

Nach meiner Entdeckung der Inder von Martinique allerdings bestand keine Notwendigkeit mehr, die Saintois zu besuchen.

Ich hatte keine Ahnung gehabt, daß es, abgesehen von den üblichen Geschäftsleuten aus Trinidad, Inder auf Martinique gab. Ich hatte keine Ahnung gehabt, daß auf den britschen wie auch auf den französischen Inseln nach der Sklavenbefreiung indische Kontraktarbeiter und einige Chinesen die Sklaven als Arbeitskräfte ersetzt hatten und über siebzigtausend Inder nach Martinique gekommen waren. Anders als die Inder in Britisch-Guayana, Trinidad und Surinam kamen sie aus Südindien, vielfach aus den indischen Kolonien Frankreichs. Sie waren nicht sonderlich erfolgreich. Wie ein Einheimischer voller Ekel und Stolz zu mir sagte: »Sie starben wie die Fliegen.« Einige der Überlebenden emigrierten nach Trinidad und ließen sich im Westen von Port of Spain nieder. Nur vier- bis fünftausend blieben auf Martinique, als Arbeiter auf den Zuckerplantagen im Norden oder als Straßenkehrer in der Stadt, und sie brachten sich in der Gesellschaft nicht zur Geltung;

nicht einmal einen Laden eröffnete einer von ihnen. Möglicherweise kamen sie in zu geringer Zahl. Möglicherweise war es aber auch so, daß sie im Gegensatz zu den Indern in Britisch Guayana und Trinidad, die in so ausgewogenen gesellschaftlichen Proportionen kamen, daß sie ein Miniatur-Indien mit dem grundlegenden Gegensatz zwischen Hindus und Moslems, der Teilung der Moslems in Sunniten und Schiiten und einem komplizierten, wenn auch in rapider Auflösung begriffenen Kastensystem unter den Hindus wiedererschaffen konnten – möglicherweise war es so, daß die Inder von Martinique im Gegensatz dazu aus einer einzigen niedrigen Hindukaste kamen. Dafür sprechen ihre physische Ähnlichkeit und ihre religiösen Praktiken. Da ist ferner die bemerkenswerte Tatsache, daß, so wie das Viertel der Straßenkehrer in Indien etwa durch einen Fluß von der Stadt getrennt ist, in Fort de France ein Kanal die Straßenkehrer von den übrigen Einwohnern trennt. Festzuhalten ist außerdem, daß es bei den nach Port of Spain ausgewanderten Indern eine mittlerweile verlorengegangene Tradition des Straßenkehrens gab; und sie haben sich von allen Indern Trinidads als die anpassungsfähigsten erwiesen. Es ist leicht nachzuvollziehen, daß solche Menschen ohne die Traditionen, die Fähigkeiten und den Ehrgeiz anderer Kasten hilflos sein müssen, und daß eine kleine, fremde, verarmte Gruppe auf Martinique, wo die Gesellschaft so rigide formiert war wie die indische, die Maßstäbe jedoch undurchschaubar und unerreichbar waren, nicht nach oben kommen konnte. Die in Weiße, Mulatten und Schwarze unterteilte Welt präsentiert sich als geschlossene Front abweisender französischer Wesensart; der Inder bleibt der Außenseiter.

Ich wußte nichts von der Existenz martiniquischer Inder, bis Alexandre Bertrand mir seine Zeichnungen von martiniquischen Hindu-Tänzern zeigte und mir von deren »Hinduismus« erzählte – nichts weiter als die gelegentliche Opferschlachtung eines Schafes, eine Barbarisierung der barbarischen *kali puja*, die sie, obwohl zum Katholizismus konvertiert, nach wie vor praktizieren. Und eines Samstags fuhr Anca Bertrand mit mir nach Norden zu den Hindu-»Kapellen«. Wir fuhren zwischen wohlbestellten Hügeln in allen Schattierungen von Grün hindurch, in einem Land, das durch Kultivierung gestaltet worden zu sein schien und wenig von der tropischen Unordnung Trinidads hatte; wir erhaschten einen Blick auf den von Wolken bekrönten Mont Pélé.

Die erste Kapelle, zu der wir kamen, war ein kleiner, rechteckiger Betonschuppen mit Wellblechdach, dessen Wände mit schokoladenbraunen und ockerfarbenen Streifen bemalt waren. Aus einem schäbigen, barackenartigen Gebäude im selben ausgetretenen Hof kam eine Anzahl von Menschen – Schwarzen und Indern – und glotzten: eine ältere, grobgesichtige Inderin mit Kraushaar, ein Baby an der Hüfte, und ihre ebenso grobgesichtige Tochter, eine sehr kleine, steinalte Frau in atemberaubend ärmlichen Lumpen, eine hochgewachsene Schwarze, eine Mulattin in einem langen, weiten Baumwollkleid, eine Inderin mit martiniquischem Turban und ein junger Inder, klein und dünn, mit Ponyfransen und einem alten Filzhut, zerlumpten Khakishorts, einem zerrissenen, schmutzigen Hemd und schwarzem Dreck an den bloßen Füßen. Wir sprachen mit dem jungen Mann. Er hatte ein spitzes, wie von Unterernährung und Unterprivilegiertheit ausgezehrtes Gesicht mit strahlenden, unaufrichtigen Augen; er sah nicht einmal übel aus, wenn man sich die Schwäche seines Gesichts und die Kraftlosigkeit seiner dünn gewordenen Gliedmaßen wegdachte. Sein Kopf ruckte hin und her wie der eines Vogels, und er kratzte sich unentwegt einen schmutzigen Fuß mit dem großen Zeh des anderen. Er sprach kein Französisch; Anca Bertrand mußte sein Patois übersetzen.

Das Opfer, sagte er, werde auf einem Stein vor der Kapelle dargebracht. Der Stein stand unter einem Roten Jasminbaum, der im Augenblick fast keine Blätter mehr hatte und in voller Blüte prangte; zarte, rosafarbene Blüten waren in die schwarze, von Hühnern aufgescharrte Erde getrampelt. Der Inder ging die Schlüssel holen, und die Frauen, alle stumm und glotzend, rückten uns näher auf den Leib. Der junge Mann kam zurück, schloß die (von einem in Schokoladenbraun gemalten Bogen überwölbte) Kapellentür auf und zeigte ruhig und ohne Theatralik die ganze nach Talg riechende kindische Scheußlichkeit im Inneren vor: eine große Reiterfigur zur Rechten, eine zur Linken, beide unbeholfen gestaltet und grell gelb und rot bemalt, die Schnurrbärte schwarz, die Gesichter – in dieser Umgebung ein mitleiderregender Anblick – aristokratisch und heiter. Zwischen den Vorderbeinen der Pferde lagen lange, geschnitzte Haumesser; der Boden davor war dunkel von Kerzentalg. Auf dem niedrigen Betonpodium an der hinteren Wand standen zahlreiche kleinere, rotgelbe Statuen, wobei die Miniaturform noch deutlicher die Unbeholfenheit der Hand verriet, welche die größeren Statuen angefertigt hatte. Das sei der König, sagte der junge Mann, und das sei die Königin; und das da seien ihre Kinder.

Alle Kultstätten haben einen charakteristischen schalen Geruch; dieses kleine dunkle Loch hier roch kräftig nach schalem, widerlichem Öl und Talg. Während wir uns noch umblickten, kam laut schnalzend die Frau mit dem Turban – meinem Gefühl nach eine Wichtigtuerin – herein und entzündete Kerzen vor den Statuen. Der junge Mann lehnte sich, nachdem er alles erläutert hatte, an die Wand, den Blick von uns abgewandt und zu Boden gesenkt. Sein Gesicht war so gut wie haarlos. Heilige Bücher gebe es nicht, sagte er, und ob es heilige Lieder gebe, wisse er nicht. Der »Priester« wisse alles. Wie denn der Priester ausgewählt werde? Das könne er nicht sagen. Opfer fänden statt, wenn sie den König und die Königin um eine Gunst bitten wollten. Was für eine Gunst? Das wisse er nicht; der Priester wisse alles, und der Priester arbeite an diesem Nachmittag in der Zukkerfabrik.

Wir fuhren weiter zu einer kleinen Stadt, wo die Zucker-
arbeiter in armseligen Hütten neben den großen, ordentlich
mit Zuckerrohr beladenen Anhängern hausten. Wir gingen
in eine zur Plantage gehörende Barackensiedlung mit einer
épicerie, die *huil* anbot (tröstlich, auf französischem Territorium solchen orthographischen Schnitzern zu begegnen)
und wurden Inderinnen vorgestellt, die ziemlich negroid
aussahen. Als nächstes kamen wir in ein vollgestopftes
kleines Zimmer, das mit katholischen Bildern und einigen
Fotos geschmückt war. Hier lernten wir den »Fahrer« der
Plantage kennen. Er war klein und schwarz und hatte feine
Züge, wenn auch eine Knollennase. Er trug eine Khakijacke
und einen Tropenhelm (auf Martinique ist das offenbar ein
Symbol für so etwas wie knechtische Autorität: Die Fahrer
von Dienstwagen tragen ihn).

Er setzte uns auf Bänke und Stühle und verkündete voller Bauernstolz, daß er seit sechsunddreißig Jahren auf der
Zuckerrohrplantage arbeite, und was er über Zuckerrohr
nicht wisse, das brauche man auch nicht zu wissen. Er
sprach kein Französisch und verstand es nicht einmal; er
sprach das kreolische Patois und sagte, er könne »Indisch«.
Wie denn diese indische Sprache heiße? »Tamul«, sagte er.
Und er könne die ganze Nacht das heilige Tamul-Lied singen. Was das denn für ein Lied sei? Er gebärdete sich wie
einer, der sich weigert, ein Geheimnis preiszugeben.

Sein Bruder kam herein, setzte sich auf eine Bank an
den mit einem Wachstuch bedeckten Tisch und sagte kein
Wort. Ein ganz kleiner Junge, der Sohn des Fahrers, tief-
schwarz und hübsch, schlenderte herein und wurde vorgestellt; er war scheu und reichte uns die linke Hand. Der
Fahrer, der auch der Priester der Hindu-»Kapelle« war,
sagte, er sei in diesem Bezirk geboren und habe sein
Leben lang hier gewohnt. Ob ich Inder sei? Ob es auf Trinidad Inder gebe? Er machte ein skeptisches Gesicht. Er
sagte, sein Indisch wäre nicht eingerostet, wenn er bloß
jemanden gehabt hätte, mit dem er es hätte üben können.

Er sprach ein paar einzelne Worte, doch da ich kein Wort Tamil konnte, verstand ich sie nicht. Er gestattete sich ein leises Lächeln.

Man bot uns etwas zu trinken an. Ich nahm etwas Nicht-alkoholisches von grüner Farbe, war aber nicht imstande, es auszutrinken. Der Fahrer holte Fotos von der Hochzeit seiner Tochter hervor und reichte sie herum. Auf den Fotos trug er eine Fliege. Eines davon zeigte die Braut mit verbundenen Augen, umgeben von unverheirateten Mädchen, mit denen sie das Hochzeitsspiel spielte: Menschen, die Normalität, ein Leben voller Bedeutung vortäuschten. Die paßfotogroßen Bilder an den Wänden, die Gläser auf dem Tisch, die Getränke: Alles war wie in jeder anderen schäbigen Hütte auf der Insel. Und doch auch nicht. Auf seiner Bank zusammengesackt, seine kostbaren Fotografien durchblätternd und ganz plötzlich in ihre Betrachtung vertieft, erinnerte mich der Fahrer an jene Indianer, in deren Hütten ich in Britisch-Guayana und Surinam gewesen war. Man betritt, in einer Haltung zurückschaudernder Neugier, eine verdreckte Indianerhütte; der Besitzer sitzt zufrieden, leicht abwesend, gleichgültig gegenüber der Störung da. Man stelle ihm eine Frage, und er wird antworten; man sage nichts, und er wird stumm bleiben.

Wir weckten den Fahrer aus seiner Versunkenheit, und er führte uns zu seiner Kapelle. Die Barackenbewohner, Inder und Schwarze, folgten uns mit Blicken, stolz darauf, daß ein Besucher sich für sie interessierte. Diese Kapelle war viel kleiner, sie glich eher einem Verschlag. Der Opferstein davor wies ein erodiertes, undeutliches Relief auf, und die Statuen im Inneren waren womöglich noch unbeholfener gestaltet als jene, die wir zuvor gesehen hatten. Reiterstandbilder gab es nicht, nur ein Bord mit Figuren. Das da, sagte der Fahrer und deutete auf eine der Statuen, sei *la sainte vierge*. Ob denn auch Joseph da sei? Natürlich, natürlich, sagte der Fahrer, von der Frage beleidigt. Aus aller Welt kämen Leute, um sich die Kapelle anzusehen.

Ob ich das wisse? Die Schnitzereien stammten von seinem ältesten Sohn. Es sei eine heilige Kunst, und er habe sie an seinen Sohn weitergegeben. Ob die Inder auf Trinidad – an deren Existenz, daran ließ er keinen Zweifel, er nicht glaubte – ebenso schöne Kapellen hätten? Nicht? Ob sie eine Statue von *la sainte vierge* mit einem Armband hätten? Allmählich hielt er mich für einen Schwindler. Vor den Statuen standen kleine, dunkle Schalen mit stinkendem Öl; dieses Öl wurde von den Gläubigen gebracht. Wir gingen zum Auto zurück, vorbei an einem Anhänger, der hoch mit Zuckerrohr beladen war. Ob es auf Trinidad auch so große Lastautos gebe? Und in England? Ich sagte nein. Er wirkte erfreut, aber nicht überrascht.

Anca Bertrand, der nicht nur ein origineller und fähiger Fotograf, sondern auch ein Folklorist war, hatte an diesem Abend eine Volkstanzprobe. Sie fand in einer Siedlung am Strand statt, in einer niedrigen *case* aus nacktem Wellblech, die innen mit Seiten des *France-Soir* tapeziert war. Die Öllampe hatte einen langen, schlanken Glaszylinder und warf theatralische Schatten. Die Trommler saßen auf ihren Trommeln an einem Tisch, außerdem gab es noch Stockschläger und einen Akkordeonspieler. Nach längerem Geplauder machte man den Tänzern Platz, und sie begannen. Der Tanz war der *bel-air*. Die Damen waren alt und trugen ausladende Strohhüte; ein Mann hatte einen weißen Tropenhelm auf. Und in der dunklen *case* voll schlechtgekleideter Menschen, deren Züge größtenteils rein afrikanisch waren, in dem länglichen, gelb erleuchteten Raum, in dem man, wenn man durch die Trommeln hindurch dem Akkordeon zuhörte, die Saiteninstrumente von vor zwei Jahrhunderten wahrnehmen und die Tänze sehen konnte, die noch heute nur leicht negrifiziert waren, reicherte sich die Atmosphäre auf abstoßende Weise mit Sklaverei an und ließ einen an lange, heiße Tage auf der Plantage denken, an Musik, die abends aus den strahlend hellen Fenstern des

Gutshauses drang, an das stickige, von Fackeln erleuchtete Innere von Negerhütten, die wie diese *case* waren. Es war heiß, die Luft war schwül. Die Tänzer schwitzten. Die alten Damen, die Gesichter von ihren Strohhüten verdeckt, hielten den Blick gesenkt, wie um ihre Schritte zu beobachten. Trotz ihres Alters und ihres Umfangs bewegten sie sich leicht, ja geradezu zierlich. Anderswo vergessen, lebten Musik und Bewegungen der Privilegierten hier in geisterhafter, verelendeter Eleganz fort: Auf diese gezierte Mimikry war die Gewalt, Improvisation und ehrfurchtgebietende Kunstfertigkeit afrikanischen Tanzens reduziert worden.

Für die Menschen auf Trinidad ist Wilberforce ein Name in einem Geschichtsbuch. Auf Martinique ist der Name Schoelchers, des Sklavenbefreiers, der ein Jahrzehnt nach Wilberforce kam, nicht zu vermeiden. Man gedenkt seiner in einem grotesk überladenen Gebäude im Zentrum von Fort de France, in Namen von Straßen und Schulen auf der ganzen Insel. Es erübrigt sich, nach dem Grund zu fragen.

Als ich spät am Abend zum Hotel zurückging, schrie ein schwarzer Jugendlicher verächtlich: »He! Du! Du bist Engländer!« Es lag wohl an meinem Spazierstock aus Palisander – ich hinkte schon seit einiger Zeit damit herum. Aber woran es auch lag – allmählich bekam ich das französische koloniale Affentheater satt.

NACH JAMAIKA

Antigua und ein Apolog

Sobald wir in der Maschine der British West Indian Airways saßen, war es nicht mehr wichtig, französisch zu sein, und es war ernüchternd, zu verfolgen, wie sich einige der martiniquischen Passagiere binnen Minuten aus privilegierten Mulatten, Franzosen, der Creme der *café-au-lait*-Gesellschaft, in ganz gewöhnliche Schwarze verwandelten – schon das Wort »Mulatte« mit seiner präzisen, stolzen rassischen Konnotation wird außerhalb der französischen Inseln weniger häufig verwendet.

So froh ich war, Martinique zu verlassen, so unsäglich traurig stimmte es mich auch, auf Antigua zu landen. Man hat Teile der winzigen Insel an Touristen verkauft; man hat einen schönen neuen Flughafen gebaut, um die Touristen zu empfangen; und es wimmelte dort von Touristen, wie es in Victoria oder Waterloo Station von Westindern wimmelt, wenn die Züge von den Einwandererschiffen ankommen. Ich hatte nicht vorgehabt, nach Antigua zu gehen – ich war nur hier, weil es keine Direktflüge nach Jamaika gab –, und mich um nichts gekümmert. Ein Hotelverzeichnis, in dem die Preise auch in amerikanischen Dollar angegeben waren, zeigte, daß ich mir kein Hotel leisten konnte. Ich konnte mir kaum eine Pension leisten, und die sechs Kilometer lange Taxifahrt in die Stadt würde siebzehn Shilling kosten. Die uniformierten schwarzen Taxifahrer wetteiferten darum, mir diese Summe abzuknöpfen. Ich entschied mich für einen, und wir brausten unter den mißbilligenden Blicken der anderen davon.

»Die mögen mich hier nicht, wissen Sie«, sagte mein Taxifahrer mit raschem Einstieg in sein Taxifahrergeplapper (wir hatten es schließlich nicht weit). »Ich bin nämlich nicht hier geboren. Ich kenne diese Antiguaner gut, Mann. Erst wenn man hier so lange wohnt wie ich, weiß man, was das für Tiere sind.«

Wir hielten vor einem rötlichen Holzhaus, an dessen Erdgeschoßfenster ich zwei schwarze Patriarchen sah. Meine Tasche wurde ihnen von der Straße aus hinaufgereicht, und ich betrat einen schäbigen Raum, der im düsteren, überladenen Stil der Wohnungen kleinbürgerlicher Schwarzer eingerichtet war. An den Wänden hingen Kalender und Heiligenbilder. Eine Seitentür ging auf einen Garten, wo unter Bäumen abgestoßene Metalltische und -stühle rosteten. Das voluminöse Radio war laut aufgedreht: Der erst ein paar Tage alte Antigua Broadcasting Service spielte Schallplatten. Der Ansager hatte eine sanfte, mit Begeisterung geladene Stimme, die während seiner häufigen Unterbrechungen zur Nennung des Sendernamens etwas Ehrfürchtiges bekam. Als er um zwei Uhr die Übertragung beenden mußte, konnte ich seinen Kummer spüren.

Ich ging aus, um die Stadt St. John's zu erforschen. Sie war tot und leer und lag bleichend in der Sonne. Die Häuser waren weiß und niedrig, die Straßen breit, gerade und schwarz. Überall waren Türen und Fenster geschlossen. »Langsam fahren und am Leben bleiben, sagen die Jaycees« stand auf einem Schild. Und auf einem anderen: *e.e.moore.* Ich ging in die Pension zurück. Das auf die Straße gehende Fenster war geschlossen, von den schwarzen Patriarchen war nichts zu sehen, die Tür war ebenfalls verschlossen, und einen Schlüssel hatte ich nicht. Auf mein Rufen reagierte niemand. So machte ich noch einmal einen Gang die leere, glühendheiße Straße entlang, kam zurück und hämmerte an die verschlossene Tür. Ich unternahm einen weiteren, längeren Bummel bis zu dem *e.e.moore*-Schild; kam zurück und hämmerte, mittlerweile überzeugt, daß ich kein

Publikum hatte, in langen, hysterischen Salven auf die Tür ein, bis sie plötzlich aufschwang und ein Hausmädchen mich ganz ruhig und ohne ein Wort einließ. Ich ging leise nach oben in mein winziges Zimmer, wo Vorhänge, Tagesdecke und Linoleum Blümchenmuster trugen.

Ich konnte nicht schlafen. Wenn sechs Kilometer siebzehn Shilling kosteten, dann hatte ich eindeutig nicht das Geld für ein Taxi zu Nelson's Dock Yard (der zu seiner Zeit als einer der unangenehmsten Posten der Royal Navy galt). Meine Koffer waren auf dem Flughafen. Ich hatte keine Bücher, kein Papier, und mein Füller war für den Flug geleert worden. Ich begann, auf Zehenspitzen durchs Haus zu schleichen und mich umzusehen. Ich fummelte zaghaft an dem Radio herum. Es gab keinen Ton von sich. In einem vom Salon abgehenden Flur sah ich ein Regal mit einigen zerfledderten Zeitschriften und ein paar gebundenen Büchern. Die Zeitschriften waren religiösen Inhalts und warnten vor dem bevorstehenden Ende der Welt. Die Bücher waren allesamt »Jahrbücher«. Als ich das *Jahrbuch der Zeugen Jehovas von 1959* aufs Geratewohl aufschlug, las ich: »Guatemala. Der Erschießung des guatemaltekischen Präsidenten folgten fünf hektische Monate engstirniger Herrschaft, aber die Verkündigung des Wortes mußte weitergehen.« Ich blätterte ein paar Seiten weiter und las: »Bequia. Nachforschungen ergaben, daß die vorbildlichen Bemühungen zweier Pionierarbeit leistender Schwestern durch die laxe Moral der angeblich an der Wahrheit Interessierten weitgehend zunichte gemacht werden.« Ich nahm das Buch mit auf mein Zimmer.

Kurz vor vier fiel mir ein, daß es auf Antigua möglicherweise ein Telefonnetz gab. Ich durchstreifte das leere Haus und war überglücklich, als ich auf ein Telefon und ein Spielzeug-Telefonbuch stieß. Ich begann, Ministerien anzurufen. Manchmal legte ich auf, wenn eine Stimme sich meldete; manchmal meldete sich niemand; manchmal bat ich um Hilfe. Endlich bekam ich zu meiner Überraschung eine positive Antwort, und zwar von einer freundlichen Stimme, die ich schon kannte: Sie gehörte dem Ansager des Antigua Broadcasting Service.

Fünfzehn Minuten später war er da und fuhr mich zu dem aus zwei Räumen bestehenden Sender, der verschlossen und verlassen auf einem von der Sonne versengten Feld stand. Er hatte die Schlüssel zu dem Gebäude. Wir gingen hinein. Während er die Abendsendung vorbereitete, sah ich mir die Schallplatten und Bänder des Senders an. Ich stieß auf ein Band mit einer meiner eigenen Sendungen und spielte es zweimal.

Eine energische junge Frau kam. Sie setzte sich vor das Mikrophon, sah auf ihre Uhr und fragte: »Können wir?« Mein Ansager nickte. Die Frau knipste ein paar Schalter an und begann zu sprechen. Die Abendsendung hatte begonnen. Ich ging hinaus und setzte mich auf die Betonstufen. Ein Pferd galoppierte vorbei, ohne Sattel von einem barfüßigen schwarzen Jungen geritten. Die Sonne ging unter. Die niedrigen Hügel verblaßten, und für ein paar Augenblicke streifte goldenes Licht das braune Feld.

Die Pension war zum Leben erwacht, als ich zurückkam. Die beiden Patriarchen saßen am Fenster, und ein Trio properer junger Engländer – die einzigen anderen Gäste und auf bestem Fuße mit der Direktion – erfüllte das wacklige alte Haus mit seinem Getolle und Gelächter. Das Hausmädchen brummelte in der Küche vor sich hin und wurde lauter, als ich vorbeikam. »Was bildet die sich eigentlich ein? Kommandiert mich rum wie nicht gescheit, von wegen mach dies nicht, mach das. Hm. Die glaubt wohl, ich bin auf die Arbeit hier angewiesen, was? Hm! Na, du wirst dich ganz schön umgucken, Missis.«

Als ich zum Essen nach unten kam, unterhielt sich das englische Trio gerade über das Rassenproblem in Westindien. Sie gaben ihren liberalen Ansichten mit lauter Stimme Ausdruck; ihr Liberalismus hatte die komplizierte rassische Situation Westindiens auf das einfache und unbedeutende, allerdings dankbarere Problem der weißen Vorurteile reduziert.

»Auf Trinidad ist es am schlimmsten«, sagte einer der Männer. »Die Weißen dort sind der Abschaum der Menschheit. Wißt ihr, was XY mir erzählt hat?«

Das interessierte mich, aber der zweifellos sensationelle Satz, der folgte, wurde geflüstert.

Das Mädchen, das eine Strumpfhose trug, sagte laut: »Also ich habe jedenfalls Freunde jeder Hautfarbe.«

Das Gespräch wandte sich dem Jagd- und Schießsport zu, und ich bekam mit, daß die Unfallrate in Amerika höher war als in England.

»In England«, sagte der jüngere Mann, »lernt man, niemals ein Gewehr auf jemanden zu richten. Das lernt man schon in der Kinderstube. Falls man aus einer Familie stammt, in der gejagt wird.«

Der ältere Mann kam zu mir herüber und sagte: »Entschuldigen Sie, Sir. Kennen Sie den Doktor?« Er meinte den kleineren der beiden schwarzen Patriarchen. »Er hat heute Geburtstag. Er kommt gerade herein, und wir wollen Happy Birthday für ihn singen.«

Ich schob meine Kaffeetasse zur Seite und rannte nach oben.

Der Ansager hatte versprochen, einen Freund vorbeizuschicken, um mir durch den Abend zu helfen; dieser Freund kam kurz nach dem Geburtstagstrubel und nahm mich zu einer Rundfahrt durch Antigua bei Nacht mit. Einmal erfaßten unsere Scheinwerfer das englische Trio, wie es auf einer menschenleeren Straße tanzte. Die Eingangshallen und Innenhöfe der Touristenhotels sahen aus wie Hollywood-Filmkulissen mit gutgedrillten, gutgekleideten Statisten und ohne Stars. In einem Hotel war der bemerkenswerteste Künstler ein energiegeladener kleiner schwarzer Junge. Er war wie ein Mitglied der Band gekleidet und tanzte ohne Hemmungen. Alles war sich darin einig, daß er niedlich war.

Der Patriarch meiner Pension hatte mir drei Blätter
liniertes Papier gegeben und nach längerer Suche einen
Bleistiftstummel zutage gefördert. Damit ausgestattet, arbeitete ich spät in der Nacht im Bett, als ich ein Klopfen
hörte. Es war der Patriarch. Er machte sich Sorgen, ich
könnte eingeschlafen sein und das Licht brennen lassen.

Am Morgen erfuhr ich, daß das Hausmädchen hinaus-
geflogen war.

Die Eigentümerin sagte: »Die junge Weiße fragt sie in aller Unschuld, ob ihr die Arbeit gefällt. Da hätten sie die
mal hören sollen! Von wegen wie ich sie unterdrücke und
schuften lasse und ihr nicht genug zu essen gebe. Schwärzt
mich bei dieser armen kleinen Weißen an.«

»Zu *großzügig* ist sie«, dröhnte der Patriarch. »Zu *großzügig.*«

DIE ABLEHNUNG VON BABYLON

*Jamaika war eine schöne Insel, aber Jahrhunderte von Verbre-
chen haben das Land verdorben. Von 1655 an haben der Weiße
und sein brauner Verbündeter den schwarzen Mann 304 Jahre
lang versklavt. In dieser Zeit sind täglich zahllose scheußliche
Verbrechen begangen worden. Jamaika ist buchstäblich die Hölle
für den schwarzen Mann, so wie Äthiopien buchstäblich der
Himmel ist.*   »*Glaubensbekenntnis eines Rastafari*«[*]

Jamaika präsentiert der Außenwelt zwei gegensätzliche Bilder. Da ist einerseits der teure Winterurlaubsort – türkis-
blaues Meer, weiße Strände, ehrerbietiges schwarzes Personal mit Krawatten, Gestalten mit Sonnenbrillen unter
gestreiften Schirmen: *Der Tourismus geht auch dich an*, so das
verzweifelte Motto einer vom Jamaica Tourist Board betriebenen Werbekampagne, mit der man die wachsende Feind-

---

[*] *The Ras Tafari Movement in Kingston, Jamaica* von M.G. Smith, Roy Augier und
Rex Nettleford, Institute of Social and Economical Research, University of the
West Indies, 1960. Dieser Schrift verdanke ich einen Großteil der hier wieder-
gegebenen Informationen.

seligkeit gegenüber Touristen in den Griff bekommen will –
und da sind andererseits die in Londons düsteren Bahnhö-
fen eintreffenden Schiffszüge voller Einwanderer: *Niggers go
home*, gemalt in großen roten Buchstaben in Brixton, und
Keep Britain white überall mit Kreide hingeschmiert.

Man kann sich allerdings einige Zeit auf Jamaika aufhalten und weder das Jamaika der Touristen noch das der
Emigranten sehen. Die Touristen halten sich an der Nordküste auf, die vom Rest der Insel abgesondert und fast wie
ein anderes Land ist. Und die Welt der jamaikanischen
Mittelschicht, in der sich der Besucher bewegt, mit ihrer
Geräumigkeit und Liebenswürdigkeit, ihrer traditionellen
Gastfreundschaft, ihren PEN-Tagungen und Kunstausstel-
lungen, ihren Bars, ob teuer oder bohèmehaft, ihren Klubs
und Hotels, ihren Cocktailpartys und Dinnerpartys, ist –
scheinbar fast absichtlich – so angelegt, daß man sich von
Vorort zu Vorort bewegen kann, ohne sich jemals einem
unerfreulichen Anblick auszusetzen. Bei Fahrten aufs Land
sieht man natürlich Bauern, aber diese Leute haben wenig
gemein mit dem verzweifelten und verbitterten primitiven
Durchschnittsimmigranten; ihr Verhalten ist freundlich, sie
haben ein walisisches Gespür für Rhetorik, und sie sprechen von allen Westindern das reinste Englisch.

Um das Jamaika der Emigranten zu sehen, muß man sich
umschauen. Und kaum fängt man an, sich umzuschauen,
sieht man nichts anderes mehr. Die Slums von Kingston
spotten jeder Beschreibung. Selbst der Fotoapparat ver-
klärt sie, außer in Aufnahmen aus der Luft. Hütten aus
Brettern, Pappe, Leinwand und Blech stehen ineinander
verkeilt auf feuchten Abfallhaufen, hinter denen in höhni-
scher Pracht die Sonne untergeht. Respektabler und auf
trockenerem Gelände errichtet sind die Häuser aus Holzki-
sten, die winzigsten Häuser, die je gebaut wurden und an
ein riesiges, zurückgebliebenes Gemeinwesen denken lassen, das sich dem Spiel in schmuddeligen Puppenstuben
hingibt. Dann sind da die früher einmal normal genutzten

und nun bis zum Bersten vollgestopften Häuser, die so dicht in so schmalen Straßen stehen, daß sich kein Gefühl von Offenheit einstellt. Überall quillt Dreck und Müll hervor, überall stehen Pfützen, und Latrinen auf den Müllhaufen sind gesetzlich verboten. Ziegen und Schweine wandern so ungehindert herum wie die Menschen und kommen einem ebenso individuell und wichtig vor. Vor jedem »Hof« findet sich eine Traube erhöht stehender Briefkästen – die hier hausenden Jamaikaner, erfuhr ich, schreiben einander gern »Briefchen« –, und diese Briefkästen gleichen winzigen Spielzeughäusern, in denen sich die Form, die Anzahl und oft auch die Anordnung der Gebäude wiederholt, deren Sendungen sie aufnehmen. Sie unterstreichen noch das Liliputanerhafte der Slumsiedlungen von Kingston, in denen alles unter das für möglich gehaltene Maß geschrumpft ist. Und wohin man auch schaut, sieht man die umliegenden Hügel von Kingston, eine der Schönheiten der Insel: Eben noch erglänzten sie nach dem Regen grün-verschwommen im Abendlicht, ihre Falten so sanft wie die der Haut eines Tieres. Und vor diesem Hintergrund lag ein totes Maultier mit gebleckten Zähnen, sein Bauch aufgetrieben und prall. Es lag schon zwei Tage da; man hatte ihm zum Scherz einen Besenstiel in den After gesteckt.

Neurosen suchen Gemeinwesen genauso heim wie Individuen, und in diesen Slums haben die als Rastafaris oder »Rastas« bekannten Sekten ihre eigene Psychologie des Überlebens entwickelt. Sie erwidern Ablehnung mit Ablehnung. Sie weigern sich, ihre Haare zu schneiden oder zu waschen; und für diese Vernachlässigung des Körpers, diesen Ausdruck tiefer Selbstverachtung, finden sie biblische Sanktion. Viele arbeiten nicht und machen die Not zum Prinzip, und viele trösten sich mit Marihuana, das Gott selbst raucht. Sie stimmen für keine Partei, weil Jamaika nicht ihr Land ist und sie die jamaikanische Regierung nicht anerkennen. Ihr Land ist Äthiopien, und sie verehren Ras Tafari, den Kaiser Haile Selassie. Sie wollen nicht mehr jener Welt angehören, die keinen Platz für sie hat – Babylon, die Welt des weißen, braunen und auch gelben Mannes, beherrscht vom Papst, der in Wirklichkeit das Oberhaupt des Ku-Klux-Klan ist –, und sie wollen nur nach Afrika und Äthiopien repatriiert werden. Verbesserungen auf Jamaika interessieren sie nicht – manche versuchen sogar, sie zu verhindern –, denn solche Verbesserungen könnten sie ermutigen, in Babylon und somit in der Sklaverei zu bleiben. Schon zwingt die jamaikanische Regierung schwarze Männer, nach England zu gehen, wo Königin Elisabeth I.– als Elisabeth II. wiedergeboren – und ihr Liebhaber Philip von Spanien – als Philip, Duke of Edinburgh, wiedergeboren – als die letzten Souveräne des weißen, die Schwarzen versklavenden Babylon herrschen. Aber Befreiung und Triumph des schwarzen Mannes stehen unmittelbar bevor. Rußland, der in der Offenbarung des Johannes erwähnte Bär mit drei Rippen, wird Babylon bald vernichten. Schließlich ist Gott schwarz, und die Schwarzen sind sein auserwähltes Volk, die wahren Israeliten: Die Juden sind für ihren Betrug von Hitler bestraft worden.

Die Rastafari-Bewegung ist nicht organisiert. Sie zerfällt in verschiedene Sekten und hat weder eine feste Hierarchie noch eine feste Lehre oder ein festes Ritual. Sie hat ihren Ursprung in der Back-to-Africa-Agitation Marcus Garveys (dem mehrere hundert Redner zum Thema Rassenharmonie für die Metapher von den schwarzen und weißen Klaviertasten zu Dank verpflichtet sind). Eine von Garveys Äußerungen lautete, die schwarze Rasse werde gerettet werden, wenn in Afrika ein schwarzer König gekrönt würde. 1930 wurde Haile Selassie zum Kaiser von Äthiopien ausgerufen. Der Kaiser war braun, und in seinem Land gab es immer noch Negersklaven. Das war nicht bekannt, oder es wurde ignoriert. Äthiopien war ein afrikanisches Land, es

war ein Königreich, es war unabhängig. In ganz Westindien wurden in Wohnungen von Schwarzen Fotos des
Kaisers aufgehängt. Was folgte, bleibt ein Rätsel. Verschiedene jamaikanische Prediger eines Typs, an dem die Insel
reich ist, kamen nach unabhängigem Studium der Bibel,
der Schriften Garveys und der Zeitungen zu dem Schluß,
daß die Schwarzen in der Neuen Welt Äthiopier seien, daß
Äthiopien das gelobte Land des schwarzen Mannes und
Haile Selassie ein Gott sei; und diese jüngste Botschaft der
Hoffnung begannen sie mehr oder weniger gleichzeitig in
den Slums von Kingston zu verbreiten.

Die italienische Besetzung Äthiopiens im Jahre 1935
wurde als Erfüllung bestimmter Prophezeiungen der Bibel
angesehen und gab der Bewegung Auftrieb. Die italienische Propaganda tat ein übriges. Kurz nach Beginn des
Einmarsches verfaßte ein Italiener namens Frederico Philos
einen Artikel, in dem er die weiße Welt auf die Existenz einer aus hundertneunzig Millionen Schwarzen bestehenden
Geheimorganisation aufmerksam machte, die sich der Aus-
rottung der weißen Rasse verschrieben habe. Oberhaupt
der Organisation sei Haile Selassie; sie heiße *Nya-Binghi*,
»Tod den Weißen«, und verfüge über ein Armee von zwanzig Millionen Mann sowie unerschöpfliche Goldvorräte.
Der Artikel wurde in einer jamaikanischen Zeitung nachgedruckt, und einige Rastafari-Brüder nahmen die Nachricht mit großer Befriedigung auf. Es bildeten sich Nya-
Binghi-Gruppen; ihre Parole lautete: »Tod den Weißen!«

Auf Jamaika, das in der Begeisterung zahlloser Sekten
der Erweckungsbewegung glühte, rief es keinerlei Überraschung hervor, daß ein Teil des Gemeinwesens sich in eine
Privatwelt von possenhafter Phantastik zurückzog, und so
betrachtete man die Rastafaris bis Mitte der fünfziger Jahre
als harmlose, vagabundierende Spinner, die lediglich wegen ihrer Gleichgültigkeit gegenüber Schmutz abstoßender
waren, als es solche Menschen sonst sind. Aber die Bewegung wuchs; sie zog, besonders aus Amerika, Leute an, die

eher verbittert als resigniert waren. Das Verhältnis zur Polizei verschlechterte sich. Erst als sich die Bewegung 1960 zu Morden bekannte, wurde man sich ihrer Stärke bewußt. Die Mittelschicht begegnete ihr mit einer Mischung aus Entsetzen und Scham. Es kam zu Protesten, als ein Forscherteam des University College of the West Indies mit einfühlsamem Verständnis über die Bewegung berichtete; damit, fand man, verleihe man dem Pöbel Respektabilität. Als ich auf Jamaika war, sollte gerade einer der verurteilten Rastafaris gehenkt werden. Die einheimische Abendzeitung erzeugte mit ihren genußvollen Schilderungen von letzten Stunden und letzten Worten die Atmosphäre einer öffentlichen Hinrichtung – fast, so schien es, als Warnung an andere. Somit hatte sich, was Posse gewesen war, schließlich in eine groteske Tragödie verwandelt.

Der Nationalismus in Surinam, eine Bewegung von Intellektuellen, lehnt die Kultur Europas ab. Die Rastafari-Bewegung auf Jamaika ist nichts weiter als eine proletarische Erweiterung dieser Haltung und treibt diese bis zu ihrem verrückten logischen Ende. Sie ähnelt dem afrikanischen Nationalismus, der die Bedeutung einer »afrikanischen Persönlichkeit« postuliert und das Gegenteil des in der Mittelschicht verankerten, schwarzen westindischen Nationalismus ist, dem nur daran liegt, die Existenz einer spezifisch schwarzen Persönlichkeit zu leugnen. Sie gilt bei der weitgehend braunen jamaikanischen Mittelschicht als eine in der schwarzen Unterschicht grassierende Seuche, eine Art Hinterhof-Mau-Mau. Der Gärtner verhält sich auf einmal seltsam: Er spricht in Rätseln, redet vom gelobten Land Äthiopien, Saudi-Arabien (immer noch ein Sklavenland) oder gar Israel und läßt sich einen Bart wachsen. Die Rastafaris haben ihn in ihren Fängen: Man verspottet ihn oder wirft ihn hinaus – als Arbeitskraft ist er künftig nicht mehr zu gebrauchen.

Die Bewegung sieht ihrer Organisierung und Ausbeutung entgegen, und zwar durch Kommunisten (Kuba liegt gleich im Norden) oder durch politisch ambitionierte Rassisten. Es kann allerdings auch sein, daß sie diejenigen, die sie zu manipulieren versuchen, enttäuscht oder vernichtet, denn die Rastafari-Bewegung gleicht einer Massenneurose und kann positiv nur auf Unvernunft reagieren, die auf ihrem eigenen Niveau von Unvernunft steht. Darin liegt auch ihre große Gefahr. Auf Anraten der Forschungsgruppe des University College beschloß die jamaikanische Regierung, eine Delegation in bestimmte afrikanische Länder zu entsenden, um die Möglichkeit einer Einwanderung von Jamaikanern zu untersuchen. Doch es war, als behandelte man nur die Symptome einer Neurose: Ehe die Delegation abreisen konnte, wanderte eines ihrer Rastafari-Mitglieder wegen Besitzes von Marihuana ins Gefängnis. Eine Repatriierung wird, wenn sie denn stattfindet, nicht mit einem Schlag das vom Rastafari sein Leben lang gehegte Gefühl der Ablehnung aufheben, und sie wird auch nicht die sozialen und wirtschaftlichen Verhältnisse auf Jamaika ändern, unter denen die Bewegung floriert.

Jamaika ist zu achtzig Prozent schwarz; und wie in England die Faschisten nur auf tobsüchtige Weise die rassische Gesinnung der Mehrheit verkünden, die lediglich an der Zurschaustellung Anstoß nimmt, so drücken die Rastafaris auf Jamaika zweifellos die grundlegende rassische Gesinnung der Mehrheit der schwarzen Bevölkerung aus. Rasse – im Sinne von Schwarz gegen Braun, Gelb und Weiß, in dieser Reihenfolge – ist heute auf Jamaika die wichtigste Frage. Die Heuchelei, die es dem braunen Jamaikaner der Mittelschicht erlaubte, von Rassenharmonie zu sprechen und zugleich sorgsam die Farbunterscheidungen beizubehalten, die seine Privilegien sicherten, ruft zuletzt Wut hervor und erzeugt einen durch und durch schwarzen Rassismus, der die Insel ohne weiteres in ein zweites Haiti verwandeln könnte.

Der Unternehmergeist der chinesischen und syrischen Bevölkerungsgruppe hat Neid und Feindseligkeit erregt. Und die reichen weißen Touristen, die die privaten weißen Sandstrände von Hotels genießen, deren Tagespreis das durchschnittliche Monatseinkommen des Jamaikaners übersteigt, sind eine ständige Provokation, so daß die Touristenbehörde mittlerweile nicht nur Touristen anlockt, sondern auch bemüht ist, die Einheimischen mit ihrer Anwesenheit zu versöhnen. Jemand, der mit der »Branche« zu tun hatte, drückte es mir gegenüber so aus: »Da zahlt einer einen Haufen Geld, um hierher zu fliegen. Er geht ins Hotel, schlüpft in seine kleinen Bermudashorts und sein scharfes Hemd, hängt sich seinen kleinen Fotoapparat um den Hals, steckt sich eine Zigarre in den Mund und geht raus in diese sündhaft teure jamaikanische Wintersonne. Und *boing!*, was sieht er? Ein Plakat, das die Einheimischen bittet, nett zu ihm zu sein.«

Der *Sunday Gleaner* vom 2. April 1961 brachte einen ganzseitigen Artikel zum Rassenproblem von einem Studenten des University College. In seiner ehrlichen, brutalen Selbstanalyse rief er die Stimmung der Schwarzen von Britisch-Guayana in Erinnerung.

DIE FRAGE VON SCHWARZ UND WEISS: WER WEN HASST – UND WARUM
Aus dem Brief eines unbekannten Verfassers an den Sunday Gleaner

Vor einiger Zeit hielt R.L.M. Kirkwood eine Rundfunkansprache, in der er den zunehmend häufiger zu beobachtenden Haß Schwarzer gegen Weiße auf der Insel verurteilte …

Ein anderer ehrenwerter Herr, Mr. Barham, hat zwei Briefe an den »Gleaner« geschrieben, in denen er warnend darauf hinwies, daß die Leute, die auf dieser Insel das Geld hätten, Weiße, Chinesen, Syrer und Juden seien. Er drohte damit, daß diese Leute, sofern die Schwarzen nicht aufhörten, sie zu beschimpfen und verächtlich zu machen, die Insel verlassen und die Schwarzen gewissermaßen im eigenen Saft – d.h. in Arbeitslosigkeit und wirtschaftlichem Stillstand – schmoren lassen würden.

... Wenn der schwarze Jamaikaner andere Rassen in dem Sinne haßt, wie Mr. Barham das meint, dann drückt er seinen Haß anders aus als andere Menschen.

Falls der Schöpfer den schwarzen Jamaikanern die Möglichkeit böte, als Weiße neu erschaffen zu werden, dann – da bin ich ganz sicher – würden acht von zehn schwarzen Menschen auf Jamaika weiß werden wollen ... Der Schwarze zeigt in aller Regel eine Vorliebe für Menschen anderer Rassen ... Wir, die Schwarzen, lieben Menschen mit heller Haut, gerader Nase, glattem Haar und blauen Augen ... Man könnte meinen, Bildung mache einen Unterschied, aber dem ist nicht so. Gleich hier an der Universität wird ein schwarzes Mädchen nur dann Schönheitskönigin, wenn die Mädchen anderer Typen sich nicht beteiligen ...

Es gibt vergleichsweise wenige schwarze Eltern, die Einwände erheben, wenn ihre Kinder sich Partner anderer Rassen nehmen. Wenn es einen Einwand gibt, so liegt er gewöhnlich in der Angst der Eltern begründet, ein Schwiegersohn oder eine Schwiegertochter einer anderen Rasse könnte ihnen ihren Sohn oder ihre Tochter entfremden ...

Die schwarzen Menschen von Jamaika haben jahrzehntelang Menschen anderer Rassen gedient und für sie geschuftet. Unsere neuesten Herren sind die Chinesen, die sich sehr gut darauf verstehen, Schwarze so zu behandeln, wie es die Weißen tun. Trotz allem, was der Schwarze erlitten hat, dient und huldigt er nach wie vor lieber dem Weißen als seinen eigenen Brüdern ...

Jeden Tag öffnen auf Jamaika überall um uns herum chinesische Geschäfte, und es sind gute Geschäfte. Aber der chinesische Ladenbesitzer hat mit der Fixheit seiner Rasse gelernt, den schwarzen Kunden kurz abzufertigen, wenn weiße oder hellhäutige Kunden da sind ...

Es kann kein Zufall sein, daß in einem Land, in dem 75 Prozent der Einwohner Neger sind, das Personal so gut wie jeder Bank in Kingston ausschließlich aus Menschen jeder anderen als der schwarzen Rasse besteht. (Die farbigen Mädchen in den Banken wären beleidigt, wenn man sie als Negerinnen bezeichnen würde.)

Das ist eine Beleidigung für die schwarze Rasse ...

Noch heute ist der schwarze Mann, sofern er nicht gebildet ist, ein

»black boy«. In der Beamtenschaft heißen achtbare Familienväter einfach nur »Caleb« und »Williams«, bloß weil sie zufällig zum untergeordneten Personal zählen. Wer glaubt, der Schwarze sei mit dem Status quo zufrieden, täuscht sich. Der Schwarze will eine Veränderung jener Sozialstruktur, die wenige begünstigt und viele benachteiligt; er will Respekt und Anerkennung für seine Stellung. Wenn er nicht respektiert wird, beschließt er möglicherweise, seinerseits auch niemanden zu respektieren. Vor allem will er Geld und ökonomische Stabilität für die Rasse als Ganzes. Die heute noch zutreffende Redensart »Der Schwarze hat kein Geld« muß nicht auch in den nächsten dreißig Jahren noch zutreffen. Falls nicht aufgrund einer gesellschaftlichen Entwicklung ein Wandel zustande kommt, wird es nötig sein, sich der Methoden zu bedienen, die der Weiße in so vielen Ländern erfolgreich angewandt hat. So oder so, wir werden bekommen, was wir wollen.

Was Mr. Barham und die geheiligten, »von Gott« ernannten Herren und Meister unserer Rasse angeht, so begleiten sie, wenn sie den zunehmenden Schmerz des schwarzen Teils der Gesellschaft nicht ertragen können, unsere besten Segenswünsche: Sie mögen in Frieden gehen. Ihre Drohungen und Warnungen schrecken uns nicht.

Und schließlich möchte ich allen schwarzen Menschen auf dieser Insel sagen, daß es keine Lösung unserer Probleme ist, andere Rassen zu beneiden und zu beschimpfen. Um unser Problem zu lösen, müssen wir folgendes tun:

(i) Uns selbst respektieren.

(ii) Zuerst unsere eigenen Leute unterstützen – dann andere. Alle Rassen tun das.

(iii) Unsere Männer müssen mehr Verantwortungsbewußtsein und physischen Mut zeigen.

(iv) Wir müssen unsere Fähigkeit zu selbständigem Handeln entwickeln und uns nicht in allem auf die Regierung verlassen.

(v) Wir müssen den Wert des »Gruppenbewußtseins« begreifen und bereit sein, unsere persönlichen und partikularistischen Interessen zum Wohle der Rasse hintanzustellen.

(vi) Wir müssen das Analphabetentum bei unseren Leuten ausrotten und die Unehelichkeit reduzieren.

(vii) Die Promiskuität unserer Männer und die Laxheit unserer Frauen berauben unsere Rasse ihrer Vitalität. Unsere jungen Männer müssen früher heiraten und in geordneten Verhältnissen Kinder aufziehen: Noch verbringen unsere jungen Männer den größten Teil ihrer Zeit mit Liebeleien, Trinken und Feiern.

(viii) Gründet ein Geschäft – seid sparsam, bildet Rücklagen und expandiert.

Kein Wort, so fällt auf, von den weißen und schwarzen Klaviertasten, die nur zusammen eine Harmonie ergäben: So viel bitterer ist der Nationalismus der Zwanziger und Dreißiger geworden, so sehr hat sich der Intellektuelle der Rastafari-Bewegung angenähert.

Ich fuhr aufs Land, um mich mit einem der Kommunisten »an der Front« zu unterhalten. Er empfing mich in einem schachtelartigen, nur aus einem Raum bestehenden Büro, das auf Pfählen stand und zwei Tische, einen Stuhl, eine Schreibmaschine und sonst nichts enthielt. Er stand auf und hielt eine Ansprache mit so vielen Gesten und so lauter Stimme, daß ich ihn bat, sich wieder zu setzen und leiser zu sprechen. Er verkündete mit leicht schurkischem Lächeln, er sei ein Mann mit »internationalen Verbindungen«. Es war eine lange Fahrt gewesen, und mir war zu heiß, um davon beängstigt oder beeindruckt zu sein. Er sagte abermals, daß er internationale Verbindungen habe. Ich lud ihn zu einem Drink in den chinesischen Schnapsladen ein, wo wir zumindest mehr Platz hätten. Er hielt eine Rede über die üblen Folgen des Trinkens. Ich sagte, ich würde allein gehen, wenn er nicht mitkäme. Er schloß sein kleines Büro ab, und wir fuhren zum Schnapsladen. Er gab auf keine Frage eine direkte Antwort und sagte lächelnd, er habe gelernt, »vorsichtig« zu sein. Er drückte sich rein metaphorisch aus. Ob die Kommunisten in dieser Gegend stärker würden? »Der Fluß muß fließen«, sagte er. Auf eine andere Frage erwiderte er: »Wir brauchen Petroleum für die Lampe der Revolution.« Irgendwann hielt er eine lange Rede über die Unterdrückung des Volkes und die Unvermeidlichkeit der Revolution. Ob sie Unterstützung aus Kuba bekämen? »Ich habe gelernt, vorsichtig zu sein. Ich bin ein Mann mit internationalen Verbindungen. Glauben Sie, Sie können der Katze die Schelle umhängen?« Ich hatte das Gefühl, sie bekamen keine Unterstützung aus Kuba. Ich fragte ihn, wie er angefangen habe. Hier wurde er etwas gesprächiger und westindischer und erzählte mir von seinen Anfängen während des Krieges, als er jamaikanische Flieger der Royal Air Force agitiert hatte. »Ich war so eine Art Anwalt für die Jungs. Jedesmal wenn einer wirklich Ärger hatte, hab ich zu ihm gesagt: ›Junge, deine einzige Hoffnung ist, was von Rassenvorurteilen zu plärren.‹« Die Erinnerung amüsierte ihn. Dann, als spräche er von einem Triumph, der dennoch eine Ungerechtigkeit war: »Die haben mich irgendwo nach Schottland versetzt. Kein einziger Schwarzer dort.« Zu diesem Zeitpunkt erkannte ich, daß der Umzug in den Schnapsladen ein Fehler gewesen war. Die beiden dummen Jamaikaner, die ich wegen ihrer Ortskenntnis aus Kingston mitgebracht hatte, waren betrunken. Sie begannen in ohrenbetäubendem Brüllton gegen den Kommunismus zu wüten, und mein absolut nüchterner Kommunist antwortete tapfer mit seiner ganzen schiefen jamaikanisch-walisischen Rhetorik. Ich ließ sie allein, ging an die Bar und nahm ein paar Kopfschmerztabletten. Das Gebrüll ging weiter. Trinken, Rhetorik, laute, sich im Kreise drehende Auseinandersetzungen: Viele jamaikanische Versammlungen, zu denen ich ging, endeten so.

So lebte man auf Jamaika stets in zwei nicht miteinander in Zusammenhang stehenden Welten, der Welt der Mittelschicht – das jamaikanisch-großspurige, pseudoamerikanische Gerede des Geschäftsmannes, das Geplapper der Frauen über die Löhne von Dienstboten und deren Untreue – und der größeren, erschreckenden Welt jenseits davon. Man ging zum Rennen des Jamaica Turf Club nach Caymanas. Zu den Zuckerrohrplantagen von Caymanas mußte man ein andermal fahren. Unter einem Baum lungerten stellungslose Arbeiter in hellen Jerseys, die Gesichter mürrisch vor Resignation, und beklagten sich ohne Leidenschaft über die Zerstörung ihrer Gemüsegärten durch die Plantage: »Ganz junge Kürbisse«, sagten sie, so daß es nach Mord klang, obwohl die Geschichte eindeutig noch eine andere Seite hatte; das Schild am Fabriktor: »Wer im Hof beim Zuckerrohressen angetroffen wird, wird entlassen«; die schöne schwarze Bauersfrau mit sieben Kindern von ihrem »Derzeitigen« und »insgesamt zwölf, einschließlich Fehlgeburten«: »Die verschwenden keinen Gedanken an uns hier unten im Staub und im Kuddelmuddel.«

Jenseits der Welt der Kühlschränke und Autos auf Teilzahlung (»Jeder hier ist autobewußt«, sagte mir eine junge Engländerin), der Hi-Fi-Plattenspieler und der Gespräche über Lawrence Durrell stieß man auf eine Gesinnung, die sich kaum von der unterschied, die Trollope schon vor hundert Jahren erzürnt hatte: die Gesinnung von Leuten, die etwas gegen geregelte Arbeit hatten und sich damit begnügten, von der Hand in den Mund zu leben – wie zum Beispiel der Mann im Schnapsladen außerhalb von Mandeville, der seine Arbeit bei der Bauxitfirma aufgegeben hatte, weil sie einfach bloß immer weiter ging und er lieber nur periodisch beschäftigt war. »Als ich von den Bauxit-Leuten weg bin«, sagte er, »hab ich mich erst mal gründlich ausgeruht und jeden Tag meine zwei Wasser (Rum mit Wasser) getrunken.« Jede Welt ließ die andere unwirklich erscheinen, und die Radiosender überlagerten beide mit einer Atmosphäre des Phantastischen. Die atemlose, opulente Ausgelassenheit des Werbegeklingels von Radio Jamaica und das Qualitätsprogramm der Jamaica Broadcasting Company, seine Vorträge, Features, wohlerzogenen Diskussionen und Nachrichtenanalysen – beide gehörten sie zu einer etablierten, selbstbewußten Gesellschaft. Ich sah keine Verbindung zwischen ihnen und den Menschen und dem Land ringsum, und sie schienen nichts weiter als irrelevante Worte und Musik in der überhitzten Luft zu sein.

Ich war seit fast sieben Monaten auf Reisen. Ich wurde müde. Auf Jamaika wurden meine Tagebucheinträge immer kürzer und hörten schließlich ganz auf. Es gab nichts Neues zu verzeichnen. Jeden Tag sah ich das gleiche – Arbeitslosigkeit, Häßlichkeit, Überbevölkerung, Rasse –, und jeden Tag hörte ich die gleichen sich im Kreise drehenden Auseinandersetzungen. Die jungen Intellektuellen, deren Talente entwickelt worden waren, damit sie eine sich entwickelnde, stabile Gesellschaft bereicherten, redeten und redeten und wurden in ihrer Frustration wahnsinnig. Sie hielten nach einem Feind Ausschau, und es gab keinen. Die auf Jamaika herrschenden Zwänge waren nicht einfach die von Rasse oder Armut. Es waren die akkumulierten Zwänge der Sklavengesellschaft, der Kolonialgesellschaft, der unterentwickelten, überbevölkerten Agrargesellschaft; und sie ließen sich nicht durch irgendeinen »Führer« steuern. Die Lage erforderte keinen Führer, sondern eine Gesellschaft, die sich selbst verstand und Ziel und Richtung hatte, doch diese brachte nur Selbstsucht, Zynismus und eine selbstzerstörerische Wut hervor.

Finale in Frenchman's Cove

Eines Abends sagte Dr. Lewis, der Rektor des University College, zu mir: »Ich habe eine indirekte Einladung für Sie. Von Grainger Weston. Er besitzt an der Nordküste ein Hotel namens Frenchman's Cove und möchte jemandem, der mit den Künsten zu tun hat, seine Gastfreundschaft anbieten.«

Ich hatte schon kurz nach meiner Ankunft auf Jamaika

von Frenchman's Cove gehört. In einem Land teurer Hotels – dreizehn Guineen pro Tag für ein beengtes Doppelzimmer in Kingston und bis zu zwanzig Pfund und mehr an der Nordküste – war Frenchman's Cove, wie es hieß, das teuerste. Wie teuer, wußte niemand genau. Manche sagten, zweitausend amerikanische Dollar für vierzehn Tage in einem Doppelzimmer, manche sagten zweitausendfünfhundert. Der Lunch kostete fünf Guineen, das Dinner neun. Und dennoch wurde man, so erzählte mir ein Jamaikaner fast mit Besitzerstolz, abgewiesen, wenn festgestellt wurde, daß man nicht im Prominentenverzeichnis von New York stand.

War man allerdings erst einmal akzeptiert und hatte bezahlt, wurde einem offenbar jede Bitte gewährt. Man konnte genau das bestellen, was man essen wollte (»Kaviar zum Frühstück«); man konnte trinken, soviel man wollte (»jede Stunde Champagner«); man konnte Bootsfahrten und Rundflüge um die Insel unternehmen; Autos standen einem zur Verfügung, Pferde, Flöße; man konnte überall auf der Welt anrufen. Man konnte Frenchman's Cove sogar verlassen, wenn es einem nicht gefiel, und in einem Hotel eigener Wahl absteigen: Frenchman's bezahlte.

Nachdem Dr. Lewis mich angesprochen hatte, hörte ich viele Tage lang nichts. Ein Poststreik, Ventil für die herrschende Unzufriedenheit, wurde von einem Streik untergeordneter Regierungsbediensteter abgelöst. Resigniert schickte ich mich an, die Probleme des Tourismus auf Jamaika zu untersuchen, als Mr. Westons Einladung kam.

Wir nahmen die Bergstraße zur Nordküste und fuhren dann nach Osten. Dieser Teil der Küste ist nicht sehr entwickelt; das Meer wird nicht von Hotels verdeckt. Der Sand ist stellenweise gräulich, nach den Maßstäben Englands und sogar Trinidads akzeptabel, vor Ort jedoch verschmäht. (Es gibt aus der Luft gegriffene Beschwerden, daß die Hotels sämtliche weißen Sandstrände aufgekauft und den Jamaikanern nur schwarzen Sand übriggelassen hätten: ein hübsches Symbol für das rassistische Ressentiment, das der Tourismus weckt.) Die Straße ist schmal und gewunden, anders als die von Ocho Rios westwärts nach Montego Bay verlaufende Touristenstraße, die breit, glatt und einigermaßen gerade ist und von Hotelschildern, Immobilienschildern und Schildern, die die Verkehrsteilnehmer zum Linksfahren ermahnen, gesäumt wird. Wir fuhren vorbei an heruntergekommenen Dörfern, den wenig bemerkenswerten ländlichen Slums der Tropen. Verfall in Üppigkeit: rosa gestrichene Hütten aus kaputten Brettern und rostendem Wellblech, ambitioniertere Betongebäude, häßlich und fleckig, schmutzige Cafés, die kohlensaures Wasser, Kekse und die gängigsten Arzneimittel führten und von emaillierten Reklameschildern für alkoholfreie Getränke aufgehellt wurden. Wir kamen nach Port Antonio, einem Bananenhafen, in dem selten viel Betrieb ist und der aufgehört hat zu wachsen. Dann kamen wieder Busch und schwarzer Sand. Es fiel schwer, sich das als Kulisse für Luxus, als Schlupfwinkel für Millionäre, vorzustellen.

Gleich darauf fuhren wir an einer langen Steinmauer entlang. An der Wand befestigte, voneinander abgesetzte Buchstaben bildeten die Worte Frenchman's Cove. Wir bogen in die breite Auffahrt ein. Hier war die Vegetation mit einemmal geordnet und offen. Hinter dem asphaltierten Bereich führten Kiespfade sanfte Steigungen hinauf und verschwanden. Auf dem Gelände war es ruhig. Zwei Sportwagen, ein roter und ein cremefarbener, standen unter dem Betonvordach der Lodge, einem aus Stein und Glas bestehenden Flachbau mit klaren, geraden Linien. Ich hielt interessiert und bang nach Millionären und Angehörigen des Prominentenverzeichnisses von New York Ausschau, doch ich sah keine. Die Stille war beunruhigend, aber der Fahrer benahm sich, als käme er jeden Tag nach Frenchman's Cove. Er fuhr direkt unter das Vordach, hielt vor der Glastür der Lodge, stieg aus und öffnete Türen und Kofferraum mit einer Entschiedenheit und einer Geräuschentwicklung, für die ich dankbar war.

Eine junge Jamaikanerin kam aus der Lodge. Sie sagte ruhig: »Willkommen in Frenchman's Cove« und gab mir einen Brief. Danach ging alles ganz schnell. Mein Fahrer wurde weggeschickt. Ein Jamaikaner in schwarzer Hose, weißem Hemd und schwarzer Fliege lud mein Gepäck auf einen kleinen weißen Elektrowagen; ich setzte mich; und so fuhren wir, mein Gepäck und ich ziemlich exponiert, unter dem Vordach hervor in die Sonne und den schmalen Kiespfad hinauf, wobei wir außer dem Surren des Motors kein Geräusch hörten. Wir folgten dem Pfad, wo er sich nach rechts verzweigte, an einem blaßgrünen, beschatteten Schwimmbecken vorbei und dann zwischen Bäumen eine Steigung hinauf. Ich erhaschte einen Blick vom Strand: eine Unterbrechung der Korallenklippe, das Wasser ein grün abgetöntes Blau und beinahe farblos, wo es auf den weißen Sand traf. Schwarze Leinenstühle standen im Schatten von Mandelbäumen, aber der Strand war verlassen. Wir fuhren am Rand eines mit jungen Kokosnußpalmen bepflanzten Rasens entlang immer weiter bergauf. Dann eine scharfe, von weiteren Bäumen überwölbte Steigung, und wir kamen zu einem Haus. »Das ist ihr Cottage«, sagte der Fahrer und hielt am Fuße der Betontreppe. Die ganze Fahrt über hatte ich keinen Menschen gesehen.

Mein Cottage war ein Komplex aus zwei grauen Steincottages und einem aus Stein und Glas bestehenden Haus, die auf verschiedenen Ebenen angeordnet waren. Die Cottages lagen zu beiden Seiten der Treppe, das Haus oben. Der Stein war von Hand behauen, die Blöcke von unterschiedlicher Größe, der Mörtel tief eingelassen. Die schwarze Tür des Hauses ging auf, und eine Jamaikanerin mittleren Alters mit Brille, rosa Kleid und einer kleinen weißen Schürze hieß mich lächelnd willkommen.

Ich ging hinein in einen großen, hohen Raum, der beinahe am Rand einer Korallenklippe stand. Die auf das Meer hinausgehende Wand war aus Glas, die Terrasse in den Korallenkalk eingelassen, der wie Schaumgummi aussah.

Ich sah mir die Ausstattung an: die niedrigen, schlichten, einladenden Sessel und das Sofa, die auf drei Seiten um einen indischen Teppich mit unindischem Muster standen, die hohen Lampen mit Keramikfüßen und Leinenschirmen, der üppig mit Zeitschriften und Büchern (darunter *The Power Elite*) bedeckte Glastisch. Das alles war vertraut, weil ideal; man kannte es schon aus eskapistischen Zeitschriften für Inneneinrichtung; und weil ideal, war es auch ein wenig von der Wirklichkeit losgelöst. Die unerwartete Lage machte die Loslösung komplett. Jenseits der Glaswand, und scheinbar aus den grauen Korallen emporwachsend, standen die Mandelbäume – die von allen tropischen Bäumen am künstlichsten wirken, mit runden, grünen und kupfrigen Blättern, die symmetrisch an waagrechten Zweigen sitzen –, und zwischen den Blättern sah man die hohen, unregelmäßigen Klippen, den blauen Himmel, das durchsichtige, flirrende, blau-grüne Meer.

Nach dem chaotischen Busch entlang der gewundenen jamaikanischen Straße eine Fahrt in einem komischen Wägelchen durch stilles, verlassenes, gestaltetes Gelände, und schließlich ein Haus aus Stein und Glas mit Aussicht auf das Meer darunter: Es war, als wäre man von Jamaika weggefahren, als müßte man, um das Westindien des Touristenideals zu finden, Westindien verlassen.

Weil ich mich der ungetrübten Freude, dem Gefühl, jäh versetzt worden zu sein, überließ, hatte ich es nicht als seltsam empfunden, daß es, obwohl eben noch warm, nun kühl war und daß das Meer, obwohl ruhelos, keinerlei Geräusch machte. Das Haus war, wie ich nun sah, völlig abgeschlossen und mit einer Klimaanlage ausgestattet.

Ich las den Brief, den mir die Sekretärin in der Lodge gegeben hatte. Er hieß mich etwas förmlicher willkommen, verriet mir, wie ich bekommen konnte, was ich wollte, bat mich, keine Trinkgelder zu geben, und nannte den Namen unserer Hausdame. Dann nahm ich das Gästebuch zur Hand. Unter den wenigen Namen sah ich die eines Rockefeller und der Diefenbakers.

»Es wird Ihnen hier gefallen«, sagte die Hausdame, Mrs. Williams. »Und das«, fügte sie hinzu, »ist das Telefon.«

Sofort wußte ich, daß dies das Werkzeug, die Wunderlampe von Frenchman's Cove war, über deren Macht (»Jede Stunde Champagner«) ganz Jamaika Bescheid wußte. »Wenn Sie etwas wünschen«, sagte Mrs. Williams, »nehmen Sie einfach den Hörer ab und bestellen es.«

Das Telefon war grau, mit einem Design, wie ich es noch nie gesehen hatte: Es stand aufrecht auf einem runden Gehäuse.

»Angenommen, ich wollte Champagner?«

»Alles, was Sie wollen. Die Leute vor Ihnen, die hätten Sie mal trinken sehen sollen! Ooh! Diese Amerikaner können vielleicht trinken. Möchten Sie den Champagner jetzt gleich?«

Ich brauchte etwas Stärkeres. »Ein bißchen Brandy? Whisky?«

»Rufen Sie einfach in der Bar an.«

Ich zögerte.

»Sie sind schüchtern.« Mrs. Williams nahm den grauen Hörer ab, wählte kurz und sagte: »Hier ist Stokes Hall. Mein Gast hätte gern eine Flasche Whisky, eine Flasche Brandy und ein paar Flaschen Soda.«

Aus dem Hörer quäkte es. Mrs. Williams reichte ihn mir.

»Was für einen Brandy, Sir?« fragte eine Männerstimme.

Meine Antwort kam automatisch: Ich sprach die Worte einer bekannten Reklame.

»Dudley ist ein fixer Junge«, sagte Mrs. Williams.

Ich war erleichtert, daß der Mann am Telefon einen Namen hatte.

Es klopfte an der Tür, und Mrs. Williams ließ einen Europäer ein, der wie ein Koch gekleidet war.

»Morgen, Sir.« Ich konnte seinen Akzent nicht unterbringen. »Was hätten Sie gern zum Lunch?« Er zückte Block und Bleistift.

Ich war überrumpelt. Erst jetzt fiel mir ein, daß ich kein Fleisch aß, und ich fragte: »Haben Sie Eier?«

Die Enttäuschung des Kochs drückte sich lediglich in einem leichten Auseinanderrücken von Block und Bleistift aus.

Ich wünschte, ich hätte den Geschichten, die ich gehört hatte (»Alles, was Sie wollen« – »Kaviar zum Frühstück«), mehr Aufmerksamkeit geschenkt.

»Oder Fisch?« Etwas anderes fiel mir nicht ein.

Block und Bleistift rückten näher zusammen. »Vielleicht ein wenig Lachs?«

»Ja, ein wenig Lachs.«

Ich sah dem Koch nach, wie er in seinem weißen Wägelchen den Hügel hinabfuhr. Dann kam ein weiteres Wägelchen herauf, dem ein Jamaikaner mit Fliege und einer Kiste entstieg.

»Ihre Getränke, Sir.« Er wirkte außerordentlich erfreut. Mit eleganten, flinken Bewegungen stellte er die Flaschen auf und war verschwunden.

Ein Glas in der Hand, ging ich auf Entdeckungsreise. Das Schlafzimmer erstreckte sich über die ganze Breite des Hauses, seine wandhohen Fenster wurden von Bäumen draußen beschattet. Das Badezimmer hatte eine in den Boden eingelassene, gekachelte Wanne, die einem kleinen Schwimmbecken glich. Und es gab ein Ankleidezimmer mit Teppichboden. Ich ging ins Wohnzimmer zurück, schob die Glastür auf und ging auf die Terrasse auf der Korallenklippe hinaus. Sofort machten sich Wärme, Wind, Geräusche bemerkbar: Vögel, Blätter, das Meer unten. In der Bucht schaukelte ein Ruderboot.

Ich setzte mich in einen niedrigen Sessel, schüttelte mein Glas, um das Eis klingeln zu hören, und begann, während ich die Asche meiner Zigarette in einen dunkelblauen Aschenbecher abstreifte, *The Power Elite* zu lesen.

Zusammen mit Whisky und Soda genossen, wird Mr. Wright Mills' Stil nahezu undurchdringlich. Ich legte *The Power Elite* aus der Hand und griff nach einer Zeitschrift. Es war eine eskapistische Zeitschrift für Inneneinrichtung. In ihr sah ich den Teppich, auf dem meine Füße ruhten.

Jemand war an der Tür. Mrs. Williams ließ zwei gutaussehende Kellner mit einem Korb ein, der mir für das, was ich bestellt hatte, viel zu groß vorkam. Rasch deckten sie den Tisch. Dann baten sie mich mit großer Gebärde, Platz zu nehmen. Sie bewegten sich gewandt, und ihre Gesten – die Verbeugungen, die ausgestreckte, eine Schüssel haltende Hand – waren ein wenig extravagant. Sie übertrieben ihre Rolle und verhielten sich wie gütige Zauberer.

Der Lachs war mit Kaviar garniert.

Ich hörte Musik.

Der größere der beiden Kellner stand mit seinem Zaubererlächeln neben einem Apparat, den ich erst jetzt als Stereo-Plattenspieler erkannte.

Binnen vierundzwanzig Stunden war mein Interesse an Essen und Trinken völlig verschwunden. Am anderen Ende des Telefons gab es alles, und meine Pflicht war es, genau das zu essen, was ich wollte. Aber wie konnte ich sicher sein, was ich *am liebsten* wollte? Würde ein Whisky jetzt mir nicht den Gaumen für den Wein nachher verderben? Würde mich der Wein jetzt nicht für den Rest des kostbaren Nachmittags einschläfern? Wollte ich wirklich ein Soufflé? Keine Entscheidung ließ sich nicht auch bedauern. Ich gab es auf. Ich überließ alles dem Küchenchef. Ich äußerte nie einen Wunsch, und am nächsten Tag ließ ich das Abendessen aus.

Der Kampf zwischen Pflicht – ich sollte schwelgen – und Neigung – wozu sich die Mühe machen? – war ungleich. Ich verfiel in Apathie. Der Whisky blieb bis auf den Probeschluck am ersten Tag unberührt; am Ende meines Aufenthalts hatte ich nur eine halbe Flasche Brandy getrunken. Sämtliche Geschichten über Frenchman's Cove stimmten.

Aber ich wollte keine Floß- oder Bootsfahrten unternehmen. Nach der Reise, die ich gemacht hatte, konnte ich in Westindien kein Tourist sein.

»Sie sind sehr still«, sagte Mrs. Williams. »Genau wie die Diefenbakers.«

Sieben Monate lang war ich durch Territorien gereist, die, für den Rest der Welt unbedeutend und mit allen möglichen Problemen konfrontiert, ihre Energien in kleingeistigen Machtkämpfen und der Aufrechterhaltung der kleingeistigen Vorurteile kleingeistiger Gesellschaften vergeudeten. Ich hatte gesehen, wie tief bei fast jedem Westinder, ob hochgestellt oder niedrig, die Rassenvorurteile gingen, wie oft diese Vorurteile in Selbstverachtung wurzelten und wie oft sie die Ursache weitreichender Folgen waren. Alles sprach von Nation und Nationalismus, aber keiner war bereit, die Privilegien oder auch nur die Absonderung seiner Gruppe aufzugeben. Nirgendwo, außer vielleicht in Britisch-Guayana, gab es irgendeine verbindende Philosophie: Es gab nur miteinander konkurrierende Partikularinteressen. Mit dem Fehlen eines Gemeinschaftsgefühls ging ein Mangel an Stolz, ja sogar Zynismus einher. So zeigte man sich beispielsweise kaum besorgt um die Auswanderung von Westindern nach England. Das betraf nur die Unterschicht, es betraf nur die Schwarzen, es betraf nur Jamaika. Auf einer anderen Ebene betrachtete man diese Entwicklung mit boshaftem Vergnügen als Mittel, das britische Volk zu ärgern, als eine Form der Rache; und dieses Vergnügen ließ keinen Raum für einen Gedanken an die Auswanderer oder die Würde der Nation, von der so viel die Rede war, der Nation, die allenthalben als »aufstrebend« bezeichnet wurde. Die Bevölkerungszahl schnellte in die Höhe – Trinidad hat seine Bevölkerungszahl binnen dreißig Jahren mehr als verdoppelt –, und die Rassenkonflikte jedes Territoriums verschärften sich.

Dr. Arthur Lewis hat für Kolonialgesellschaften die Unterscheidung zwischen »Protestführern« und »kreativen Führern« getroffen. Es ist eine Unterscheidung, deren sich Westindien bislang kaum bewußt ist. In Westindien mit seiner großen Mittelschicht und seiner Fülle an Begabungen ist der Protestführer ein Anachronismus, und zwar ein gefährlicher. Für die ungebildeten Massen, die sehr rasch auf rassische Anstachelungen reagieren und ein kindisches Vergnügen an destruktiven Gesten empfinden, ist der Protestführer stets ein Held. An solchen Führern wird es Westindien nie mangeln, und es wird stets die reale Gefahr der Pöbelherrschaft und des Autoritarismus bestehen. Dann wird der Paternalismus der Kolonialherrschaft durch die Dschungelpolitik von Zuckerbrot und Peitsche, der idealen Voraussetzung für das Chaos, ersetzt werden.

In einer neueren Ausgabe vom *Caribbean Quarterly* steht ein Aufsatz mit dem Titel »Theorie einer kleinen Gesellschaft«, in dem Dr. Kenneth Boulding, Professor für Wirtschaftswissenschaften an der Michigan University, den »Weg der kleinen Gesellschaft in den Ruin« beschreibt:

Die Bevölkerung wächst unkontrolliert und verdoppelt sich alle fünfundzwanzig Jahre. Die Auswanderung kann damit nicht Schritt halten und schöpft ohnehin nur die Creme der Gesellschaft ab. Farmen werden immer weiter aufgeteilt, bis das Land viel mehr Menschen hervorbringt, als es ernähren kann, und die Menschen in riesige städtische Slums drängen, in denen es Arbeitslosigkeit in großem Maßstab gibt. Unter der Belastung durch die Armut und die Flut der Kinder bricht das Erziehungssystem zusammen. Parallel zu Aberglaube und Unwissenheit nimmt auch der Stolz zu. Selbstverwaltung heißt, daß jede Interessengruppe zufriedengestellt werden muß, und es wird immer weniger zwischen hochwertigen und minderwertigen Erzeugnissen – ob Bananen oder Menschen – unterschieden. Das endet in einer Hungersnot, einem Aufstand. Das Regime schießt den Mob zusammen und etabliert eine Militärdiktatur. Ausländische Investitionen und Spenden kommen zum Erliegen; man läßt die Inseln in ihrem eigenen Elend schmoren, und die Welt zieht praktisch einen cordon sanitaire *um sie. Daß der Weg in den Ruin ein sehr realer, bestürzend breiter und leicht einzuschlagender Weg ist, beweist das Beispiel einiger nahegelegener Inseln, die ihn schon ein großes Stück weit gegangen sind.*

»Wenn wir könnten«, schrieb Trollope, »würden wir Jamaika mit Freuden völlig vergessen.« Er hätte auch »Westindien« sagen können. Angesichts der mittlerweile streng geregelten Einwanderung nach England ist tatsächlich so etwas wie ein *cordon sanitaire* um die Inseln gezogen worden. Der Prozeß des Vergessens hat eingesetzt. Und Westindien, das mit seinen inneren Streitigkeiten beschäftigt ist, bemerkt es kaum.

Einen Tag, bevor ich Frenchman's Cove verließ, klingelte das Telefon. Das war ungewöhnlich.

»Mr. Naipaul? Hier spricht Grainger Weston.« Die Stimme klang forsch, ja gehetzt. »Hätten Sie Lust, heute abend nach dem Dinner zu uns zu kommen?«

Ich nahm mein letztes Dinner ein. Dazu trank ich eine Flasche Château Lafitte-Rothschild.

»Bis zum nächsten Jahr«, sagte der Kellner.

Die Westons wohnten nicht in Frenchman's Cove, sondern in Turtle Cove, ein kleines Stück entfernt. Es überraschte mich nicht, daß ihr Haus ein in keiner Hinsicht bemerkenswertes, altmodisches jamaikanisches Landhaus ohne Klimaanlage war.

Grainger Weston entpuppte sich als schlanker Mann mit scharfgeschnittenem, asketischem Gesicht. Ich hielt ihn für Mitte Dreißig. Er trug Khakishorts mit Gürtel und ein weißes T-Shirt. Ich lernte seine Frau und seine Schwägerin kennen. Wir saßen draußen im Dunkeln und unterhielten uns, zumeist über Frenchman's Cove.

Mrs. Weston sagte, sie interessierten sich immer für die Reaktionen ihrer Gäste. Manche würden unruhig; andere würden einfach ganz still. Ich erkannte die Diefenbakers und mich selbst wieder.

Drinks wurden serviert: Es war Ginger Ale.

Ich bot Zigaretten an. Die Westons rauchten nicht.

Nach einigem Zögern fragte ich, wieviel Frenchman's Cove denn nun genau koste.

»Das kann ich Ihnen sagen«, antwortete Grainger Weston. »Tausend Pfund im Monat für zwei Personen.«

Zwei Tage später saß ich in einer B.O.A.C. Britannia nach New York. Mein Sitznachbar war ein wohlbeleibter Geschäftsmann von den Bahamas. Am Revers trug er ein Abzeichen, das ihn als Gideon, als Angehörigen einer amerikanischen Bibelbruderschaft, auswies. Mein Äußeres verrät mich als Heiden. Mein Gesichtsausdruck ist verbindlich, mein Verhalten höflich: Die ganze Strecke von Kingston bis Nassau empfing ich die christliche Botschaft.

September 1960 – Dezember 1961

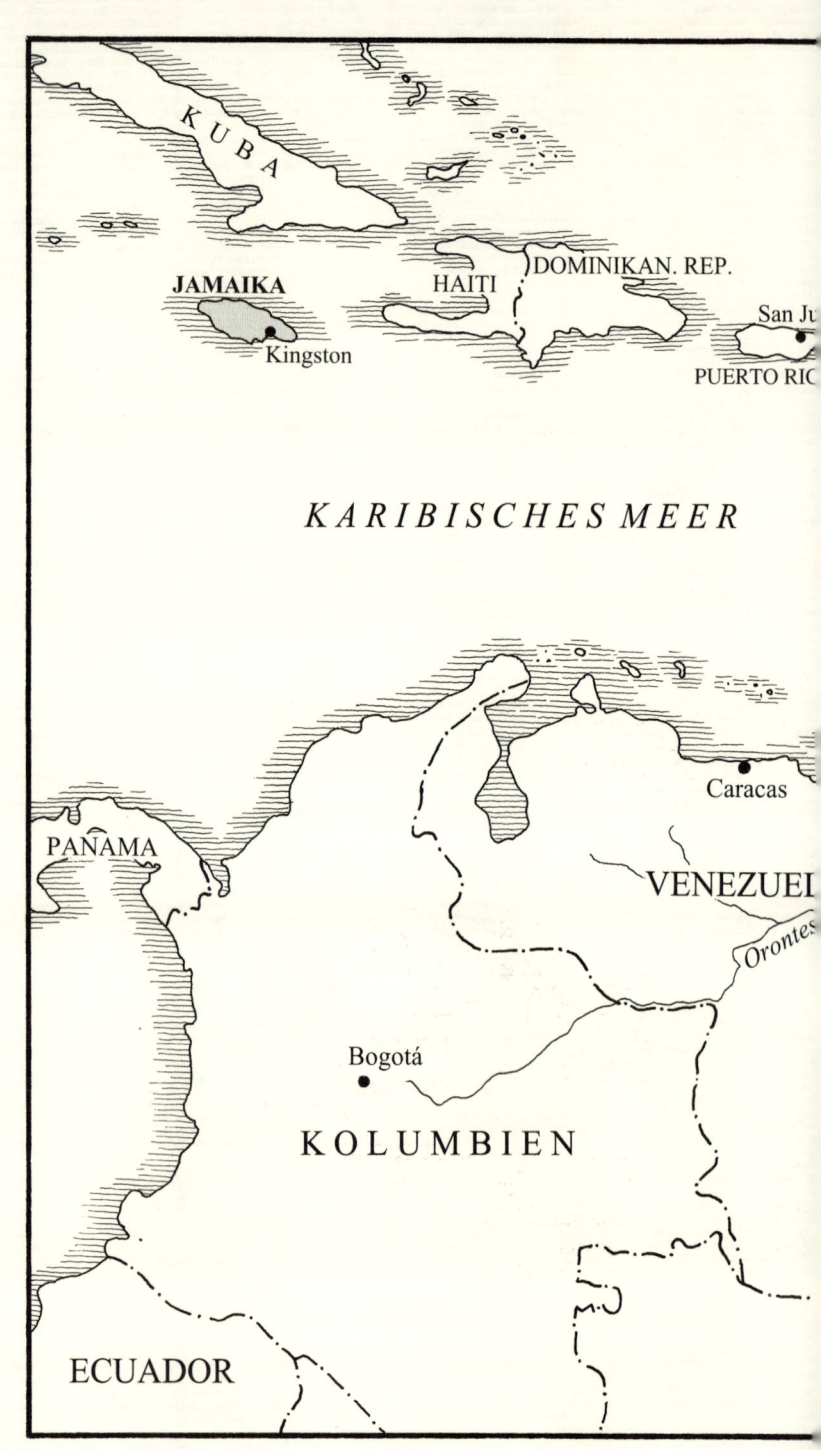